PARIS
PAR ARRONDISSEMENT

D0827829

Tableau d'assemblage
2 - 3

Légende
4 - 5

Arrondissements
6 - 85

Index des rues
86 - 123

Informations pratiques
124 - 144

Marchés.............................. 124 - 127
Téléphones utiles...................... 128
Taxis.................................. 129 - 130
Transports .... 131 - 132
Véhicules électriques 133
Lignes urbaines de bus 134 - 139
Plan du Noctilien .... 140 - 141
Plan des trains / RER ...... 142 - 143
Métro 144

MICHELIN

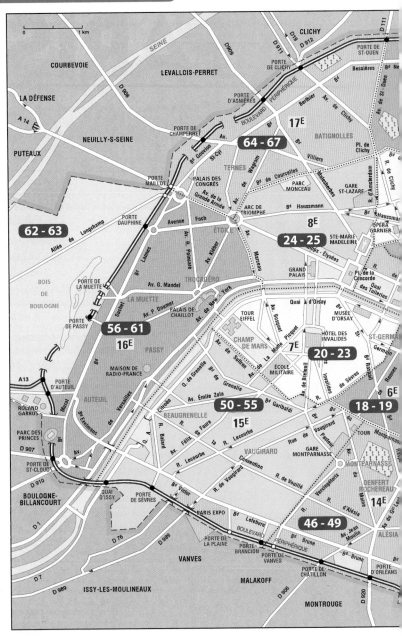

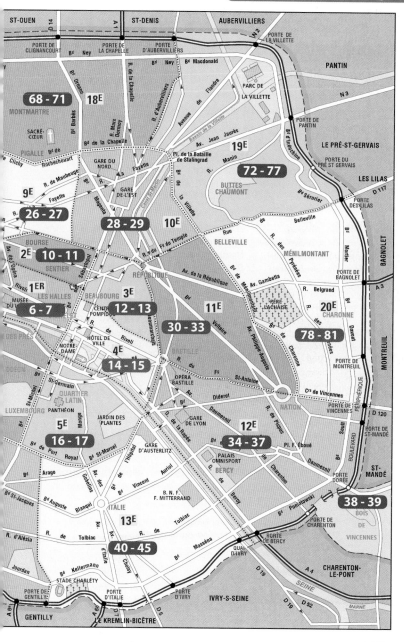

Légende	Key	Zeichenerklärung

Voirie / Roads / Verkehrswege

	Voirie	Roads	Verkehrswege
	Rue interdite	No entry	Gesperrte Straße
	Rue réglementée	Street subject to restrictions	Straße mit Verkehrsbeschränkungen
	Rue à sens unique	One-way street	Einbahnstraße
	Escalier	Steps	Treppenstraße
	Voie piétonne	Pedestrian street	Fußgängerstraße

Bâtiments / Buildings / Gebäude

	Bâtiments	Buildings	Gebäude
	Édifice remarquable	Interesting building	Bemerkenswertes Gebäude
	Principaux bâtiments publics	Main public buildings	Öffentliche Gebäude
	Église catholique ou orthodoxe	Catholic or Orthodox church	Katholische oder orthodoxe Kirche
	Temple - Synagogue	Protestant church - Synagogue	Evangelische Kirche - Synagoge
	Mosquée - Hôpital	Mosque - Hospital	Moschee - Krankenhaus
	Sapeurs-Pompiers	Fire station	Feuerwehr
	Caserne - Police	Barracks - Police station	Kaserne - Polizeirevier
	Marché couvert	Covered market	Markthalle
	Bureau de poste	Post office	Postamt

Transports / Transportation / Verkehrsmittel

	Transports	Transportation	Verkehrsmittel
	Station de métro, RER	Metro or RER station	Metro- oder RER-Station
	Voguéo - Station de taxi	Voguéo - Taxi ranks	Voguéo - Taxistation
	Parking	Car park	Parkplatz
	Parking autocar	Coach park	Parkplatz für Busse
	Station-service 24h/24	24 hour petrol station	Tankstelle (rund um die Uhr)

Sports - Loisirs / Sport & Recreation / Sport - Freizeit

	Sports - Loisirs	Sport & Recreation	Sport - Freizeit
	Piscine couverte, de plein air	Swimming pool indoor, outdoor	Schwimmbad: Hallenbad, Freibad
	Patinoire - Tennis	Skating rink - Tennis courts	Eisbahn - Tennisplatz
	Gymnase - Stade	Gymnasium - Stadium	Turn-, Sporthalle - Stadion
T.E.P.	Terrain de sports	Sports ground	Sportplatz

Signes divers / Other signs / Sonstige Zeichen

	Signes divers	Other signs	Sonstige Zeichen
	Monument - Fontaine	Monument - Fountain	Denkmal - Brunnen
36	Numéro d'immeuble	House number in street	Hausnummer
	Limites de Paris et de département	Paris limits; departement limits	Grenze: Pariser Stadtgebiet u. Departement
	Limites d'arrondissement, de commune	Limits of arrondissement, of commune	Arrondissement u. Vorortgemeinde
C 21	Repère du carroyage	Map grid references	Bezeichnung des Planquadrats

Cyclistes / Cyclists / Radfahrer

	Cyclistes	Cyclists	Radfahrer
	Station Velib'	Station Velib'	Station Velib'
	Station Velib' bonus	Velib' Bonus Stations	Station Velib' bonus

Legenda — Signos convencionales — Verklaring van de tekens

Viabilità — Vías de circulación — Wegen

Strada con divieto di accesso o impraticabile	Calle prohibida	Verboden of onberijdbare weg
Via a circolazione regolamentata	Calle reglamentada	Beperktopengestelde straat
Via a senso unico	Calle de sentido único	Straat met eenrichtingsverkeer
Scalinata	Escalera	Trapsgewijs aangelegde straat
Strada pedonale	Calle peatonal	Voetgangersgebied

Edifici — Edificios — Gebouwen

Edificio di particolare interesse	Edificio relevante	Bijzonder gebouw
Principali edifici pubblici	Principales edificios públicos	Belangrijkste openbare gebouwen
Chiesa cattolica o ortodossa	Iglesia católica u ortodoxa	Katholieke of orthodoxe kerk
Tempio - Sinagoga	Templo - Sinagoga	Protestantse kerk - Synagoge
Moschea - Ospedale	Mezquita - Hospital	Moskee - Hospitaal
Pompieri, Vigili del Fuoco	Parque de Bomberos	Brandweer
Caserma - Polizia	Cartel - Policía	Kazerne - Politie
Mercato coperto	Mercado cubierto	Overdekte markt
Ufficio postale	Oficina de correos	Postkantoor

Trasporti — Transportes — Vervoer

Stazione della Metropolitana o RER	Estación de metro o RER	Metro- of RER-station
Voguéo - Posteggio taxi	Voguéo - Parada de taxis	Voguéo - Taxistandplaatsen
Parcheggio	Aparcamiento	Parkeerplaats
Parcheggio autocarri	Aparcamiento para autocares	Parkeerterrein: Bus
Stazione di servizio 24h/24	Estación servicio 24h/24	24h/24 tankstation

Sport - Divertimento — Deportes - Ocio — Sport - Recreatie

Piscina coperta, all'aperto	Piscina cubierta, al aire libre	Zwembad overdekt, in openlucht
Pista di pattinaggio - Tennis	Pista de patinaje - Tenis	IJsbaan - Tennis
Palestra - Stadio	Gimnasio - Estadio	Sporthal - Stadion
T.E.P. Campo sportivo	Terreno de educación física	Sportterrein

Simboli vari — Signos diversos — Diverse tekens

Monumento - Fontana	Monumento - Fuente	Monument - Fontein
Numero civico	Número del edificio	Huisnummer
Confine di Parigi, di dipartimento	Límite de Paris o de departemento	Grens van Parijs en departement
Confine di «arrondissement», di comune	Límite de distrito o de municipio	Grens van arrondissement, ven de gemeente
Riferimento alla pianta	Coordenadas del plano	Letters die het graadnet aanduiden

Ciclisti — Ciclistas — Fietsers

Stazione Velib'	Estación Velib'	Velib'-station
Stazione Velib' bonus	Estación Velib' bonus	Velib bonus station

STÉ MARIE
MADELEINE

l'Opéra
OPÉRA

Bd DE LA MADELEINE

THÉÂTRE-MUSÉE
DES CAPUCINES

MADELEINE
V

GALERIE DES
TROIS QUARTIERS

TH. DAUNOU

TH. LA
PÉPINIÈRE-
OPÉRA

CRÉDIT FONCIER
DE FRANCE

Galerie
Royale

MINISTÈRE DE LA JUSTICE
ET DES LIBERTÉS

MUSÉE
DES LUNETTES
ET LORGNETTES

Place
LA
COLONNE

G 12

Vendôme

PARIS
INFO

PYRAMIDES
V

N.D. DE L'ASSOMPTION
Pl. M. Barrès

HÔTEL CRILLON

COUR DES
COMPTES

HÔTEL
DE LA MARINE
M

CONCORDE

GALERIES NATIONALES
DU JEU DE PAUME

PLACE

ST ROCH

DE LA
OBÉLISQUE

Terrasse

RIVOLI

1ER

ONCORDE

des
TUILERIES
V

MUSÉE DE
L'ORANGERIE

JARDIN

DES

TUILERIES

Feuillants

MUSÉE DE LA MODE
ET DU TEXTILE
MUSÉE DES
ARTS DÉCORATIFS
MUSÉE DE LA PUBLICITÉ

Terrasse

JARDIN DU

DES

Bord

TUILERIES

de

H 12

ARC DE TRIOMPHE
DU CARROUSEL

PALAIS
MUSÉE DU LO

H 11

l'Eau

CARROUSEL

Pl. du
Carrousel

ASSEMBLÉE
NATIONALE
M V

MUSÉE D'ORSAY

PYRAMIDE

Rue

PALAIS
DE LA
LÉGION
D'HONNEUR

Pl. H. de Montherlant

SEINE

France

Solférino

QUAI

Port Royal

DÉFENSE
MBATTANTS

MUSÉE D'ORSAY

R. de la
Légion
d'Honneur

CAISSE DES DÉPÔTS
ET CONSIGNATIONS

LA DOCUMENTATION
FRANÇAISE

Port

FRANÇOIS

Pl. J. M SOLFÉRINO
Bainville

de

QUAI VOLTAIRE

des

Pl. Justin
Godart

Saints

Dominique

INSTITUT NATIONAL
DES LANGUES
ET CIVILISATIONS
ORIENTALES

QUAI MALAQUAIS

Las
Cases

Lille

Verneuil

ÉCOLE NAT.LE
SUPRE DES

BEAUX ARTS

IRIE
ARR.

MINISTÈRE DE
L'ÉDUCATION NATIONALE,
DE LA JEUNESSE
ET DE LA VIE ASSOCIATIVE

l'Université

DON CAMILO

ACADÉMIE NAT.LE
DE MÉDECINE

J

J 11

ST THOMAS
D'AQUIN
R.S.
Bottin

E.N.A.

Imp. des
Deux Anges

Jacob

17   18

19

9   10

8   2

16   6   7

15   14   13

MUS
MAILLOL

J 12

Pl. St Thomas d'Aquin
MUSÉE DES LETTRES
ET MANUSCRITS
St Thomas d'Aquin

ÉCOLE NATIONALE
DES PONTS ET
CHAUSSÉES

UNIVERSITÉ
PARIS V

MUSÉE EUGÈNE
DELACROIX

UNIVERSITÉ
PANTHÉON-ASSAS
CENTRE ST-GUILLAUME

ST VLADIMIR LE GRd

St Germain se
des Prés L. Prache
Pl.
J.-P. Sartre-
S. de Beauvoir

ST GERMAIN
DES PRÉS

FONTAINE DES QUATRE SAISONS

LYCÉE
ST THOMAS
D'AQUIN

FOND. NAT.
DES SCIENCES
POLITIQUES

HÔTEL
MATIGNON

GERMAIN

Varenne

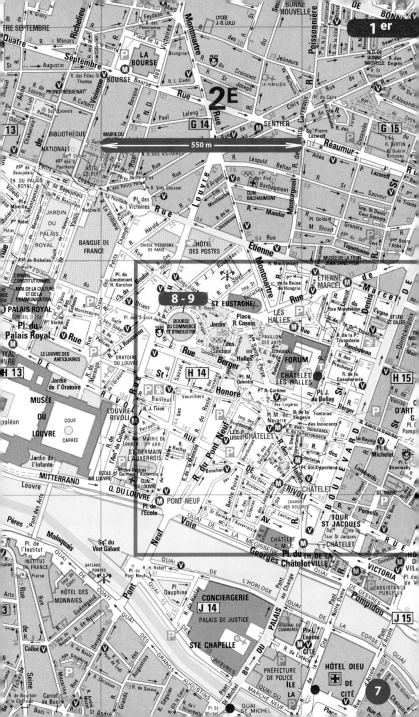

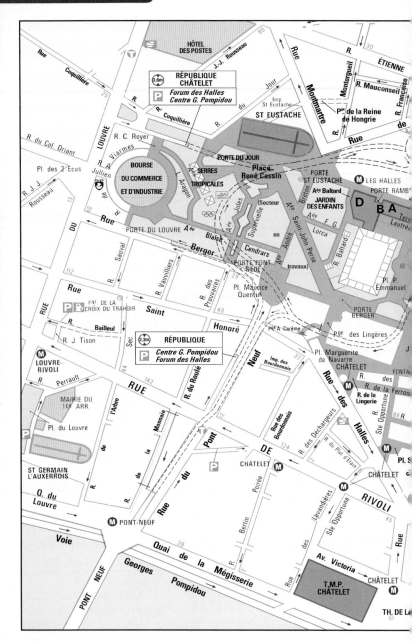

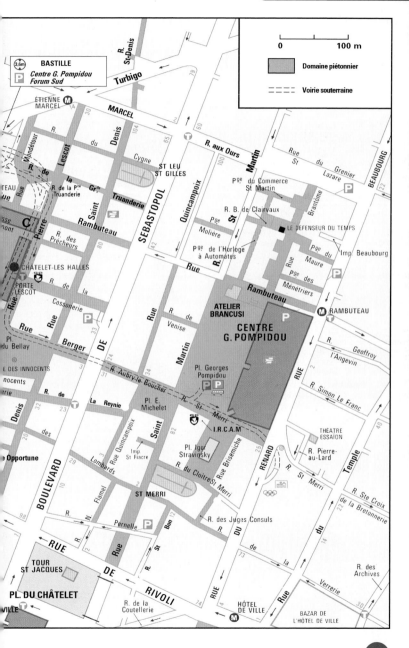

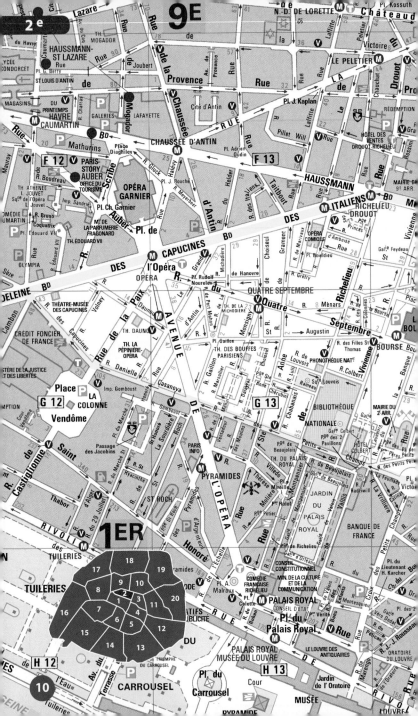

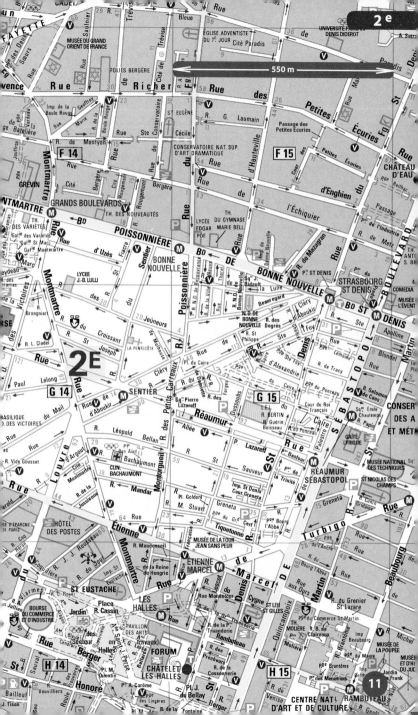

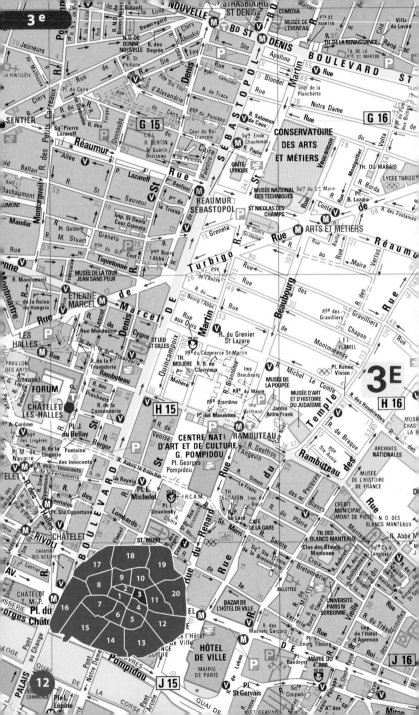

NOUVELLE
STRASBOURG
ST DENIS
COMEDIA
MUSÉE DE
L'EVENTAIL
Pte St Martin
Villa
du Lavoir
René
TH. DE LA RENAISSANCE
Jeûneurs
N.D. DE
BONNE
NOUVELLE
R. St
Philippe
BOULEVARD
ST
TH. DE LA
PTE ST MARTIN
LA PENTECÔTE
R. N.D. de
Beauregard
Cléry
R. des Degrés
Rue
Aboukir
BD ST
DENIS
Apolline
Blondel
Imp. de la
Planchette
SENTIER
Cléry
Rue
R. des Petits Carreaux
Pl. du Caire
R. du
Dussoubs
d'Alexandrie
Pge du Caire
Caire
Rue de Tracy
Lemoine
R.
Notre Dame
Rue
G 16
G 15
LE
R. Bertin
R. Guérin
Boisseau
Cour du Roi
François
R. Salomon
de Caus
CONSERVATOIRE
DES ARTS
du
Volta
Réaumur
Allée
P. Lazareff
Sauveur
Sq. Pierre
Lazareff
Sq. Émile
Chautemps
R. Papin
ET MÉTIERS
TH. DU MARAIS
LYCÉE TURGOT
Rue
du
Pge Basfour
Rue
de la Trinité
GAÎTÉ
LYRIQUE
R. Borda
Pl.
B. Lazare
Mandar
Imp. St Denis
Cour Greneta
RÉAUMUR
SÉBASTOPOL
MUSÉE NATIONAL
DES TECHNIQUES
Conté
R. des Fontaines
Rue
Pl. Goldoni
R. M. Stuart
Greneta
Cour
Cert
ST NICOLAS DES
CHAMPS
Sq. du Gd Morin
ARTS ET MÉTIERS
Tiquetonne
Pge du Gd
Pge Boers
l'Abbé
R. Cunin
Gridaine
Rue
Bailly
Rue
Réaumur
MUSÉE DE LA TOUR
JEAN SANS PEUR
Turbigo
Rue
au
Maire
Vertus
R. Maugonseil
de l'Ancre
Pge
R. du
Bourg l'Abbé
des
Pge des
Gravilliers
Gravilliers
Chapon
ÉTIENNE
MARCEL
de
Marcel
DE
Rue
aux Ours
de
Beaubourg
Montmorency
LE
FLAMEL
R. de la Reine
de Hongrie
Denis
Cygne
ST LEU
ST GILLES
R. du Grenier
St Lazare
Pl. Renée
Vivien
3E
Rue
LES
HALLES
Rue Montorgueil
R. de la Gde
Truanderie
TH.
MOLIÈRE
Imp
Beaubourg
MUSÉE
DE LA POUPÉE
Michel Le Comte
R. des Haudriettes
H 16
PAVILLON
DES ARTS
(travaux)
Rambuteau
R. des
R. B. de
Clairvaux
MUSÉE D'ART
ET D'HISTOIRE
DU JUDAÏSME
Temple
FORUM
R. de la
Cossonnerie
Molière
Pge Brantôme
Imp
Verthaud
R. de Braque
ARCHIVES
NATIONALES
CHÂTELET
LES HALLES
H 15
Pl. des Ménétriers
Jardin
Anne Frank
Cité Noël
MUSÉE
CHAS
LA
A. Carême
Pge
des Lingères
PL J.
du Bellay
de
Venise
CENTRE NATL
D'ART ET DE CULTURE
G. POMPIDOU
R. Geoffroy
l'Angevin
Ste Avoie
Pge
Ste Avoie
MUSÉE
DE L'HISTOIRE
DE FRANCE
Pl. M. de
Navarre
R. de la
Lingerie
Fontaine
des Innocents
Berger
Pl. Georges
Pompidou
Rambuteau
Rambuteau
CRÉDIT
MUNICIPAL
(MONT DE PIÉTÉ)
N.D. DES
BLANCS MANTEAUX
R. Aubry le Boucher
Rue
du
Renard
Le Franc
Simon
Imp du
Bœuf
Rue
R. Simon
TH DES
BLANCS MANTEAUX
Sq. Ste Croix
de la Bretonnerie
Sqe Ch.V
Langlois
R. des Innocents
La Reynie
Pl. E.
Michelet
P.I.
Stravinsky
IRCAM
TH.
ESSAION
R. au
Lard
R. Sainte
R. du Plâtre
Clos des Blancs
Manteaux
CHÂTELET
R. Ste
Opportune
Pl. Ste Opportune
Lombards
R. du Cloître
St Merri
CAFÉ
DE LA GARE
Bretonnerie
Sainte
Croix
BILLETTES
RIVOLI
BOULEVARD
Flamel
Merri
UNIVERSITÉ
PARIS IV
SORBONNE
R. Abbé M
CHAMBRE
DES NOTAIRES
ST MERRI
BAZAR DE
L'HÔTEL DE VILLE
Verrerie
Rue
R. du Trésor
AV.
18
17
19
CHÂTELET
T.M.P.
Pl. du
orges Châte
16
8
9
2
3
10
1
11
20
7
4
Verrerie
R. des
Mauvais Garçons
Pge du
Bourg Tibourg
Imp. de
l'Hôtel
d'Agenson
Roi
J 16
15
6
5
12
de l'Hôtel
de Ville
HÔTEL
DE VILLE
Pl.
Baudoyer
MAIRIE DU
4e ARR.
14
13
Pompidou
MAIRIE
DE PARIS
J 15
PL.
St Gervais
Sqe
Couperin
LOGE
Pont
au Change
QUAI
DE
Pont Notre Dame
Pont
d'Arcole
QUAI DE LA CORSE
A. des

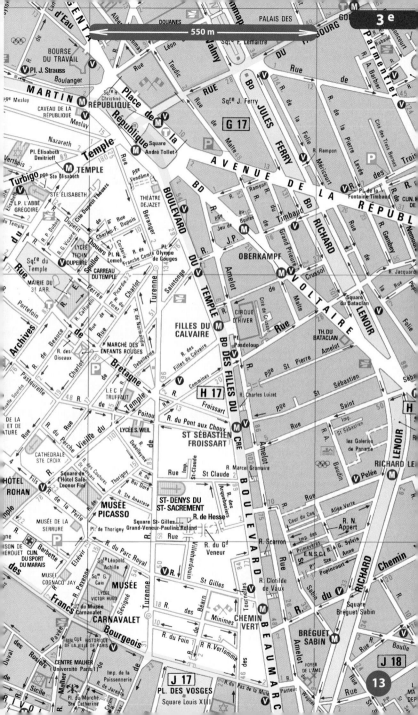

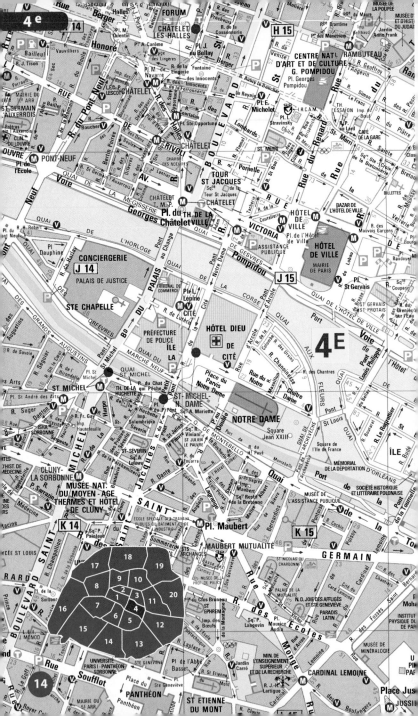

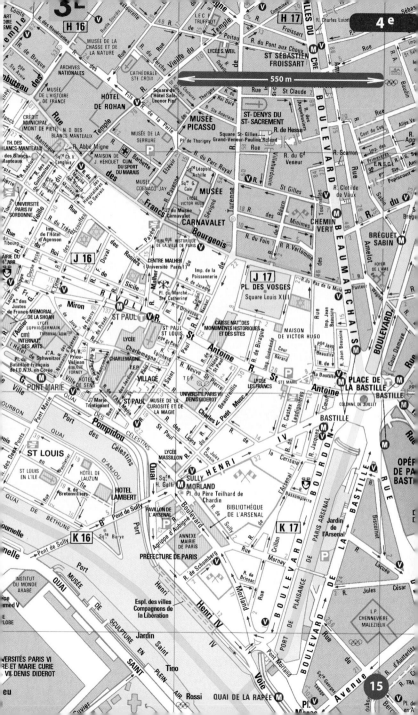

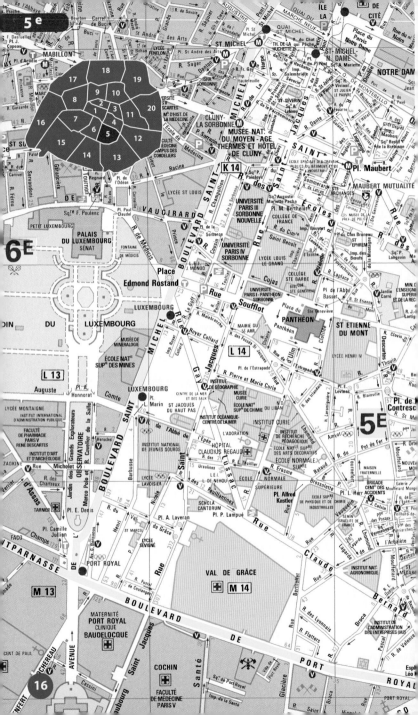

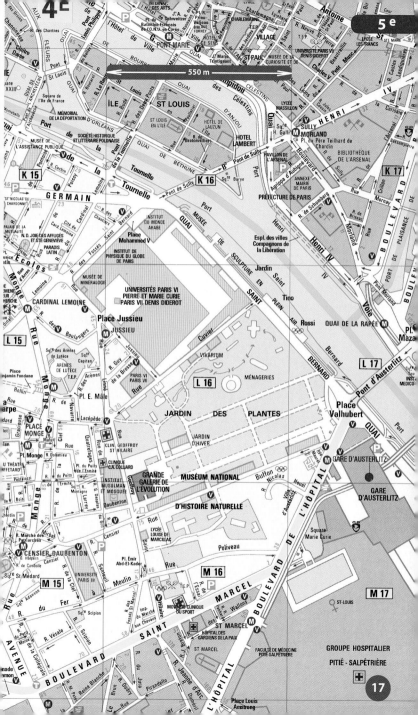

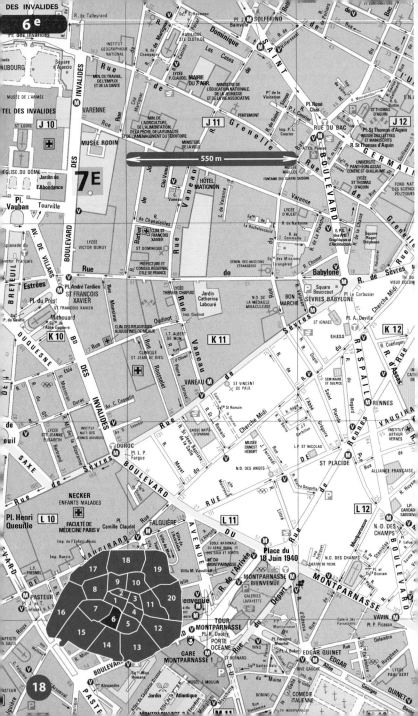

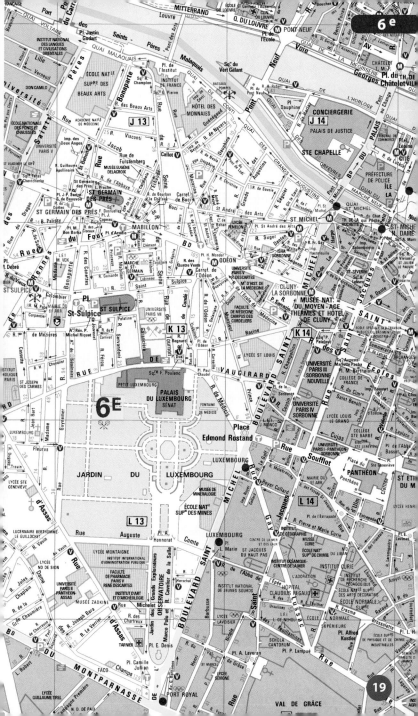

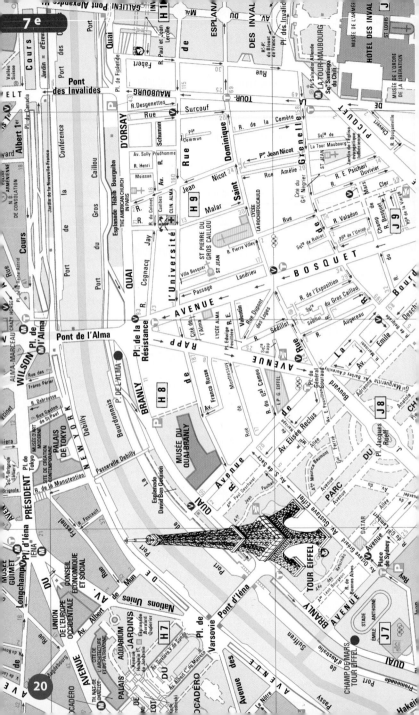

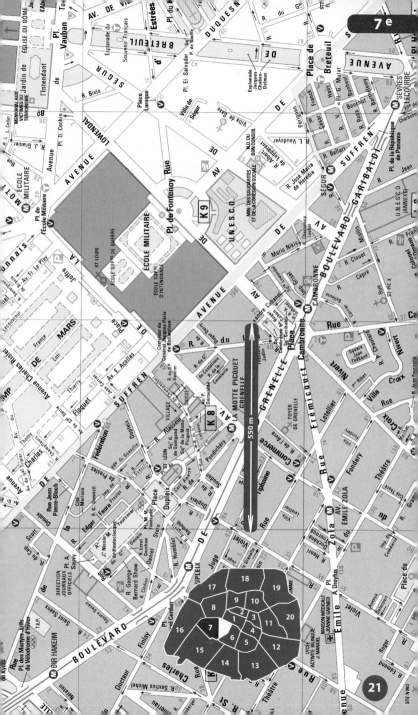

21

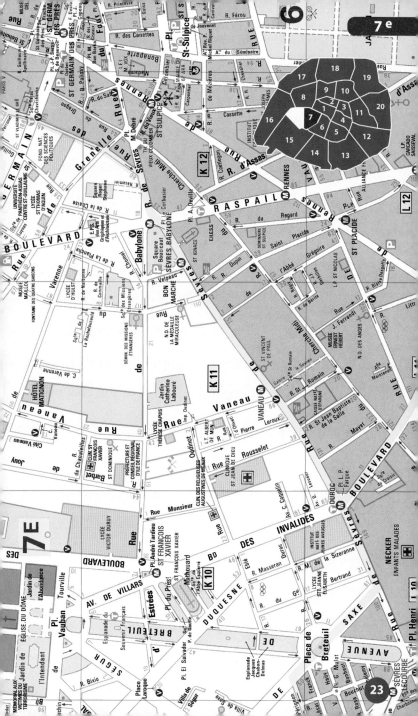

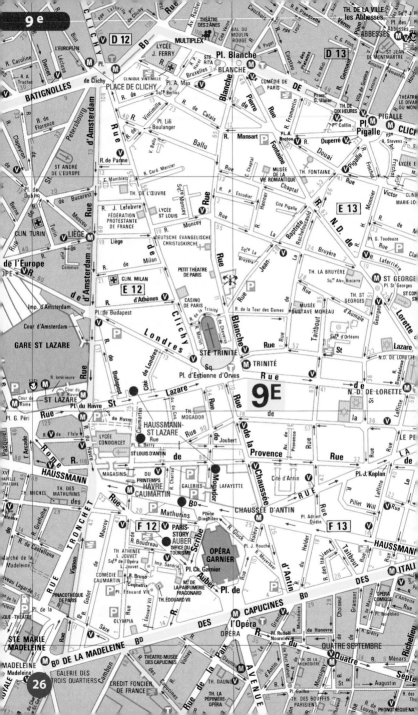

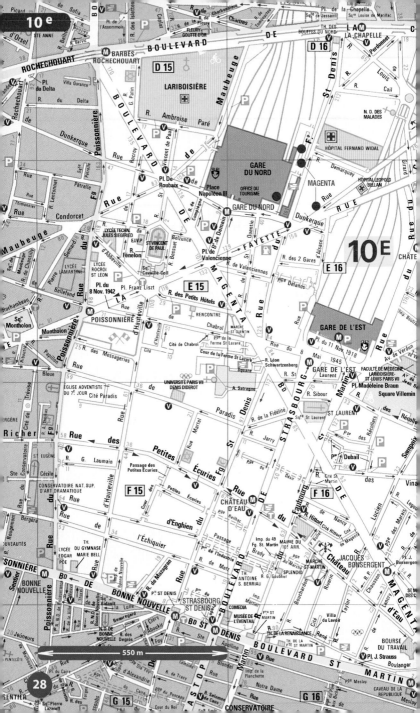

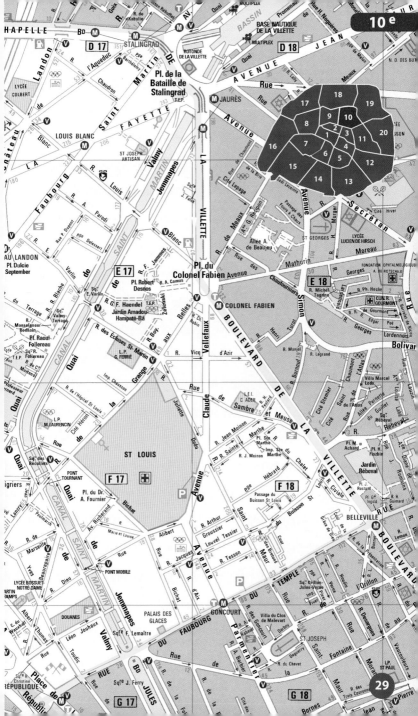

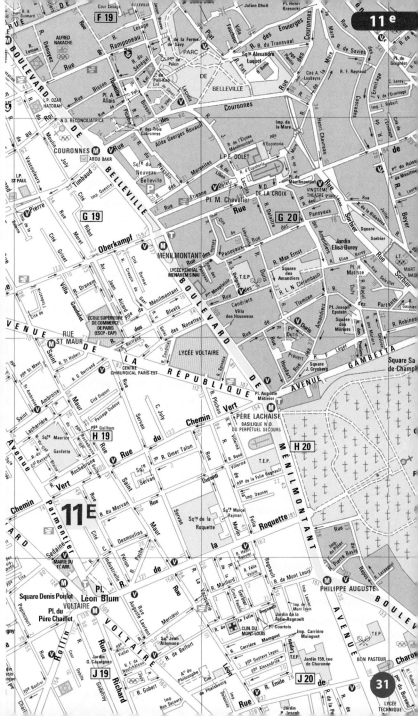

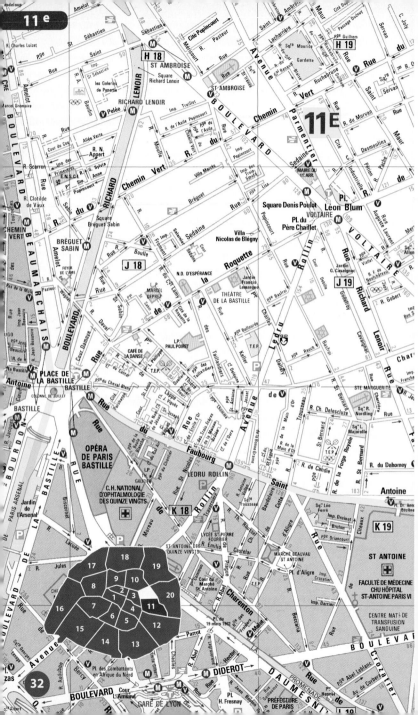

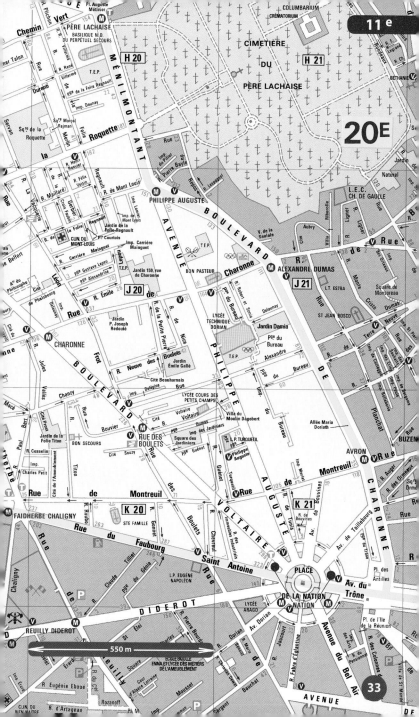

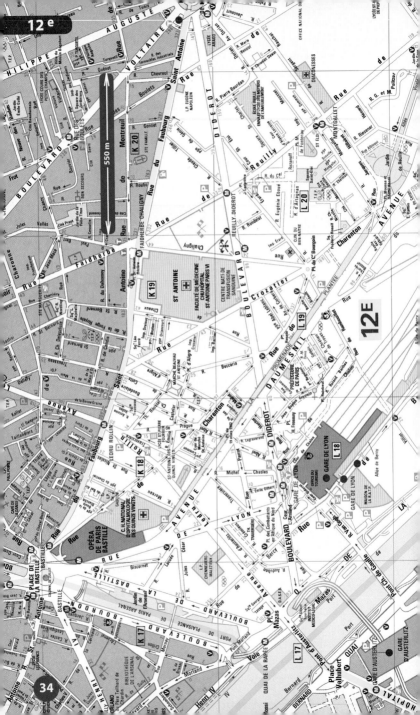

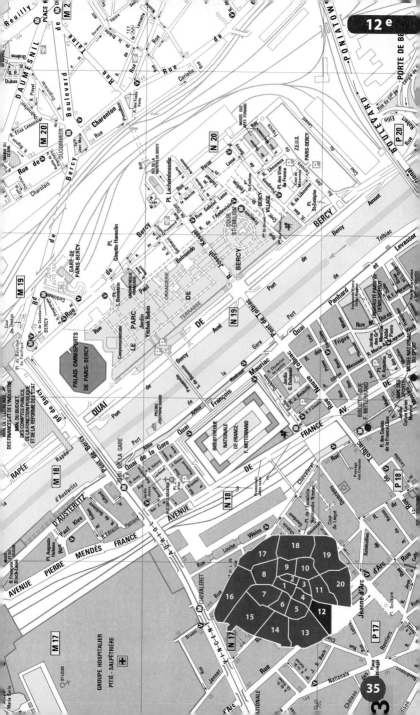

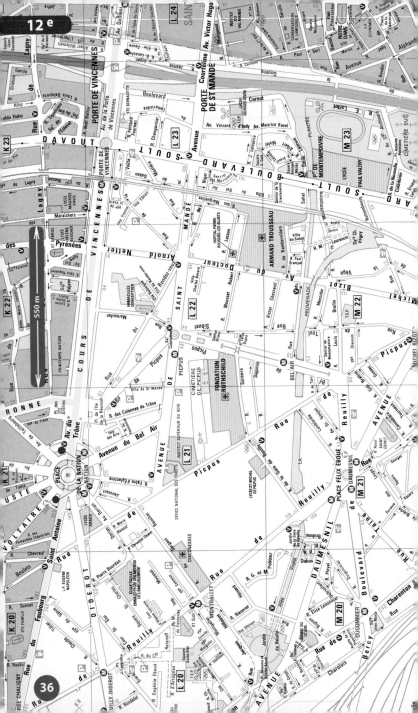

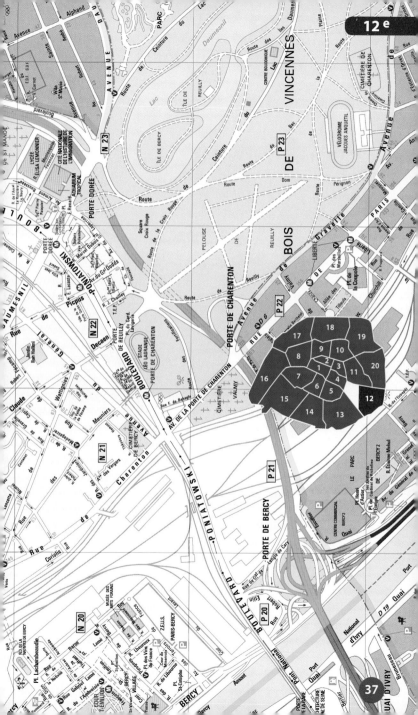

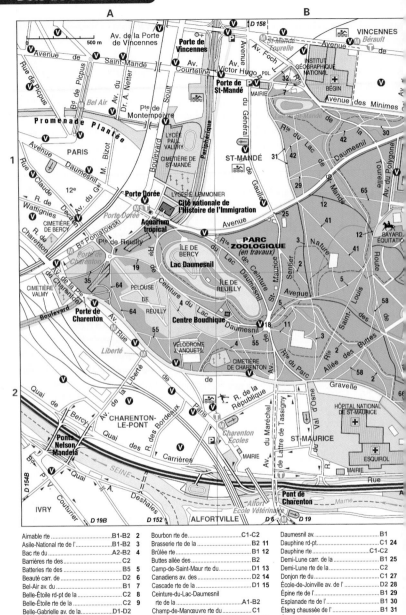

Aimable rte	B1-B2 **2**
Asile-National rte de l'	B1-B2 **3**
Bac rte du	A2-B2 **4**
Barrières rte des	C2
Batteries rte des	B5 **5**
Beauté carr. de	D2 **6**
Bel-Air av. du	B1 **7**
Belle-Étoile rd-pt de la	C2 **8**
Belle-Étoile rte de la	C2 **9**
Belle-Gabrielle av. de la	D1-D2
Bosquet-Mortemart rte du	D2
Bosquets rte des	D1 **10**
Bourbon rte de	C1-C2
Brasserie rte de la	B2 **11**
Brûlée rte	B1 **12**
Buttes allée des	B2
Camp-de-Saint-Maur rte du	D1 **13**
Canadiens av. des	D2 **14**
Cascade rte de la	B1 **15**
Ceinture-du-Lac-Daumesnil	
rte de la	A1-B2
Champ-de-Manœuvre rte du	C1
Chênes rte des	D1 **17**
Circulaire rte	D1
Conservation carr. de la	B2 **18**
Croix-Rouge rte de la	A1 **19**
Dame-Blanche av. de la	C1-D1 **20**
Dame-Blanche rte de la	C1 **22**
Dames rte des	C1-D1 **23**
Daumesnil av.	B1
Dauphine rd-pt.	C1 **24**
Dauphine rte	C1-C2
Demi-Lune carr. de la	B1 **25**
Demi-Lune rte de la	C2
Donjon rte du	C1 **27**
École-de-Joinville av. de l'	D2 **28**
Épine rte de l'	B1 **29**
Esplanade rte de l'	B1 **30**
Étang chaussée de l'	B1 **31**
Étang rte de l'	B1 **32**
Falucère rte de la	C1
Ferme rte de la	C2-D2
Ferme-de-la-Faisanderie	
carr. de la	D2 **33**
Fontenay av. de	D1
Fort-de-Gravelle rte du	D2 **34**

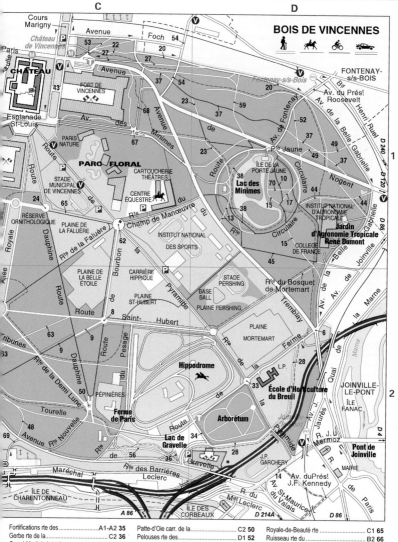

BOIS DE VINCENNES

Fortifications rte des	A1-A2 35	Patte-d'Oie carr. de la	C2 50	Royale-de-Beauté rte	C1 65
Gerbe rte de la	C2 36	Pelouses rte des	D1 52	Ruisseau rte du	B2 66
Grand-Maréchal rte du	C1-D1 37	Pelouses Marigny rte des	C1 53	Sabotiers carr. des	C1 67
Grand-Prieur rte du	D1 38	Pépinière av. de la	C1 54	Sabotiers rte des	C1
Gravelle av. de	A2-D2	Pesage rte du	C2	St-Hubert rte	C2
Lac-de-Saint-Mandé rte du	B1	Plaine rte de la	A2-B2 55	St-Louis esplanade	C1
Lapins allée des	B1 41	Point-de-Vue rte du	C2 56	St-Louis rte	B2
Lemoine rte	B1 42	Polygone av. du	B1	St-Maurice av. de	B1-B2
Maréchaux cours des	C1 43	Pompadour rte de la	B2 58	Terrasse rte de la	C2 69
Ménagerie rte de la	D1 44	Porte de Charenton av. de la	A1-A2	Tilleuls av. des	D1 70
Merisiers rte des	C1 45	Porte-Jaune	D1	Tourelle rte de la	B1-C2
Minimes av. des	B1-C1	Porte-Jaune rte de la	C1 59	Tremblay av. du	C1-D2
Moulin-Rouge rte du	C2 48	Pyramide carr. de la	C1	Tribunes av. des	B2-C2
Nogent av. de	C1-D1	Pyramide rte de la	C1-D2		
Nouvelle rte	C2	Quatre-Carrefours allée des	C2 63		
Odette rte	D1 49	Reuilly rte de	A2 64		
Parc rte	B2	Royale allée	A1-C2		

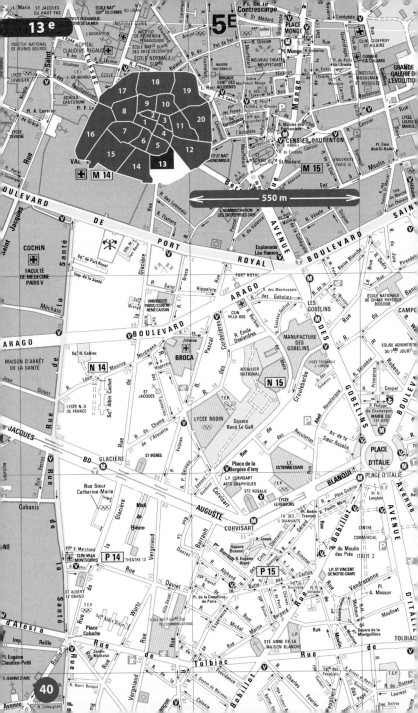

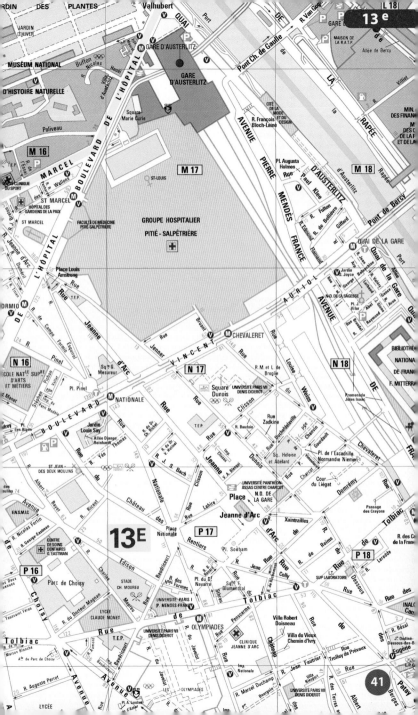

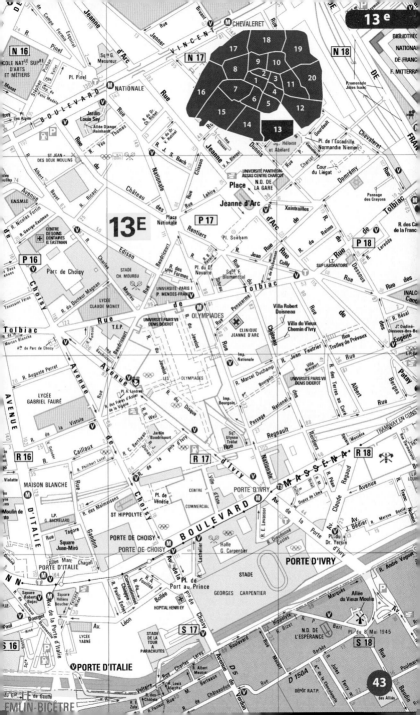

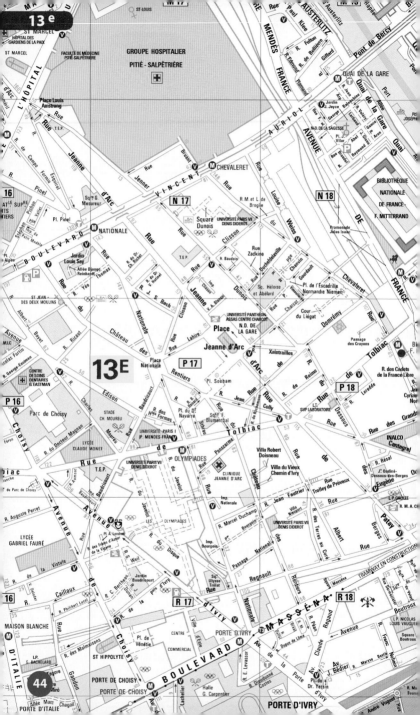

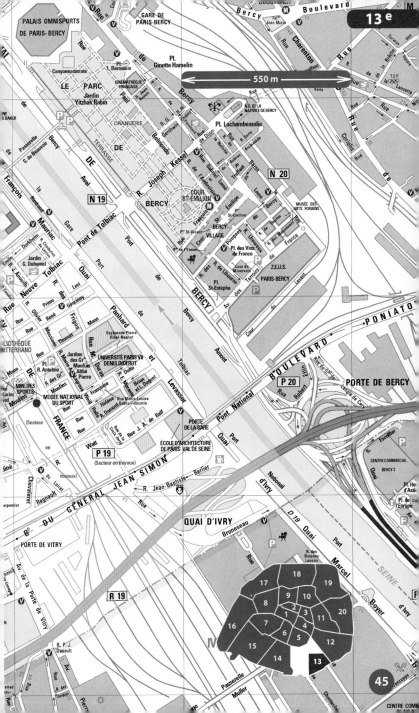

PALAIS OMNISPORTS
DE PARIS- BERCY

GARE DE
PARIS-BERCY

Pl.
Ginette Hamelin

Pl.
I. Bernstein

← 550 m →

Canyoneaustrate

LE PARC
Jardin
Yitzhak Rabin

CINÉMATHÈQUE
FRANÇAISE

ND. DE LA
NATIVITÉ DE BERCY

ORANGERIE

Pl. Lachambeaudie

TERRASSE

N 20

DE

N 19

R. Joseph Kessel

BERCY

MUSÉE DES
ARTS FORAINS

COUR
ST-EMILION

BERCY-
VILLAGE

Pl. des Vins
de France

ZEUS.

Cour de
Minervois

Pl.
St-Estèphe

PARIS-BERCY

Passerelle
S. de Beauvoir

Jardin
G. Duhamel

Neuve

Tolbiac

Quai

PONIATO

BOULEVARD

Esplanade Pierre
Vidal-Naquet

UNIVERSITÉ PARIS VII et
DENIS DIDEROT

P 20

PORTE DE BERCY

Jardins
des Gr
Moulins

MUSÉE NATIONAL
DU SPORT

Levassor

CENTRE COMMERCIAL
BERCY 2

P 19

PORTE
DE LA GARE

ÉCOLE D'ARCHITECTURE
DE PARIS VAL DE SEINE

(Secteur en travaux)

DU GÉNÉRAL JEAN SIMON

Pl. He
d'Asti

Pl. de
l'Europe

R. Jean-Baptiste

PORTE DE VITRY

QUAI D'IVRY

Bruneseau

QUAI D'IVRY

D 19 Quai

SEINE

R 19

PORTE DE VITRY

CENTRE COMM

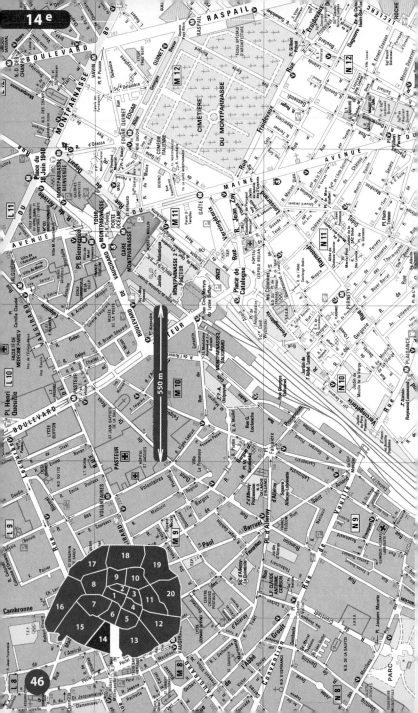

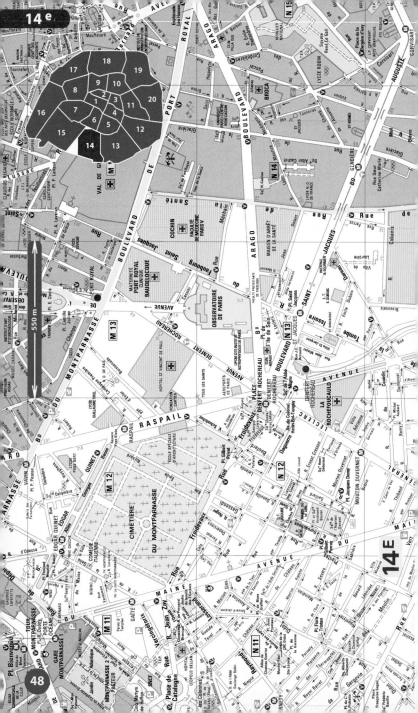

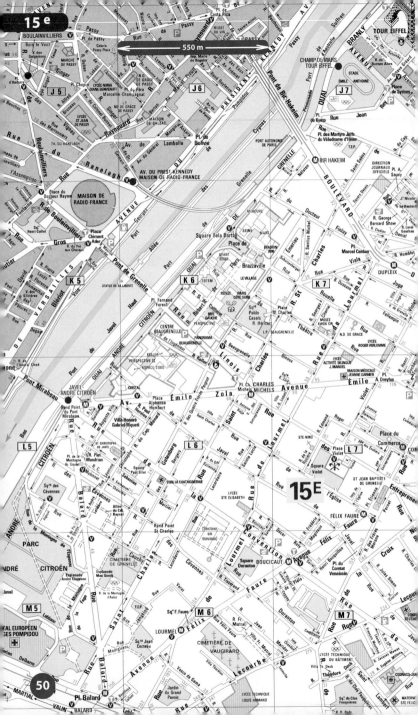

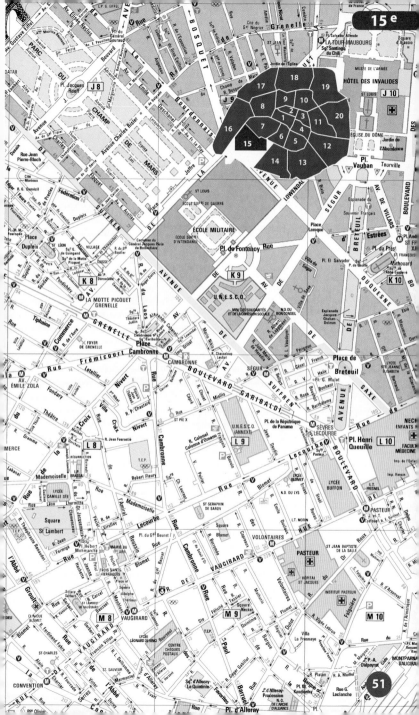

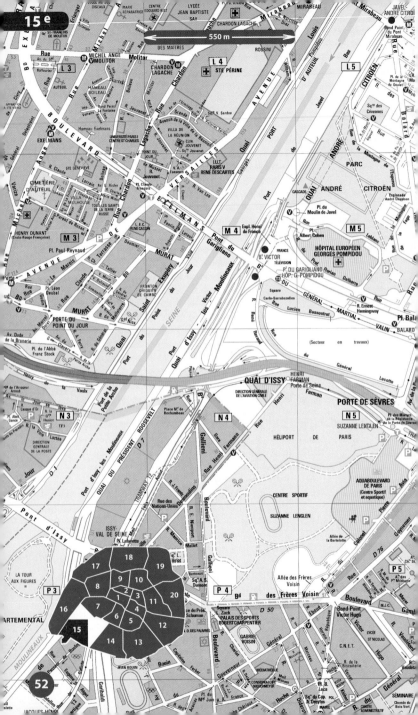

550 m

DES MAÎTRES

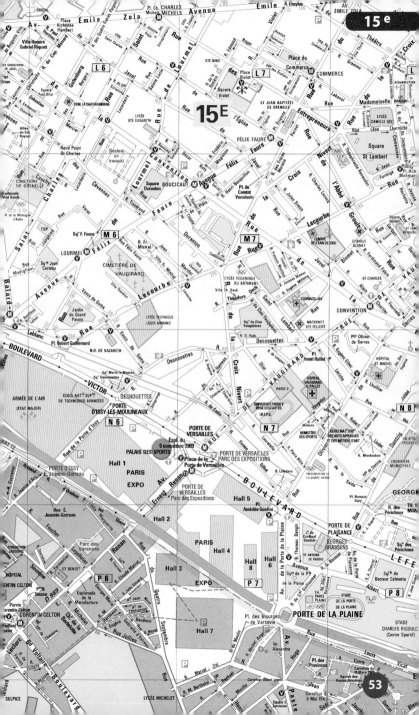

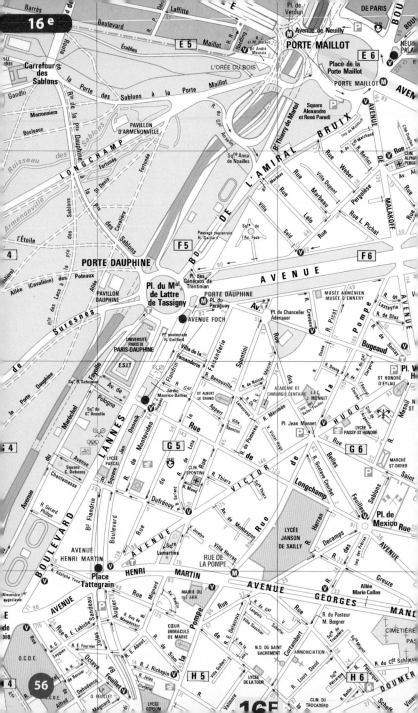

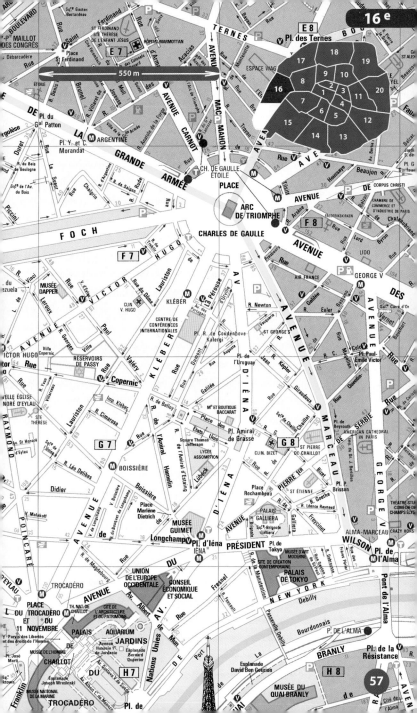

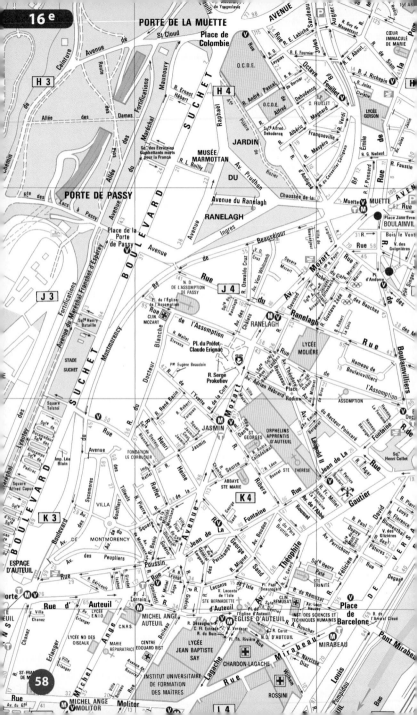

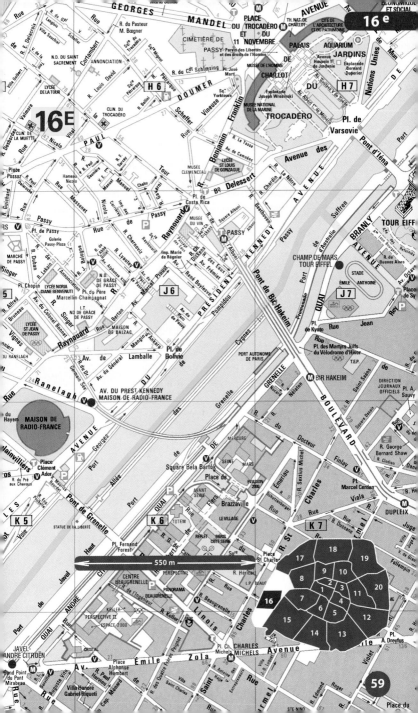

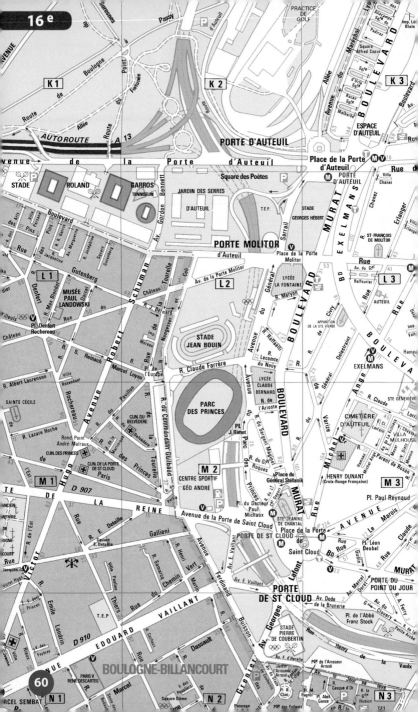

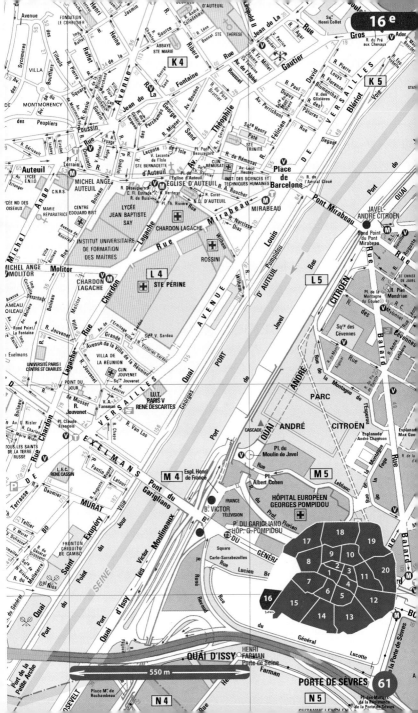

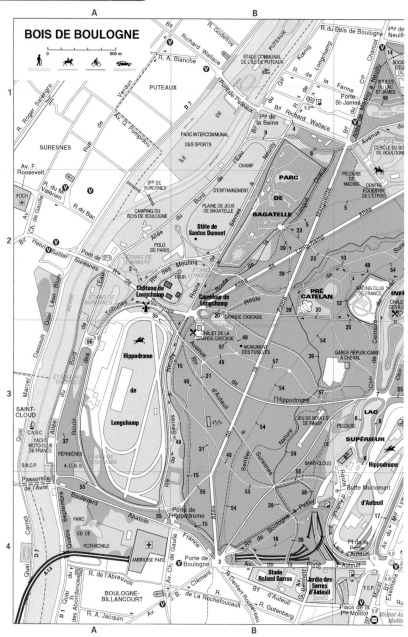

Abbaye chemin de l'	A2 **2**
Anciens Combattants carr. des	B4 **3**
Anselin r. du Général	B4 D1 **19**
Auteuil-à-Suresnes rte d'	B3-B4
Auteuil-aux-Lacs rte d'	B4-C4
Bord-de-l'Eau allée du	A3-B1
Bouleaux allée des	B1-C1 **5**
Boulogne à Passy rte de	B4
Bout-des-Lacs carr. du	C2 **6**
Butte Mortemart	C4
Cascades carr. des	C3 **7**
Ceinture-du-Lac-Inférieur chemin de	C2-C3
Ceinture-du-Lac-Supérieur chemin de	C3 **8**
Champ-d'Entraînement rte du	B1 **9**
Croix-Catelan carr. de la	C2 **10**
Croix-Catelan chemin de la	C2 **12**
Dames allée des	C3 **13**
Érables rte des	C1 **14**
Espérance rte de l'	B3-B4 **15**
Étoile rte de l'	C1-D1 **16**
Fortifications allée des	C3-C4 **17**
Fortunée allée	B4-D1 **18**
France bd Anatole	A4-B4
Gandhi av. du Mahatma	C1-D1
Grande-Cascade rte de la	B2-C2 **20**
Gravilliers chemin de la	B3 **21**
Hippodrome av. de l'	B3-C3
Lacs-à-Bagatelle rte des	B2 **23**
Lacs-à-la-Porte-Dauphine allée de	C2-D2 **26**
Lacs-à-Passy rte des	C3 **25**
Longchamp allée de	B2-D1
Longchamp carr. de	B2 **28**
Longue-Queue rte de la	B1-B2
Madrid-à-Neuilly allée de	C1
Marguerite allée de la Reine	B2-B4
Marronniers r. des	C1 **30**
Moulins rte des	A2-B2
Muette-à-Neuilly rte de la	C1-C2 **34**
Norvège carr. de	A2 **35**
Pépinières chemin des	A3 **37**
Pins rte des	C3 **38**
Point-du-Jour-à-Bagatelle rte de la	B2-B4 **39**
Point-du-Jour-à-Suresnes rte de la	B3 **40**
Porte-Dauphine-à-la-Porte-des-Sablons rte de la	D1 **42**
Porte-d'Auteuil av. de la	B4-C4 **44**
Porte de Bagatelle	B1 **4**
Porte-des-Sablons-à-la-Porte-Maillot rte de la	D1 **45**
Porte-St-James rte de la	C1 **46**
Poteaux allée des	D2 **47**
Pré-Catelan rte du	C2 **48**
Réservoirs chemin des	A3-B3 **49**
Sablonneuse rte	C1-C2 **50**
St-Cloud av. de	B4-C3
St-Denis allée	B4-D1 **54**
Seine-à-la-Butte-Mortemart rte de la	A4-B4 **55**
Sèvres-à-Neuilly rte de	A4-B1
Suresnes rte de	A2-D2
Tribunes carr. des	A3 **56**
Tribunes rte des	A2-A3
Vierge-aux-Berceaux rte de la	B3 **57**
Vieux-Chênes chemin des	B3 **58**

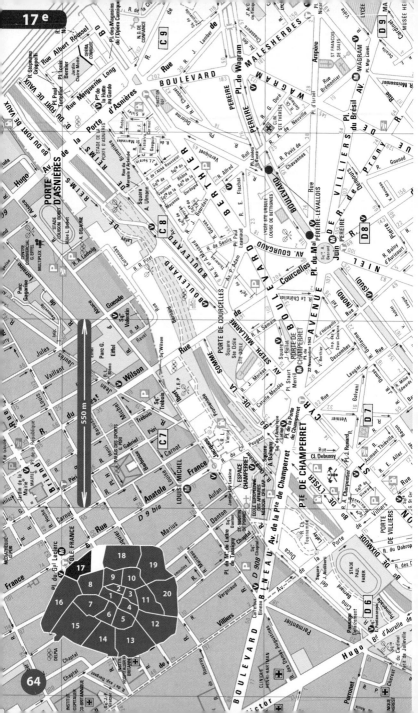

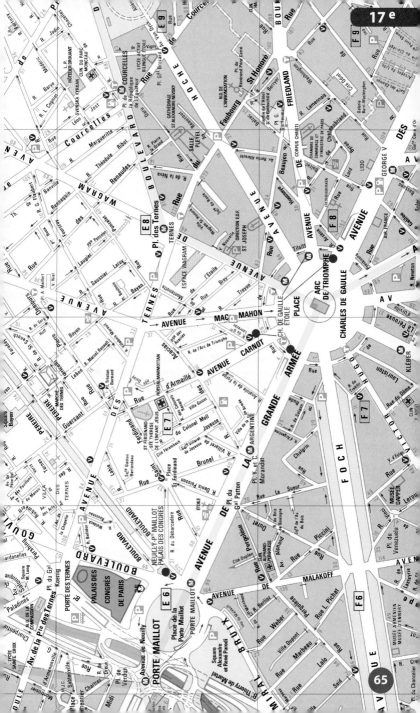

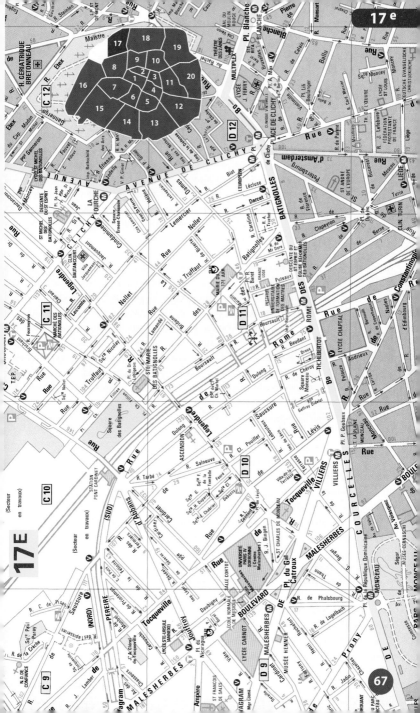

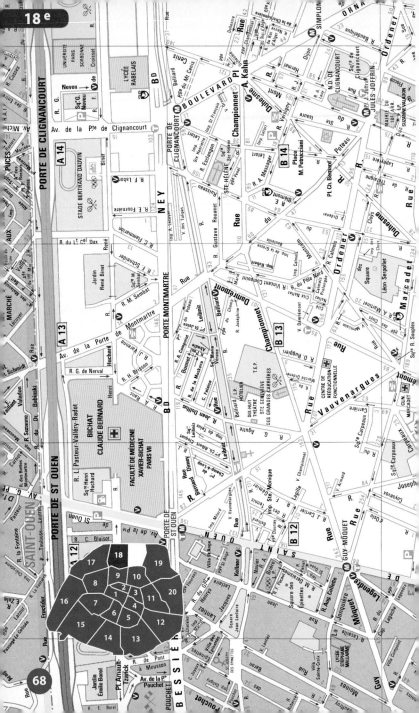

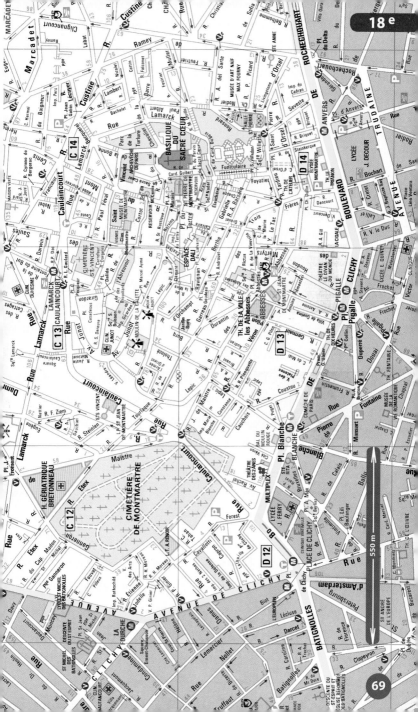

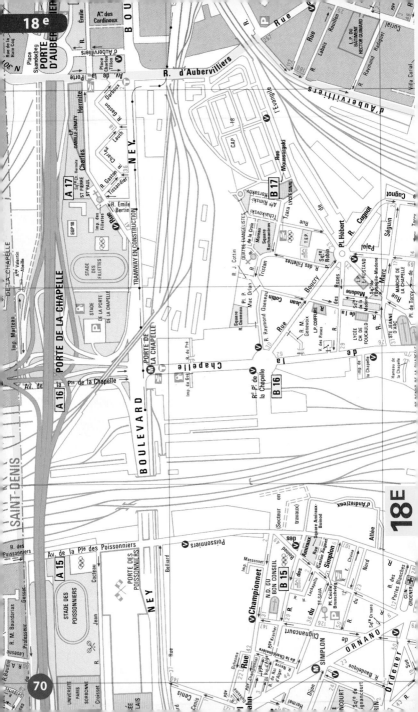

PORTE D'AUBERVILLIERS

R. d'Aubervilliers

A 17

B 17

A 16

PORTE DE LA CHAPELLE

BOULEVARD

NEY

SAINT-DENIS

B 16

B 15

A 15

PORTE DES POISSONNIERS

Av. de la Pte des Poissonniers

STADE DES POISSONNIERS

STADE DE LA PORTE DE LA CHAPELLE

STADE DES FILLETTES

18E

ORNANO

SIMPLON

Championnet

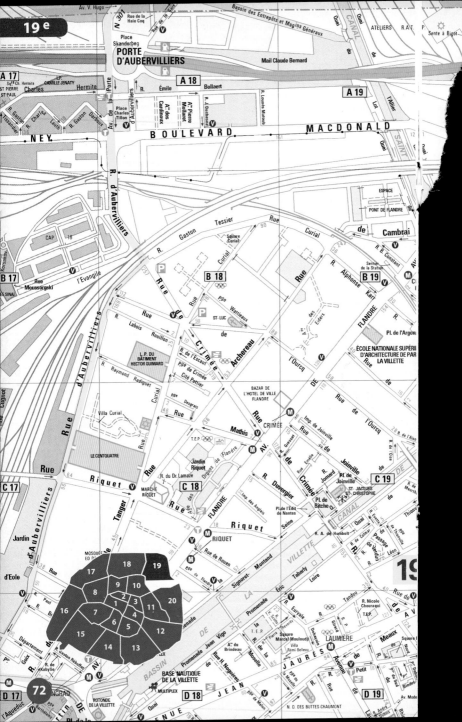

Av. V. Hugo

N 301

Bassin des Entrepôts et Magins Généraux

Quai

CANAL

ATELIERS R.A.T.P.

Sente à Bigot

Rue de la Haie Coq

Place Skanderbeg
PORTE D'AUBERVILLIERS

Mail Claude Bernard

A 17

L.P. CAMILLE JENATY
S.Ch. Hermite
ST PIERRE
ST-PAUL

Charles

Hermite

R. de la Porte

R. Émile

A 18

Bollaert

A 19

l'Allier

R. Louis Matout

R. Gaston

R. Charles Lauth

R. Gaston

Garbeux

Place Charles Tillon

A.e des Cardinaux

A.e Pierre Mollaret

R.J. Duchesne

N E Y

B O U L E V A R D   M A C D O N A L D

d'Aubervilliers

Av. de la Porte

CAP

18

Konakovo

R. d'Aubervilliers

ESPACE

PONT DE FLANDRE

de

de

SAINT

Rue Moussorgski
B 17
ESINAL

l'Evangile

Rue

Gaston

Tessier

Square Curial

Rue

Curial

Curial

Rue

B 18

de

Pge Wattieux

ST-LUC

Rue

Alphonse

B 19

Sentier de la Station

R. B. Constant

Cambrai

de

R.

Rue

Crimée

Archereau

Karr

FLANDRE

Pl. de l'Argon

R. Labois

Rouillon

R. de l'Escaut

Pge de Crimée

Cité Pottier

l'Ourcq

DE

ÉCOLE NATIONALE SUPÉR
D'ARCHITECTURE DE PAR
LA VILLETTE

Rue

de

L. P. DU BATIMENT HECTOR GUIMARD

Raymond

Radiguet

Villa Curial

pge

Desgrais

Rue

Rue

de

l'Ourcq

R. de l'Aisne

R. de l'Oise

LE CENTQUATRE

Rue

Rue

Rue

BAZAR DE L'HOTEL DE VILLE FLANDRE

T.E.P.

Rue

CRIMÉE

Mathis

Imp. de Joinville

Rue

de

Joinville

Rue

Jomard

R.

Pl. de Joinville

ST-JACQUES
ST-CHRISTOPHE

C 19

R. de Meurthe

C 17

Rue

Riquet

Tanger

MARCHÉ RIQUET

Jardin Riquet

R. du Dr. Lamaze

Orgues de Flandre

Rue

Mathis

AV.

Crimée

R. Duvergier

Pl. de Bitche

CANAL

Jardin

d'Aubervilliers

C 18

FLANDRE

Imp. des Anglais

R i q u e t

Pl. de l'Édit de Nantes

Seine

R. A. de Humbolt

Quai

R. de Colmar

Passage

de Verdun

Thionv

d'Eole

MOSQUÉE ED R...

Rue

Paul

17

18

19

Rue de Rouen

RIQUET

pge

de Flandre

Signoret

Montand

VILLETTE

Éric

Tanhely

Loire

Rue de

19

16

8

9

2

10

3

11

20

Promenade

Euryale

R. Nicole
Chouraqui
T.E.P.

A V

15

7

6

1

5

4

12

13

LA

DE

Square Marcel Mouloudji

Villa Rémi-Belleau

Tandou

R.

LAUMIÈRE

Meaux

Square

14

Département

R. Gaston Rébuffat

AV.

BASSIN

Promenade

Jean Vigo

A.e du Brindeau

Rue H. Noguères

Moselle

J A U R È S

Avenue

R.

Petit

R. du Sud

D 17

72

NGRAD

ROTONDE DE LA VILLETTE

BASE NAUTIQUE DE LA VILLETTE

MULTIPLEX

Quai

D 18

J E A N

N.D. DES BUTTES CHAUMONT

Av. Mode

D 19

l'Aqueduc

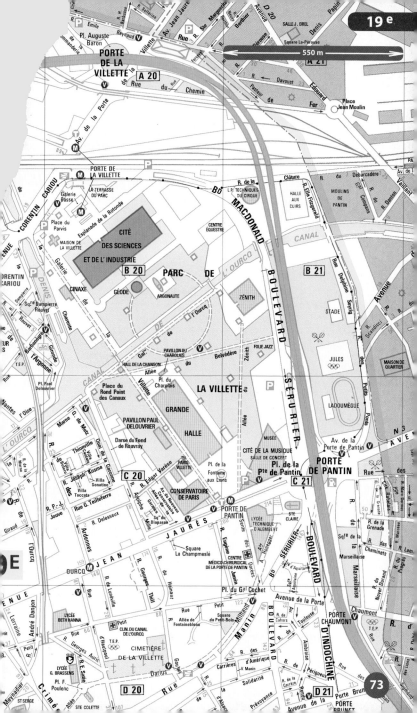

550 m

A 21

R. Sellerine
R. H.
Berlioz
R. Marguerite
Avenue
D 20
SALLE J. BREL
Papin

Emile
Reynaud
Pl. Auguste
Baron
Ste
Marguerite
Av. Jean Jaurès
Rue
R.
Berthier
R. Pérouse
Square La-Pérouse
Denis

PORTE
DE LA
VILLETTE
A 20
Rue du Chemin
de la
Davoust
Edouard
Place
Jean Moulin

Av. de la Porte
PORTE DE
LA VILLETTE
R. de la
Clôture
L.P. TECHNIQUES
DU CIRQUE
HALLE
AUX CUIRS
R. du
Débarcadère
MOULINS
DE
PANTIN
R. Danton
R. Campans

CORENTIN CARIOU
Galerie
Basse
LA TERRASSE
DU PARC
Bd MACDONALD
R. Ella Fitzgerald
CANAL

Place du
Parvis
Esplanade de la Rotonde
CENTRE
ÉQUESTRE

MAISON DE
LA VILLETTE
CITÉ
DES SCIENCES
ET DE L'INDUSTRIE
B 20
PARC
DE
B 21

CORENTIN
CARIOU
CINAXE
GÉODE
ARGONAUTE
DE
L'OURCQ
ZÉNITH
STADE
Avenue
Seigny

Sqre Dampierre
Rouvet
Charente
Gal de
l'Ourcq
PAVILLON DU
CHAROLAIS
Belvédère
FOLIE JAZZ
BOULEVARD
SÉRURIER
R. Sesriceci

l'Argonne
Bondheaume
Gironde
HALL DE LA CHANSON
Zénith
JULES
Petits
MAISON DE
QUARTIER

T.E.P.
Pl. Paul
Delouvrier
Place du
Rond Point
des Canaux
Allée
Pl. du
Charolais
LA VILLETTE
du
Ponts
LADOUMÈGUE

Nantes
l'Oise
Marne
Quai de la
GRANDE
Villette
Av. de la
Porte de Pantin
N 3
AVE

L'OURCQ
Thionville
Quai du Fond
de Rouvray
PAVILLON PAUL
DELOUVRIER
HALLE
MUSÉE
CITÉ DE LA MUSIQUE
SALLE DE CONCERT
PORTE
DE PANTIN

Joseph
Kosma
Villa
Sonatine
Th.
PARIS
VILLETTE
Pl. de la
Fontaine
aux Lions
Pl. de la
Pte de Pantin
C 21
Rue
des

Villa
Toccata
Rue G. Taillefere
R. Edgar Varèse
C 20
CONSERVATOIRE
DE PARIS
STE
CLAIRE
R. Rabelais
R. Maceau

R.P.J.
Jouve
R. Delesseux
Sqre du
Diapason
PORTE DE
PANTIN
LYCÉE
TECHNIQUE
D'ALEMBERT
R. de la
Grenade
R. du
Progrès

Ardennes
JAURÈS
Square
La Champmeslé
R. Eugène
Sqre de la
Marseillaise

Giraud
JEAN
R. Georges Thill
CENTRE
MÉDICO-CHIRURGICAL
DE LA PORTE DE PANTIN
BOULEVARD
R. du
Noyer Durand

OURCQ
R. de Luteville
Pl. du Gal Cochet
Avenue de la Porte
PORTE
CHAUMONT
T.E.P.

André Danjon
Rue
Petit
Square
du Petit-Bois
Manin
R. de
Cahors
Toulouse
R.
Ambroise
D'INDOCHINE

Lorraine
LYCÉE
BETH HANNA
Allée de
Fontainebleau
Rue
Darius
R. de
Cahors
R.
des
Rue

Petit
R. Georges Auric
CLIN. DU CANAL
DE L'OURCQ
T.E.P.
CIMETIÈRE
DE LA VILLETTE
Carrières
R. d'Amérique
V Manin
Périgueux
PORTE
BRUN

LYCÉE
G. BRASSENS
Pl. F.
Poulenc
D 20
Rue
Goubet
Solidarité
R. de
la Carrière
Prévoyance
D 21
Porte Brun
PORTE
BRUNET

ST SERGE
STE COLETTE
Crimé
Avenue de la Porte

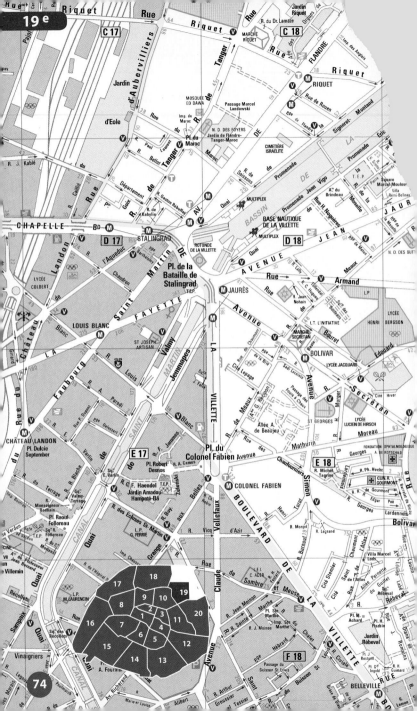

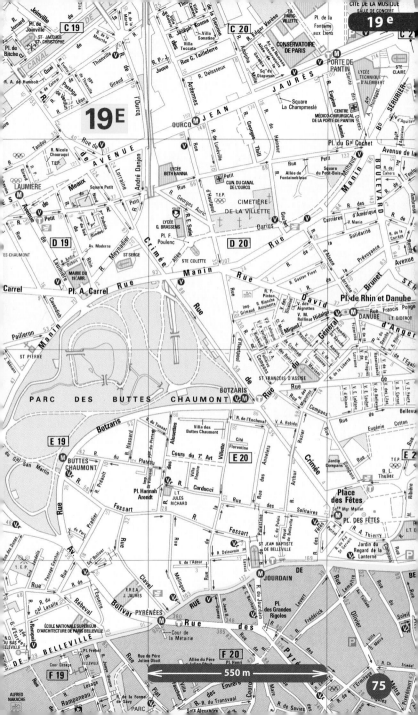

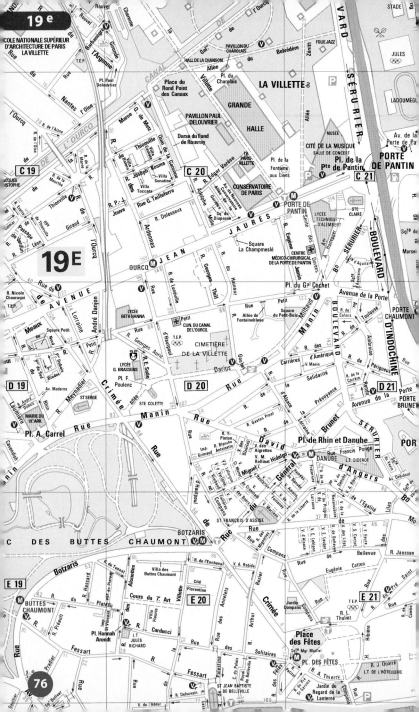

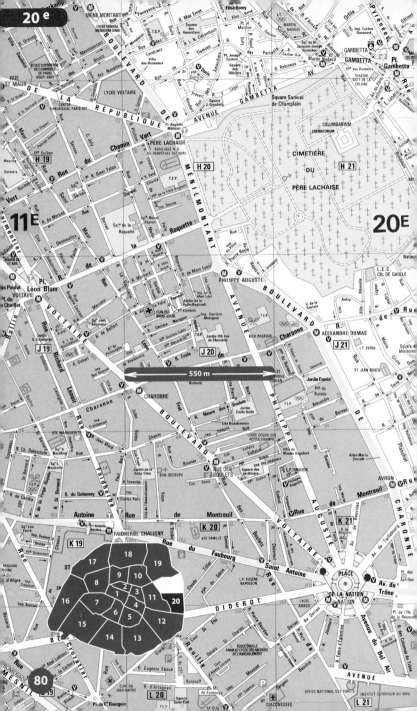

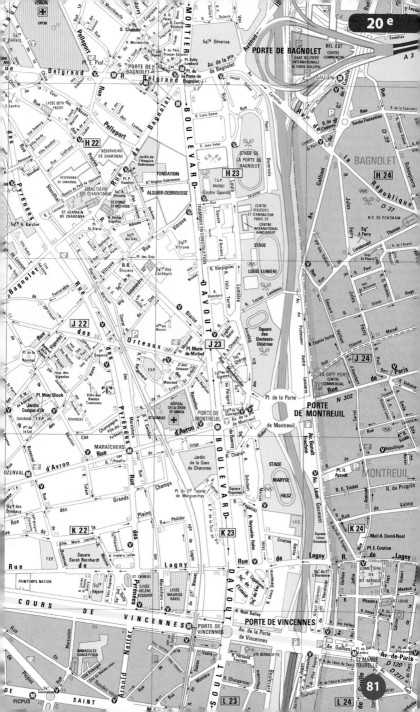

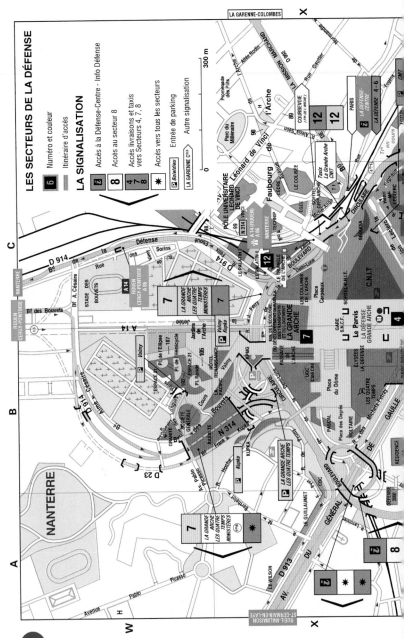

LES SECTEURS DE LA DÉFENSE

6 Numéro et couleur

Itinéraire d'accès

LA SIGNALISATION

Accès à la Défense-Centre - Info Défense

8 Accès au secteur 8

4 7 8 Accès livraisons et taxis vers Secteurs 4, 7, 8

✳ Accès vers tous les secteurs

P *Boieldieu* Entrée de parking

LA GARENNE C^ES Autre signalisation

0 — 300 m

La Défense

Index - *La première colonne indique les lieux : tour, immeuble, rue, etc, suivis des secteurs dont ils dépendent et du renvoi au carroyage qui permet leur situation sur le plan.*
La dernière colonne indique le nom du parking correspondant au lieu (parking public payant), la mention Parking privé informe de la nécessité d'avoir une autorisation préalable pour y stationner.

Index - *The first column gives the name of the street, building, block etc. followed by the zone and page and grid reference on the plan.*
The last column gives the names of the nearest car park (public paying car park). Parking privé means that a special parking permit is required.

Register - *Die erste Spalte bezeichnet den Namen (Straße, Gebäude usw.), es folgten Stadtbezirk, Seitennummer und Planquadrat.*
Die letzte Spalte nennt den Namen der Nächstgelegenen Parkmöglichkeit (öffentlich, gebührenpflichtig). Parking privé bedeutet: eine besondere Parkerlaubnis ist erforderlich.

Nom	Secteur	Repère	Parking
Acacia immeuble	10	BZ	Michelet
AGF-Athéna immeuble	10	BZ	Michelet
AGF-Neptune tour	1	CZ	Les Saisons
A.I.G. tour	2	CY	Corolles
Aimé-Césaire bd.		BW-CW	
Albert-Gleizes av.	6	CY	
Alsace av. d'	3	CZ	
Ampère immeuble	6	CY	La Coupole-Regnault
Ancre résidence de l'	1	CZ	Les Saisons
Ancre voie de l'=6	1	CZ	Les Saisons
André-Prothin av.=82	4	CY	Centre
Arche jardin de l'	7	BW-BX	La Grande Arche - Les Quatre Temps
Arche pass. de l'	7	BX	Michelet
Ariane tour	9	BY	Villon
Atlantique tour	9	BY	Villon
Atofina immeuble	10	BZ	Michelet
Aurore tour	2	CY	Les Reflets
Balzac immeuble	5	CY	Parking privé
Basalte tour	7	BW-BX	Parking privé
Bellini immeuble	11	BZ	
Bellini r.	11	BZ	
Bellini terrasse	11	BZ	Parking privé
Boieldieu jardins =19	8	BY	Boieldieu
Boieldieu pass.=33	8	BY	Boieldieu
Boieldieu résidence	8	BY	Boieldieu
Boieldieu terrasse=21	8	BY	Boieldieu
Bouvets bd des		BW-BX	
Carpeaux pl.	6	CX	CNIT
CBC immeuble		BX	
Le Cèdre immeuble		CX	
Charras quartier		DY-DZ	
Chartis tour	2	CY	
Circulaire bd		BX-CY	
C.N.I.T.	6	CX	CNIT
Cœur Défense	4	CY	
Coface immeuble	10	BZ	Michelet
Le Colisée immeuble		CX	
Les Collines de l'Arche	12	CX	La Grande Arche - Les Quatre Temps
Corolles pl. des	2	CY	Corolles
Corolles sq.=37	2	CY	Corolles
Coudraies r. des		BW	
Coupole pl. de la	6	CY	La Coupole-Regnault
Damiers galeries des=22	1	CZ	Les Saisons
Damiers-d'Anjou	1	CZ	Les Saisons
Damiers-de-Bretagne	1	CZ	Les Saisons
Damiers-de-Champagne	1	CZ	Les Saisons

Nom	Secteur	Repère	Parking
Damiers-du-Dauphiné	1	CZ	Les Saisons
Dauphins résidence les	6	CX-CY	La Coupole-Regnault
Défense pl. de la	4	BY-CY	
Défense résidence la	8	BX-BY	Boieldieu
Défense 2000 tour	8	AX	Boieldieu
Degrés pl. des	7	BX	La Grande Arche - Les Quatre Temps
Delalande immeuble	6	CY	La Coupole-Regnault
Delarivière-Lefoullon r.=16	9	BY	
Demi-Lune route de la	7	BX-CX	
Descartes tour	5	CY	Parking privé
Dexia immeuble	2	CY	Les Reflets
Le Diamant immeuble		BY	
Diderot cours =23	5	CY	Parking privé
Diderot parc		CZ	
Division-Leclerc av. de la		CX	
Dôme pl. du	7	BX	La Grande Arche - Les Quatre Temps
Dominos pl. des=17	1	CZ	Les Saisons
EDF-GDF tour	4	BY	
Egée immeuble		CX	
Ellipse pl. de l'	7	BW	Valmy
Élysées-la-Défense	7	BX	La Grande Arche - Les Quatre Temps
Espace 21 immeuble	7	BW	Valmy
Essling r. d'	5	DY	
Europe tour	2	CY	Corolles
Europlaza tour	4	CY	Parking privé
Ève tour	9	BY	Villon
Exaltis-Mazars	4	CY	Parking privé
Faubourg de l'Arche quartier		CX	
La Fayette immeuble	5	CY	Parking privé
First tour	1	CZ	Les Saisons
Framatome tour	6	CY	La Coupole-Regnault
Frank-Kupka bd		BX	
Franklin pass. =8	8	BY	Corolles
Franklin tour	8	BY	Corolles
Le Galion immeuble		BZ	
Gallieni résidence	9	BY	Parking privé
Gallieni sq.	9	BY	Villon
Gambetta av.		CY-DY	
Gambetta tour	6	CY	La Coupole-Regnault
Général-Audran r. du	1	CZ	Les Saisons
Général-de-Gaulle av. du		AX-BX	
Général-de-Gaulle esplanade du		BY-BZ	
La Grande-Arche	7	BX-CX	La Grande Arche - Les Quatre Temps
Granite tour	7	BW	
Le Guillaumet immeuble		AX	
Le Guynemer immeuble	6	DY	

Indice - *La prima colonna indica i luoghi: torre, edificio, strada, ecc., seguiti dai settori in cui si trovano e dal riferimento che permette di situarli sulla pianta.*
L'ultima colonna indica il nome del parcheggio più vicino (parcheggio pubblico a pagamento).
L'indicazione Parking privé informa della necessità di avere uno speciale permesso per poter parcheggiare.

Índice - *La primera columna indica los lugares: torre, edificio, calle, etc., seguida del sector al que pertenecen y de las coordenadas que los localizan, en el plano.*
La última columna indica el nombre del aparcamiento que corresponde al lugar (aparcamiento público de pago); la mención Parking privé informa que es necesaria una autorización previa para poder aparcar

Straatnamenregister - *De eerste kolom vermeldt de naam van de toren, het gebouw, de straat, enz., gevolgdedoor de sector wartoe deze behoort en de verwijzing naar het graadnet.*
In de laatste kolom staat de naam van de bijbehorende parkeerplaats (openbare betalende parkeerplaats).
De vermelding Parking privé betekent dat een speciale parkeervergunning vereist is.

Nom	Secteur	Repère	Parking
Harmonie-Cartel résidence	**1**	CZ	Les Saisons
Hémicycle pl. de l'	**7**	BW	Valmy
Henri-Regnault pl.	**6**	CY	La Coupole-Regnault
Henri-Regnault r.	**6**	CY	
Henri-Regnault sq.	**6**	CY	La Coupole-Regnault
Ibis-Novotel hôtel	**1**	CZ	Les Saisons
Ile-de-France immeuble	**9**	BY	Villon
Iris immeuble	**2**	CZ	Iris
Iris pl. de l'	**2**	CZ	Iris
Iris terrasse de l'=29	**2**	CZ	Iris
Jacques-Villon r.	**9**	BY	
Jean-Monnet immeuble	**5**	CY	Parking privé
Jean-Moulin av.		AY-BY	
Jules-Ferry r.		BX-CX	
KPMG immeuble	**7**	BX	Valmy
Kupka immeubles	**7**	BX	Parking privé
Kvaerner tour	**3**	CZ	Iris
Lavoisier immeuble	**5**	CY	Parking privé
Léonard de Vinci pôle universitaire		CX	
Le Linéa immeuble		BY	
Logica tour	**2**	CY	
Lorraine résidence	**2**	CY	Corolles
Lotus immeuble	**6**	DX	
Louis-Blanc r.		CZ-DZ	
Louis-Pouey r.	**8**	AX-BX	
Louis-Pouey résidence	**8**	BY	Boieldieu
Manhattan tour	**2**	CZ	Iris
Manhattan-Square résidence	**2**	CZ	Les Reflets
Maréchal-Leclerc résidence	**6**	CX	La Coupole-Regnault
Michelet cours	**10**	BZ	Michelet
Le Michelet immeuble	**10**	BZ	Michelet
Michelet r.		BY	
Michets-Petray r. des	**7**	BX	
Millénaire parc du		DX	
Minerve immeuble		BZ	
Les Miroirs tours	**3**	CZ	Parking privé
Monge immeuble	**5**	CY	
Neuilly bd de		CZ	
Neuilly-Défense résidence	**2**	CZ	Iris
Newton immeuble	**5**	CY	Parking privé
Nobel immeuble	**11**	BZ	Parking privé
Opus 12 tour	**9**	BY	Villon
Orion résidence	**1**	CZ	Les Saisons
La Pacific tour	**7**	BX	Valmy
Le Palatin immeuble	**12**	CX	
Paradis r.	**9**	BY	
Le Parvis	**4**	BX-CX	La Grande Arche - Les Quatre Temps
Pascal tour	**7**	BX	La Grande Arche - Les Quatre Temps
Paul-Lafargue r.		AZ-BZ	
Pierre-Gaudin bd		BY-BZ	
Les Platanes résidence	**9**	BY	Villon
Praetorium	**2**	CY	Les Reflets
Pyramide pl. de la =35	**9**	BY	Villon
Les Quatre-Temps	**7**	BX	La Grande Arche - Les Quatre Temps
Reflets patio des =31	**2**	CY	Les Reflets
Reflets pl. des	**2**	CY	Les Reflets
Reflets terrasse des =39	**2**	CY	Les Reflets
Renaissance hôtel	**7**	BX	Valmy
Ronde pl.	**7**	BW	Valmy
Les Saisons immeuble	**1**	CZ	Les Saisons
Saisons pl. des	**1**	CZ	Les Saisons
Saisons sq. des =15	**1**	CZ	Les Saisons
Scor immeuble	**8**	BY	Wilson
Ségoffin r.	**6**	DY	
Seine pl. de	**1**	CZ	Les Saisons
Sequoia tour	**6**	CX	CNIT
Sirène résidence la	**6**	CY	La Coupole-Regnault
Société Générale tour	**7**	BW	Valmy
Sofitel-C.N.I.T hôtel	**6**	CX	
Sofitel-Défense hôtel	**10**	BZ	Michelet
Sofitel-Grande Arche immeuble		CX	
Strasbourg r. de	**5**	CY-DZ	
Sud pl. du	**9**	BY	Villon
Technip tour	**6**	CY	La Coupole-Regnault
Total Fina Elf tour	**6**	CY	La Coupole-Regnault
Total Fina Elf tour	**10**	BY	Michelet
Le Triangle de l'Arche	**12**	CX	
Trois-Places pass. des =102	**7**	BW	Valmy
UGC Ciné Cité	**7**	BX	La Grande Arche - Les Quatre Temps
Utopia immeuble	**8**	AY-BY	Boieldieu
Valmy cours	**7**	BW-BX	Valmy
Valmy pass. =105	**7**	BW	Valmy
Valmy terrasse =107	**7**	BW	Valmy
Vision 80	**2**	CY	Les Reflets
Vivaldi sq.	**1**	CZ	Les Saisons
Voltaire tour	**7**	BX	La Grande Arche - Les Quatre Temps
Vosges allée des =79	**5**	CY	Parking privé
Vosges pl. des	**5**	CY	Parking privé
Le Wilson immeuble		AX	
Winterthur tour	**8**	BY	Boieldieu

Street index - Straßenverzeichnis - Indice Índice - Straatnamenregister

Abréviations utilisées dans le répertoire

Abbreviations used in the index - Abkürzungen, die im Straßenverzeichnis verwendet werden - Abbreviazioni utilizzate nell'indice - Abreviaturas - In het register gebruikte afkortingen

av.	avenue	pl.	place
bd	boulevard	pte	porte
carr.	carrefour	r.	rue
imp.	impasse	rd-pt	rond-point
pass.	passage	sq.	square

Nom, voie ..... Arrondissement	Repère
A	
Abadie, r. Paul 18	**B13**
Abbaye, r. de l' 6	**J13**
Abbesses, pass. des 18	**D13**
Abbesses, pl. des 18	**D13**
Abbesses, r. des 18	**D13**
Abbeville, r. d'	**E15**
nos 1-17, 2-16 10	
nos 19-fin, nos 18-fin 9	
Abd-El-Kader, pl. Emir 5	**M16**
Abeille, allée Valentin 18	**A17**
Abel, r. 12	**L18-K18**
Aboukir, r. d' 2	**G14-G15**
About, r. Edmond 16	**H5**
Abreuvoir, r. de l' 18	**C13**
Acacias, pass. des 17	**E7**
Acacias, r. des 17	**E7**
Acadie, pl. d' 6	**K13**
Achard, pl. Marcel 19	**F18**
Achille, r. 20	**H21**
Acollas, av. Émile 7	**K8**
Adam, av. Paul 17	**C8**
Adam, r. Adolphe 4	**J15**
Adanson, sq. 5	**M15**
Adenauer, pl. du Chancelier ..16	**F5**
Ader, pl. Clément 16	**K5**
Adour, villa de l' 16	**F20**
Adrienne, cité 20	**J22**
Adrienne, villa 14	**N12-P12**
Affre, r. 18	**D16-C16**
Agar, r. 16	**K5**
Aguesseau, r. d' 8	**G11-F11**
Agutte, r. Georgette 18	**B13**
Aicard, av. Jean 19	**G19**
Aide-Sociale, sq. de l' 14	**N11**
Aigrettes, villa des 19	**D20**
Aisne, r. de l' 19	**C19**
Aix, r. d' 10	**G18-F17**
Alain, r. 14	**M10-N10**
Alasseur, r. 15	**K8**
Albert, pass. Charles........18	**B12**
Albert, r. 13	**R18-P18**
Albert, r. Paul 18	**D14-C14**
Albert-Ier, cours 8	**G9**
Albert-Ier-de-Monaco, av. ..16	**H7**
Albinoni, r. 12	**L20-M20**
Alboni, r. de l' 16	**J6**
Alboni, sq. 16	**J6**
Albrecht, av. Berthie 8	**F8-E8**
Alembert, r. d' 14	**P13**
Alençon, r. d' 15	**L11**
Alésia, r. d' 14	**P14-N10**
Alésia, villa d' 14	**P11-P12**
Alexandre, pass. 15	**M10**
Alexandre III, pont 8	**H10-G10**
Alexandrie, r. d' 2	**G15**
Alexandrine, pass. 11	**J20**
Alger, r. d' 1	**G12**
Algérie, bd d' 19	**E22-D21**
Algérie, sq. d' 19	**D21-D22**
Alibert, r. 10	**F17**
Alice, sq. 14	**P10**
Aligre, pl. d' 12	**K19**
Aligre, r. d' 12	**K19-K18**
Aliscamps, sq. des 16	**K3**
Allais, pl. Alphonse.........20	**F19**
Allard, r.	**M23**
nos 29-fin, 30-fin 12	
autres nos ....**Saint-Mandé**	
Allemane, sq. Jean 11	**J19**
Allende, pl. Salvador 7	**J10**
Allent, r. 7	**J12**
Alleray, hameau d' 15	**M8-M9**
Alleray, pl. d' 15	**N9**
Alleray, r. d' 15	**M8-N9**
Allès,	
r. de l'Inspecteur...........19	**E21**
Allez, r. Émile..............17	**D7**
Allier, quai de l' 19	**A19**
Alma, cité de l' 7	**H8-H9**
nos 1 et 1 bis 16	
nos 2, 3-fin 8	
Alma, pl. de l'	**G8**
Alma, pont de l' 16	**H8**
Alouettes, r. des 19	**E20**
Alpes, pl. des 19	**N16**
Alphand, av. 16	**F6**
Alphand, r. 13	**P15**
Alphonse-XIII, av. 16	**J6**
Alquier-Debrousse, allée...20	**H22-H23**
Alsace, r. d' 10	**E16**
Alsace, villa d' 19	**E21**
Alsace-Lorraine, cour. d' 12	**L20**
Alsace-Lorraine, r. d' 19	**D21-D20**
Amalia, villa 19	**D20-E21**
Amandiers, r. des 20	**H20-G20**
Amboise, r. d' 2	**F13**
Ambroisie, r. de l'..........12	**N20**
Amélie, r. 7	**H9-J9**
Amélie, villa 20	**F22**
Amelot, r. 11	**J17-G17**
Amette, pl. du Cardinal 15	**K8**
Ameublement, cité de l' 11	**K20**
Amiens, sq. d' 20	**H23**
Amiraux, r. des 18	**B15**
Ampère, r. 17	**D9-D8**
Amphithéâtre, pl. de l' 14	**M10-M11**
Amsterdam, cour. d' 8	**E12**
Amsterdam, imp. d' 8	**E12**
Amsterdam, r. d'	**E12-D12**
nos impairs 8	
nos pairs 9	
Amyot, r. 5	**L15-L14**
Ancienne-Comédie, r. de l' ...6	**J13-K13**
Ancre, pass. de l' 3	**H15-G15**
Andigné, r. d' 16	**J5-H4**
Andorre, pl. d' 16	**J5**

Nom, voie ..... Arrondissement	Repère
Andrezieux, allée d' 18	**B15**
Andrieux, r. 8	**E11-D11**
Androuet, r. 18	**D13**
Angers, r. David d' 19	**D20-D21**
Anglais, imp. des 19	**C18**
Anglais, r. des 5	**K15**
Angoulême, cité d' 11	**G18**
Anjou, quai d' 4	**K16**
Anjou, r. d' 8	**G11-F11**
Ankara, r. d' 16	**J6**
Annam, r. d' 20	**G21**
Annelets, r. des........... 19	**E20**
Annibal, cité 14	**P13**
Annonciation, r. de l' ... 16	**J6-J5**
Anouilh, r. Jean 13	**N19**
Anselin, r. du Général 16	**E5**
Antilles, pl. des 11	**K21**
Antin, cité d' 9	**E13**
Antin, imp. d' 8	**G10-G9**
Antin, r. d' 2	**G13**
Antoine, r. André 18	**D13**
Antoinette, r. Blanche 19	**D20**
Anvers, pl. d' 9	**D14**
Apennins, r. des 17	**C11**
Apollinaire, r. Guillaume .. 6	**J13**
Appell, av. Paul 14	**R12**
Appert, r. du Général 16	**G5**
Appert, r. Nicolas 11	**H18**
Aqueduc, r. de l' 10	**E16-D17**
Aquitaine, sq. d' 19	**D21-C21**
Arago, bd..................	**N15-N13**
nos 1-73, 2-82 13	
nos 75-fin, 84-fin...... 14	
Aragon, allée Louis 1	**H14**
Arbalète, r. de l' 5	**M15-M14**
Arbre-Sec, r. de l' 1	**H14**
Arbustes, r. des 19	**P9**
Arc-de-Triomphe, r. de l' 17	**E7**
Arc-en-Ciel, r. de l' 1	**H14**
Arcade, r. de l' 8	**F11**
Archereau, r. 19	**C18-B18**
Archevêché, pont de l' 4	**K15**
Archevêché, quai de l' 4	**K15**
Archinard, r. du Général .. 12	**M23**
Archives, r. des	**J15-H16**
nos 1-41, 2-56 4	
nos 43-fin, 58-fin 3	
Arcole, pont d' 4	**J15**
Arcole, r. d' 4	**J15**
Arcueil, porte d' 14	**R13**
Arcueil, r. d' 14	**R14-S14**
Ardennes, r. des 19	**C20**
Arènes, r. des 5	**L15**
Arènes-de-Lutèce, sq. des... 5	**L15**
Argenson, r. d' 8	**F10-F11**
Argenteuil, r. d' 1	**H13-G13**
Argentine, cité de l' 16	**G6**
Argentine, r. d'............ 16	**F7**
Argonne, pl. de l' 19	**B19**
Argonne, r. de l' 19	**B20-B19**
Argout, r. d' 2	**G14**
Arioste, r. de l' 16	**M2**
Arlandes,	
r. du Marquis d'........ 17	**C8**
Armaillé, r. d' 17	**E7**
Armand, cour. Louis ... 12	**L18**
Armand, r. Louis 15	**N6-N5**
Armand, villa 8	**B12**
Armée d'Orient, r. de l' ... 18	**C13**
Armenonville, r. d'	**D6-D5**
nos 1-11 bis, 2-10 17	
nos 12-fin .... Neuilly-sur-Seine	
Armorique, r. de l' 15	**M10**
Armstrong, pl. Louis 13	**N16**
Arnauld, r. Antoine 16	**J5-J4**
Arnauld, sq. Antoine 16	**J5-J4**
Arnould, r. Jean-Claude..... 14	**N13**
Aron, r. Raymond 13	**N18**
Arp, r. Jean 13	**M18**
Arquebusiers, r. des 3	**H17**
Arras, r. d' 5	**L15**
Arrivée, r. de l' 15	**L11**
Arsenal, port de l' 12	**K17**
Arsenal, r. de l' 4	**K17**
Arsonval, r. d' 15	**M10**
Artagnan, r. d' 12	**L20**
Artistes, r. des 14	**P13**
Artois, r. d' 8	**F9**
Arts, av. des 17	**D6-E6**
Arts, imp. des 12	**L21**
Arts, pass. des 14	**N11**
Arts, pont des 1	**H13-J13**
Arts, villa des 18	**C12**
Asile, pass. de l' 11	**H18**
Asile-Popincourt, r. de l' 11	**H18**
Asnières, porte d' 17	**B8-C8**
Assas, r. d' 6	**K12-M13**
Asseline, r. 14	**N11**
Assommoir, pl. de l' 18	**D15**
Assomption, r. de l' 16	**K5-J4**
Astier-de-la-Vigerie,	
r. des Frères d' 13	**R17**
Astorg, r. d' 8	**F11**
Astrid, pl. de la Reine........ 8	**G9**
Astrolabe, villa de l' 15	**L11**
Atget, r. Eugène 13	**P15**
Athènes, r. d' 9	**E12**
Atlas, pass. de l' 19	**F18**
Atlas, r. de l' 19	**F18-E18**
Aubé, r. du Général 16	**J5**
Auber, r. 9	**F12**
Aubervilliers, porte d' 19	**A18**
Aubervilliers, r. d'	**D17-A18**
nos impairs 18	
nos pairs 19	
Aubigné, r. Agrippa d' 4	**K16-K17**
Aublet, villa............... 17	**D7-D8**
Aubrac, r. de l' 12	**N20**
Aubriot, r. 4	**J16**
Aubry, cité 20	**J21**
Aubry-le-Boucher, r. 4	**H15**
Aude, r. de l' 14	**P13**
Audiard, pl. Michel 14	**P12**
Audin, pl. Maurice 5	**K15**
Audran, r. 18	**D13**
Audubon, r. 12	**L17-L18**
Auger, r. 20	**K21-K22**
Augereau, r. 7	**J8-J9**
Augier, bd Émile 16	**J5-H5**
Auguet, r. Gaston 18	**B15**
Aulard, r. Alphonse 19	**E21**
Aumale, r. d' 9	**E13**
Aumont, r. 13	**P16**
Aumont-Thiéville, r. 17	**D7**
Aurelle-de-Paladines,	
bd d' 17	**D6**
Auric, r. Georges 19	**D20**
Auriol, bd Vincent 13	**M18-N16**
Austerlitz, pont d' 12	**L17**
Austerlitz, port d' 13	**M18-L17**
Austerlitz, quai d' 13	**M18-L17**
Austerlitz, r. d' 12	**L18**
Austerlitz, villa d' 5	**M16-M17**
Auteuil, bd d'	**L2-L1**
nos 1-7 et 4 16	
autres nos **Boulogne-Billancourt**	
Auteuil, port d' 16	**K5-M4**
Auteuil, porte d' 16	**K2**
Auteuil, r. d' 16	**L4-K3**
Auteuil-à-Suresnes, rte d'... 16	**J1-K1**
Auteuil-aux-Lacs, rte d' ... 16	**J2-K2**
Ave Maria, r. de l' 4	**K16-J16**
Avenir, r. de l' 20	**F21**
Avenue-du-Bois, sq. de l' ... 16	**F7-F6**
Avenue-Foch, sq. de l' ... 16	**F5**
Aveyron, sq. de l' 17	**C8**
Avia, r. du Colonel Pierre 15	**N5-P5**
Avre, r. de l' 15	**K8**
Avron, r. d' 20	**K21-J23**
Aymé, pl. Marcel 18	**C13**
Azaïs, r. 18	**D14**

B

Nom, voie ..... Arrondissement	Repère
Babinski, r. du Dr 18	**A13-A12**
Babylone, r. de 7	**K12-K10**
Bac, r. du 7	**H12-K11**
Bac, rte du 12	**P23-R24**
Bach, r. Jean-Sébastien .. 13	**P17-N17**
Bachaumont, r. 2	**G14**
Bachelard, allée Gaston 14	**P10**
Bachelet, r. 18	**C14**
Bacon, r. Roger 17	**D7**
Bagnolet, porte de......... 20	**G23**

Nom, voie .....Arrondissement	Repère	Nom, voie .....Arrondissement	Repère	Nom, voie .....Arrondissement	Repère
Bagnolet, r. de 20	J21-H23	Bartholdi, r. Auguste 15	K7-K8	Baumont, allée Maurice 7	J8
Baïf, r. Jean-Antoine de 13	P19	Bartholomé, av. Albert 15	P7-P8	Bausset, r. 15	M8
Baigneur, r. du 18	C14	Bartholomé, sq. Albert 15	P7-P8	Bayard, r. 8	G9
Baillet, r. 1	H14	Barthou, av. Louis 16	G4-H4	Bayen, r. 17	E8-D7
Bailleul, r. 1	H14	Barye, r. 17	D9-E9	Bayet, r. Albert 13	P16-N16
Baillou, r. 14	P11	Basch, pl. Victor-et-Hélène ..14	P12	Bayle, r. Pierre 20	J20-H20
Bailly, r. 3	G16	Basfour, pass. 2	G15	Bazeilles, r. de.............5	M15
Bailly, r. de l'Agent 9	E14	Basfroi, pass. 11	J19	Bazille, sq. Frédéric 14	P10-P11
Bainville, pl. Jacques 7	H11-J11	Basfroi, r. 11	J19	Bazin, r. René 16	J4-K4
Baker, pl. Joséphine 14	M11	Basilide-Fossard, imp. 20	F22-G22	Béarn, r. de 3	J17
Balanchine, r. George 13	N18	Bassano, r. de	G8-F8	Beaubourg, imp. 3	H15
Balard, pl. 15	M5	nos 1-21, 2-32 16		Beaubourg, r.	H15-G16
Balard, r. 15	L5-M5	nos 23-fin, 34-fin 8		nos 1-19 et 2-20 4	
Baleine, imp. de la 11	G19	Basse, galerie 19	B20	nos 21-fin et 22-fin 3	
Balfourier, av. du Général 16	L3	Basse, pl. 1	H14	Beauce, r. de 3	H16
Balkans, r. des 20	H22	Basse, r. 1	H14	Beaucour, av. 8	E8-E9
Ballay, r. Noël 20	K23	Basse-des-Carmes, r. 5	K15	Beaudoin, pass. Eugène 16	J4
Ballu, r. 9	D12	Basset, r. de l'Abbé 5	L14-L15	Beaufils, pass. 20	K22
Ballu, villa 9	D12	Bassompierre, r. 4	K17	Beaugrenelle, r. 15	K6-L6
Balny-d'Avricourt, r. 17	D8	Baste, r. 19	E18-D18	Beauharnais, cité............11	J20
Baltard, r. 1	H14	Bastiat, r. Frédéric 8	F9	Beaujeu, allée Anne de 19	E18
Balzac, r. 8	F8-E9	Bastié, r. Maryse 13	R18	Beaujolais, galerie de 1	G13
Banque, r. de la 2	G14	Bastille, bd de la 12	L17-K17	Beaujolais, pass. de 1	G13
Banquier, r. du 13	N16-N15	Bastille, pl. de la	J17-K17	Beaujolais, r. de 1	G13
Banville, r. Théodore-de 17	D8	nos impairs 4		Beaujon, r. 8	F8
Bara, r. Joseph 6	L13-M13	nos 2, 4, 6 12		Beaujon, sq. 8	F10-E10
Baratier, r. du Général 15	K8	nos 8-14 11		Beaumarchais, bd	J17-H17
Barbanègre, r. 19	C19-B19	Bastille, r. de la 4	J17	nos 1-31 4	
Barbès, bd 18	D15-C15	Bataille, r. Henry 16	J3	nos 33-fin 3	
Barbet-de-Jouy, r. 7	J11-K11	Bataille-de-Stalingrad,		nos pairs 11	
Barbette, r. 3	J16-H16	pl. de la	D18-D17	Beaune, r. de 7	H12-J12
Barbey-d'Aurevilly, av. 7	J8	nos impairs 10		Beaunier, r. 14	R12
Barbier, r. Auguste 11	G18	nos pairs 19		Beauregard, pl. Paul 16	K4
Barboux, r. Henri 14	R12	Bataillon-du-Pacifique,		Beauregard, r. 2	G15
Barbusse, r. Henri...........	L13-M13	pl. du 12	M19	Beaurepaire, r. 10	G17-F17
nos 1-53, 2-60 5		Bataillon-Français-de-l'O.N.U.		Beauséjour, bd de 16	J4-J5
nos 55-fin, 62-fin 14		-en-Corée, pl. du 4	J16	Beauséjour, villa de 16	J4
Barcelone, pl. de 16	K5-L5	Batignolles, bd des 17	D12-D11	Beausire, imp. Jean 4	J17
Bardinet, r. 14	P10	nos impairs 8		Beausire, pass. Jean 4	J17
Baret, pl. Richard 17	D11	nos pairs 17		Beausire, r. Jean 4	J17
Bargue, r. 15	M9-M10	Batignolles, r. des 17	D11	Beautreillis, r. 4	K17-J17
Baron, pl. Auguste 19	A20	Batignolles, sq. des 17	C10	Beauvais, r. Jean de 5	K15-K14
Baron, r. 17	B11	Bauchart, r. Quentin 8	G8-F9	Beauvau, pl. 8	F10
Baron-Le-Roy, r. 12	N20	Bauchat, r. du Sergent 12	L20-L21	Beauvoir,	
Barrault, pass. 13	P15	Bauches, r. des 16	J5	passerelle Simone de 12	N19
Barrault, r. 13	P15-R14	Baudelaire, r. Charles 12	K18-K19	Beaux-Arts, r. des 6	J13
Barrelet-de-Ricou, r. 19	E19	Baudelique, r. 18	B15	Beccaria, r. 12	L19-K19
Barrès, bd Maurice 1	G12	Baudin, r. Alphonse 11	H18	Beckett, allée Samuel 14	P13
Barres, r. des 4	J16	Baudin, r. 13	N17	Béclère, pl. Dr-Antoine 12	K19
Barrier, imp. 12	K19	Baudoin, r. 13	N17	Becque, r. Henri 13	R14
Barroux, allée Marius........19	E22	Baudoyer, pl. 4	J16	Becquerel, r. 18	C14
Barruel, r. Paul 15	M9	Baudran, imp. 13	R16	Bédier, av. Joseph 13	R18
Barsacq, r. André 18	D14	Baudricourt, imp. 13	R17-P16	Beethoven, r. 16	J7-H6
Bart, r. Jean 6	K12-L12	Baudricourt, r. 13	P17-R16	Béhagle, r. Ferdinand de 12	N21
Bartet, r. Julia 14	P9-R9	Baudry, r. Jacques..........15	P9	Bel-Air, av. du 12	L21
Barthélemy, pass. 10	D17	Baudry, r. Paul 8	F9	Bel-Air, cour. du 12	L21
Barthélemy, r. 15	L10	Bauer, cité 14	N11	Bel-Air, villa du 12	L23-M23
Barthes, r. Roland 12	L19	Baulant, r. 12	M20	Béla-Bartok, sq. 15	K6
		Baumann, villa 20	G22		

Nom, voie	Arrondissement	Repère

Belfort, r. de 11 **J19-J20**
Belgrade, r. de 7 **J9-J8**
Belgrand, r. 20 **G21-G23**
Belhomme, r. 18 **D15**
Belidor, r. 17 **E6**
Bellan, r. Léopold 2 **G14**
Bellart, r. 15 **L9**
Bellat, sq. Jérôme 17 **D7**
Belleau, villa Rémi 19 **D19**
Bellechasse, r. de 7 **H12-J11**
Bellefond, r. de 9 **E15-E14**
Belles-Feuilles, imp. des 16 **G6**
Belles-Feuilles, r. des 16 **G6-F5**
Belleville, bd de **G19-F19**
  n^os impairs 11
  n^os pairs 20
Belleville, parc de **F19-F20**
Belleville, r. de **F19-E22**
  n^os impairs 19
  n^os pairs 20
Bellevue, r. de 19 **E21**
Bellevue, villa de 19 **E21**
Belliard, r. 18 **A15-B12**
Belliard, villa **B12**
Bellier-Dedouvre, r. 13 **R15**
Bellièvre, r. de 13 **M18**
Bellini, r. 16 **H6**
Bellot, r. 19 **D17**
Belloy, r. de 16 **G7**
Belmondo, r. Paul 12 **M19-N20**
Belvédère, allée du 19 **B20**
Belzunce, r. de 10 **E15**
Ben-Aïad, pass. 2 **G14**
Ben-Barka, pl. Mehdi 6 **K13**
Ben-Gourion,
  esplanade David 7 **H8**
Bénard, r. 14 **N11**
Bénard, villa Charles 12 **L22**
Bennett, av. Gordon 16 **L2**
Benoist, r. Marie 12 **L21**
Benouville, r. 16 **G5**
Béranger, hameau 16 **K5**
Béranger, r. 3 **G17**
Bérard, cour. 4 **J17**
Berbier-du-Mets, r. 13 **N15**
Bercy, allée de 12 **L18-M19**
Bercy, bd de 12 **M18-M20**
Bercy, pont de 12 **M18**
Bercy, port de 12 **P20-M18**
Bercy, porte de 12 **P20-P21**
Bercy, quai de 12 **P20-M18**
Bercy, r. de 12 **N20-K17**
Bergame, imp. de 20 **J21-K21**
Berger, porte 1 **H4**
Berger, r. 1 **H15-H14**
Berger, r. Georges 17 **E10-D10**
Bergerat, av. Émile 16 **K5-K4**
Bergère, cité 9 **F14**

Bergère, r. 9 **F15-F14**
Bergère-d'Ivry, pl. de la 13 **N15-P15**
Bergers, r. des 15 **L6-M6**
Berges-Hennequines,
  r. des 14 **R13**
Bergson, pl. Henri 8 **E11**
Bérite, r. de 6 **K11-L11**
Berlier, r. Jean-Baptiste 13 **P20-P19**
Berlioz, r. 16 **F6-E6**
Bernanos, av. Georges 5 **M13**
Bernard, pl. Charles 18 **B14**
Bernard, r. Claude 5 **M15-M14**
Bernard, r. Martin 13 **P15**
Bernard,
  allée du Professeur Jean 10 **E16-F17**
Bernard, r. Tristan 17 **E7**
Bernard-Shaw, r. George 15 **K7**
Bernardins, r. des 5 **K15**
Berne, r. de 8 **E11-D11**
Bernhardt, sq. Sarah 20 **K22**
Bernier, pl. Louis 17 **B9**
Bernoulli, r. 8 **E11**
Bernstein, pl. Léonard 12 **M19**
Berri, r. de 8 **F9**
Berri-Washington, galerie 8 **F9**
Berry, pl. Georges 9 **F12**
Berryer, cité 8 **G11**
Berryer, r. 8 **F9-E9**
Bert, r. Paul 11 **K19-K20**
Bertandeau, sq. Gaston 17 **E7**
Berteaux, r. Maurice 20 **G23**
Bertelotte, allée de la 15 **P5**
Berthaud, imp. 3 **H15**
Berthaut, r. Constant 20 **F20**
Berthe, r. 18 **D14-D13**
Bertheau, r. Charles 13 **R17**
Berthelot, pl. Marcelin 5 **K14**
Berthier, bd. 17 **B10-D7**
Berthier, villa 17 **D7**
Berthollet, r. 5 **M14**
Bertillon, r. Alphonse 15 **N10**
Bertillon, imp. du Dr-Jacques 8 **G8**
Bertin, r. Émile 18 **A17**
Bertin-Poirée, r. 1 **J14-H14**
Berton, r. 16 **J6**
Bertrand, cité 11 **H19**
Bertrand, r. du Général 7 **K10-L10**
Bertrand, r. Guillaume 11 **H19**
Bervic, r. 18 **D15**
Berzélius, pass. 17 **B11**
Berzélius, r. 17 **C11-B11**
Beslay, pass. 11 **H18**
Besse, allée Georges 14 **M12**
Bessières, bd. 17 **B12-B10**
Bessières, r. 17 **B10**
Bessin, r. du 15 **N9-P9**
Béthune, quai de 4 **K16**
Beudant, r. 17 **D11**

Beuret, pl. du Général 15 **M9**
Beuret, r. du Général 15 **M9-M8**
Beyrouth, pl. de 8 **G8**
Bezout, r. 14 **P13-P12**
Bichat, r. 10 **G17-F17**
Bidassoa, r. de la 20 **G21-G20**
Bidault, ruelle 12 **L19**
Bienfaisance, r. de la 8 **E11-E10**
Bienvenüe, pl. 15 **L11**
Bièvre, r. de 5 **K15**
Bignon, r. 12 **M20**
Bigorre, r. de 14 **P12**
Bigot, sente à 19 **A19-A20**
Binder, pass. 19 **D19**
Binet, r. René 18 **A14-A13**
Bingen, r. Jacques 17 **D10**
Biot, r. 17 **D12**
Bir-Hakeim, pont de 16 **J6-J7**
Birague, r. de 4 **J17**
Biscornet, r. 12 **K18-K17**
Bissière, r. Roger 20 **J22**
Bisson, r. 20 **F19**
Bitche, pl. de 19 **C19**
Bixio, r. 7 **K10**
Bizerte, r. de 17 **D11**
Bizet, r. Georges 16 **G8**
Bizot, av. du Général Michel 12 **N21-M22**
Blache, r. Robert 10 **E17**
Blain, imp. Léa 16 **K3**
Blainville, r. 5 **L15**
Blaise, r. du Général 11 **H19**
Blaisot, r. Camille 17 **A12**
Blanc, r. Irénée 20 **G22-G23**
Blanc, r. Louis 10 **E17-D16**
Blanchard, r. 20 **J23**
Blanche, cité 14 **P9**
Blanche, pl. 9 **D13-D12**
Blanche, r. 9 **E13-D12**
Blanche, r. du Dr. 16 **J4-K3**
Blanche, sq. du Dr 16 **K4**
Blanche, imp. Marie 18 **D13**
Blanche, r. de la Reine 13 **M16-N15**
Blanchet, sq. Paul 12 **N22**
Blanqui, bd Auguste 13 **P15-N14**
Blanqui, villa Auguste 13 **P17**
Blégny, villa Nicolas-de 11 **J18-J19**
Blémont, r. Émile 18 **B14**
Blériot, quai Louis 16 **K5-M4**
Bleue, r. 9 **E15-E14**
Bleuet-de-France,
  rd-pt du 7 **H10-J10**
Bloch, r. Jean-Pierre 15 **J8**
Bloch, pl. Marc 20 **J22**
Bloch-Lainé, r. François 13 **M17**
Blomet, r. 15 **L9-M7**
Blondel, r. **G16-G15**
  n°s 1-9, 2-12 3
  n°s 11-fin, 14-fin 2

Index des rues

Nom, voie ..... Arrondissement	Repère
Blondin, sq. Antoine 20	H22
Bluets, r. des 11	H19-G19
Blum, pl. Léon...............11	J19
Blumenthal, r. Florence 16	K5
Bobillot, r. 13	P15-R14
Bocage, r. du 15	P9
Boccador, r. du 8	G9-G8
Bochart-de-Saron, r. 9	E14-D14
Bocquillon, r. Henri 15	M7
Bodin, r. Paul 17	B10-B11
Bœgner, r. Pasteur-Marc 16	H6
Bœrs, villa des 19	E20-D20
Bœuf, imp. du 4	H15
Bœufs, imp. des 5	K15
Boïeldieu, pl. 2	F13
Boileau, hameau 16	L3
Boileau, r. 16	L4-M3
Boileau, villa 16	L3
Boilly, r. Louis 16	H4
Boinod, r. 18	C15-B15
Boinod, sq. Amiraux..........18	B15
Bois, r. des 19	E21-E22
Bois-d'Orme, villa du 19	E22
Bois-de-Boulogne, r. du 16	F7-F6
Bois-le-Prêtre, bd du	A11
nos 1-51, 2-42 17	
nos 53-fin, 42 bis-fin ..Clichy	
Bois-le-Vent, r. 16	J5
Boissier, r. Gaston 15	P8-P7
Boissière, r. 16	G7-G6
Boissière, villa 16	G7
Boissieu, r. 18	D15
Boissonade, r. 14	M13-M12
Boissy-d'Anglas, r. 8	G11-F11
Boiton, pass. 13	P15
Bolero, villa 19	C20
Bolivar, av. Simon 19	F20-E18
Bolivar, r. 19	F19-E19
Bolivie, pl. de 16	J6
Bollaert, r. Emile...........19	A18
Bollée, av. Léon.............13	S17-S16
Bologne, r. Jean 16	J6
Bombois, r. Camille 20	G23
Bon-Secours, imp. 11	J19
Bonaparte, r. 6	J13-K13
Bonheur, r. Rosa 15	L10-L9
Bonnard, r. Pierre 20	H22
Bonnat, r. Léon 16	K4
Bonne, r. de la 18	C14
Bonne-Graine, pass. de la ...11	K18
Bonne-Nouvelle, bd de	G15-F15
nos impairs 2	
nos pairs 10	
Bonne-Nouvelle, imp. de ...10	F15
Bonnet, r. 18	B13
Bonnet, av. du Colonel......16	J5
Bonnet, r. Louis.............11	F18

Nom, voie ..... Arrondissement	Repère
Bons-Enfants, r. des 1	H13
Bons-Vivants, r. des 1	H14
Bonsergent, pl. Jacques..............10	F16
Bonvin, r. François 15	L9
Bord-de-l'Eau, allée du 16	F1
Borda, r. 3	G16
Borel, r. Émile 17	A11
Borel, r. Paul 17	D9
Borey, r. Elisa 20	G20
Bornier, r. Henri de 16	H4
Borrégo, r. du 20	F21-F22
Borrégo, villa du 20	F22
Borromée, r. 15	M9
Bosio, r. 16	K4
Bosquet, av. 7	H9-J9
Bosquet, r. 7	J9
Bosquet, villa 7	H9
Bossoutrot, r. Lucien 15	M4-M5
Bosset, r. 15	E15
Bossut, r. Charles 12	L19
Botha, r. 20	F20
Bottin, r. Sébastien...........7	J12
Botzaris, r. 19	E19-E20
Bouazizi, pl. Mohamed 14	R13
Bouchardon, r. 10	G16-F16
Boucher, r. 1	H14
Bouchor, r. Maurice 14	P9-P10
Bouchut, r. 15	L9-L10
Boucicaut, r. 15	L6
Boucicaut, sq. 7	K12
Boucle, r. de la 1	H14
Boucry, r. 18	B17-B16
Boudart, villa Patrice 16	K5
Boudin, pass. 20	G22-G23
Boudon, av. 16	K4
Boudreau, r. 9	F12
Boufflers, av. de 16	K3
Bougainville, r. 7	J9
Bouilloux-Lafont, r. 15	M6-M5
Boulainvilliers, hameau 16	J5
Boulainvilliers, r. de 16	K5-J5
Boulanger, pl. Lili...........9	D12
Boulanger, r. René 10	G16-G17
Boulangers, r. des 5	L15
Boulay, pass. 17	B11
Boulay, r. 17	B10-B11
Boule, r. de la 1	H14
Boule-Blanche, r. 12	K18
Boule-Rouge, imp. de la 9	F14
Boule-Rouge, r. de la 9	F14
Bouleaux, allée des 16	G1-E4
Bouleaux, av. des 19	E23
Bouleaux, sq. des 19	D18
Boulets, r. des 11	K20
Boulitte, r. 14	P10-P11
Boulle, r. 11	J18

Nom, voie ..... Arrondissement	Repère
Boulnois, pl. 17	E8
Boulogne à Passy, rte de 16	K1-K2
Bouloi, r. du 1	H14
Bouquet-de-Longchamp, r. du 16	G7
Bourbon, quai de 4	K16-K15
Bourbon-le-Château, r. de 6	J13
Bourdais, r. Jules 17	C8
Bourdaloue, r. 9	E13
Bourdan, r. Pierre 12	L20
Bourdelle, r. Antoine 15	L11-L10
Bourdet, r. Maurice 16	K5
Bourdin, imp. 8	G9
Bourdon, bd 4	K17
Bourdonnais, imp. des 1	H14
Bourdonnais, r. des 1	J14-H14
Bouret, r. 19	E18-D18
Bourg-l'Abbé, pass. 2	G15
Bourg-l'Abbé, r. du 3	H15
Bourg-Tibourg, pl. du 4	J16
Bourg-Tibourg, r. du 4	J16
Bourgeois, allée Léon 7	J7
Bourges, r. Michel de 20	J22
Bourget, r. Paul 13	S16
Bourgogne, r. de 7	H11-J10
Bourgoin, imp. 13	R17
Bourgoin, pass. 13	R17
Bourgoin, pl. du Colonel 12	L19
Bourgon, r. 13	R16
Bourguiba, esplanade Habib 7	H9
Bournazel, r. Henry de.......14	R10
Bourneville, r. du Dr 13	S16
Boursault, imp. 17	D11
Boursault, r. 17	D11-C10
Bourse, pl. de la 2	G14
Bourse, r. de la 2	G14-G13
Bourseul, r. 15	M9-M8
Boussingault, r. 13	R14-P14
Bout-des-Lacs, carr. du 16	G4
Boutarel, r. 4	K15
Boutebrie, r. 5	K14
Boutin, r. 13	P14
Bouton, r. Jean 12	L18
Boutron, imp. 10	E16-E17
Boutroux, av. 13	R18
Bouvard, av. Joseph 7	J8
Bouvart, imp. 5	K14
Bouvier, r. 11	K20
Bouvines, av. de 11	K21
Bouvines, r. de 11	K21
Boy-Zelenski, r. 10	E17
Boyer, r. 20	G21-G20
Boyer-Barret, r. 14	N11
Boylesve, av. René 16	J6
Brady, pass. 10	F16-F15
Brahms, r. 12	M21

Nom, voie ..... Arrondissement	Repère
Braille, r. Louis 12	M22
Brancion, porte 15	P8
Brancion, r. 15	N9-P8
Brancion, sq. 15	P8
Brancusi, pl. Constantin 14	M11
Branly, quai	H8-J7
n°s 1-17 7	
n°s 73-fin 15	
Brantôme, pass. 3	H15
Brantôme, r. 3	H15
Braque, r. de 3	H16
Braque, r. Georges 14	R13
Brassens, parc Georges 15	N8
Brasserie, rte de la 12	P24
Braudel, r. Fernand 13	N18
Braun, pl. Madeleine 10	E16-F16
Brazzaville, pl. de 15	K6
Bréa, r. 6	L12
Bréal, r. Michel 13	R18
Brèche-aux-Loups, r. 12	N21-M21
Bréchet, r. André........... 17	A12-A11
Bréguet, r. 11	J18
Brémontier, r. 17	D9
Brésil, pl. du 17	D9
Bresse, sq. de la 16	M3
Bretagne, r. de 3	H17-G16
Breteuil, av. de	K10-L10
n°s 1-69, 2-76 7	
n°s 71-fin, 78-fin 15	
Breteuil, pl. de	L10
n°s 1-11, 2 seulement 7	
n°s 13-fin, 4-fin......... 15	
Breton, allée André 1	H14
Breton, pl. André 9	D13
Breton, r. Jules 13	M16
Bretonneau, r. 20	G22
Bretons, cnes de........... 10	F18
Bretonvilliers, r. de 4	K16
Brève, r. 1	H14
Brey, r. 17	E8
Brézin, r. 14	P12-N12
Briand, r. Aristide 7	H11
Briare, pass. 9	E14
Bridaine, r. 17	D11
Brie, pass. de la 19	E18
Briens, sentier 12	L22
Brière, r. Arthur 17	B12
Brignole, r. 16	G8
Brillat-Savarin, r. 13	R15-R14
Brindeau, allée du 19	D18
Briquet, pass. 18	D14
Briquet, r. 18	D14
Briqueterie, r. de la 14	P9
Brisemiche, r. 4	H15
Brissac, r. de 4	K17
Brisson, r. Henri 18	A13
Brisson, pl. Pierre 16	G8
Brizeux, sq. 20	F21-G21

Nom, voie ..... Arrondissement	Repère
Broca, r.	M15-N14
n°s 1-49, 2-52 5	
n°s 51-fin, 54-fin 13	
Brocard, pl. du Général 8	E9
Brochant, r. 17	C10-C11
Brongniart, r. 2	G14
Brosse, r. de 4	J15
Brosse, r. Guy de la 5	L16
Brossolette, r. Pierre 5	M15-M14
Brottier, r. du Père 16	K4
Brouardel, av. du Dr....... 7	J8
Brouillards, allée des 18	C13
Broussais, r. 14	P13
Brousse,	
r. du Dr-Paul 17	B11
Brown-Séquard, r. 15	M10
Bruant, r. 13	N17
Bruant, r. Aristide 18	D13
Bruix, bd de l'Amiral........ 16	F5-E6
Bruller, r. 14	P13
Brulon, pass. 12	K19
Brune, bd................	P9-R12
Brune, villa 14	P11-P10
Bruneau, r. Alfred 16	J5
Brunel, r. 17	E7
Bruneseau, r. 13	R20-P19
Brunet, porte 19	D21
Brunet, r. Frédéric........ 17	A12
Brunet, r. du Général 19	E20-D21
Brunetière, av. 17	C8-C9
Bruno, r. Giordano 14	P11
Brunot, pl. Ferdinand........ 14	N12
Brunschvicg, pl. Cécile 18	B15
Bruxelles, r. de 9	D12
Bucarest, r. de 8	E12
Bûcherie, r. de la 5	K15-K14
Buci, carr. de 6	J13
Buci, r. de 6	J13
Budapest, pl. de 9	E12
Budapest, r. de 9	E12
Budé, r. 4	K16
Budin, r. Pierre 18	C15
Buenos Aires, r. de 7	J7
Buffault, r. 9	F14-E14
Buffon, r. 5	L17-M16
Bugeaud, av. 16	G6-F5
Buis, r. du 16	L4
Buisson, av. Ferdinand...... 16	N2-M2
Buisson-St-Louis, pass. 10	F18
Buisson-St-Louis, r. du...... 10	F18
Bullet, r. Pierre 10	F16
Bullourde, pass. 11	J18-J19
Buot, r. 13	P15
Bureau, imp. du 11	K21-J21
Bureau, pass. du 11	J21
Burnouf, r. 19	F18-E18
Burq, r. 18	D13-C13
Butte-aux-Cailles, r. 13	P15

Nom, voie ..... Arrondissement	Repère
Butte-du-Chapeau-Rouge,	
parc de la................. 19	D21
Butte Mortemart, ... 16	K2
Buttes-Chaumont, r. 19	E19
Buttes-Chaumont, villa des . 19	E20
Buzelin, r. 18	C17
Buzenval, r. de 20	K22-J21
Byron, r. Lord............. 8	F8

C

Cabanel, r. Alexandre........ 15	K8-K9
Cabanis, r. 14	P14-P13
Cacheux, r. 13	R14
Cachot, sq. Albin 13	N14
Cadet, r. 9	F14-E14
Cadets de la France Libre,	
r. des 13	P18-P19
Cadiou, sq. Henri 13	N14
Cadix, r. de 15	N7
Cadran, imp. du 18	D14
Caffarelli, r. 3	H16-H17
Caffieri, av. 15	R15-S15
Cahen, av. Roger 15	K8-K9
Cahors, r. de 19	D21
Cail, r. 10	D16
Caillaux, r. 13	R16
Caillavet, r. Gaston de ... 15	K6
Cailletet, r. 12	L23
Caillié, r. 18	D17
Cain, r. Auguste 14	P11
Caire, av. César 8	E11
Caire, pass. du 2	G15
Caire, pl. du 2	G15
Caire, r. du 2	G15
Calais, r. de 9	D12
Callas, allée Maria 16	H5-H6
Callot, r. Jacques 6	J13
Calmels, imp. 18	B13
Calmels, r. 18	B14-B13
Calmels prolongée, r. 18	B13
Calmette, sq. du Dr 15	P8
Calvaire, pl. du 18	D14
Calvaire, r. du 18	D14
Calvin, r. Jean 5	M15
Cambacérès, r. 8	F11
Cambo, r. de 19	E21
Cambodge, r. du 20	G21
Cambon, r. 1	G12
Cambrai, r. de 19	B19-B18
Cambronne, pl. 15	K8-L8
Cambronne, r. 15	L8-M9
Camélias, r. des 14	P9
Camoëns, av. de 16	H6
Camou, r. du Général 7	H8-J8
Campagne-Première, r. ... 14	M13-M12
Campo-Formio, r. de...... 13	N16
Camulogène, r. 15	P9
Camus, r. Albert 10	E17

Index des rues

Nom, voie .... Arrondissement	Repère
Canada, pl. du 8	G10
Canada, r. du 18	C17
Canart, imp. 12	L23
Candie, r. de 11	K19
Candolle, r. de 5	M15
Canette, r. des 6	K13
Cange, r. de 14	N10
Canivet, r. du 6	K13
Cannebière, r. 12	M21
Cantagrel, r. 13	P18
Cantal, cour du 11	J18
Cantate, villa 19	C20
Caplat, r. 18	D15
Capri, r. de 12	N21
Capron, r. 18	D12
Capucines, bd des	F13-F12
nos impairs 2	
nos pairs 9	
Capucines, r. des	G12
nos impairs 1	
nos pairs 2	
Capus, sq. Alfred 16	K3
Carcel, r. 15	M8
Carco, r. Francis 18	C16
Cardan, r. 17	B11
Cardeurs, sq. des 20	J22-J23
Cardinale, r. 6	J13
Cardinet, pass. 17	D10
Cardinet, r. 17	D8-C11
Cardinaux, allée des 19	A18
Carducci, r. 19	E20
Carême, pass. Antoine 1	H14
Cariou, av. Corentin 19	B19-B20
Carmes, r. des 5	K15-K14
Carnot, av. 17	F7-E7
Carnot, bd 12	L23-M23
Carnot, villa Sadi 19	E21
Caroline, r. 17	D12-D11
Carolus-Duran, r. 19	E22
Caron, r. 4	J17
Carpeaux, r. 18	C12-C13
Carpeaux, r. 18	C12-C13
Carré, pl. du Révérend Père ... 8	E9
Carré-d'Or, galerie 8	F8
Carrée, pl. 1	H14
Carrel, pl. Armand 19	D19
Carrel, r. Armand 19	D19-D18
Carrier-Belleuse, r. 15	L9-L8
Carrière, r. Eugène 18	C12-B13
Carrière-Mainguet, imp. 11	J20
Carrière-Mainguet, r. 11	J20
Carrières, imp. des 16	J6
Carrières-d'Amérique, r. 19	D21
Carriès, r. Jean 7	K8
Carrousel, jardin du 1	H12
Carrousel, pl. du 1	H13
Carrousel, pont du 1	H13-J13
Cartellier, av. 20	G23-H23

Nom, voie .... Arrondissement	Repère
Cartier, r. Jacques 18	B12
Carton, r. de l'Abbé 14	P10-P11
Casablanca, r. de 15	M7
Casadesus, pl. 18	C13
Casals, r. Pau 13	N18-N19
Casanova, r. Danielle	G13-G12
nos impairs 1	
nos pairs 2	
Cascades, carr. des 16	J3
Cascades, r. des 20	G20-F20
Casel, r. Émile-Pierre 20	G22
Casque-d'Or, jardin 20	J22
Cassette, r. 6	K12
Cassin, pl. René 1	H14
Cassini, r. 14	M13
Castagnary, r. 15	N10-P8
Casteggio, imp. de 20	J21
Castelar, r. Emilio 12	K18
Castellane, r. de 8	F12-F11
Castelnau, r. du Général de 15	K8
Castex, r. 4	K17-J17
Castiglione, r. de 1	G12
Catalogne, pl. de 14	M11
Catinat, r. 1	G14
Catroux, pl. du Général 17	D10-D9
Catulle-Mendès, r. 17	D7-C7
Cauchois, r. 18	D13
Cauchy, r. 15	L5-M6
Caulaincourt, r. 18	D12-C14
Caulaincourt, sq. 18	C13
Caumartin, r. de 9	F12-E12
Caus, r. Salomon de 3	G15
Cavaignac, Jardin Godefroy ..11	J19
Cavaignac, r. Godefroy 11	J19
Cavalerie, r. de la 15	K8
Cavallotti, r. 18	D12
Cavé, r. 18	C16-C15
Cavendish, r. 19	D19
Cazotte, r. 18	D14
Ceinture-du-Lac-Daumesnil,	
rte de la 12	N23-P24
Ceinture-du-Lac-Inférieur,	
chemin de 16	H3-G4
Ceinture-du-Lac-Supérieur,	
chemin de 16	J2-J3
Célestins, port des 4	K16
Célestins, quai des 4	K16
Cels, imp. 14	N11
Cels, r. 14	N12-M11
Cendrars, allée Blaise 1	H14
Cendriers, r. des 20	G20
Censier, r. 5	M16-M15
Cépré, r. 15	L9
Cerdan, pl. Marcel 15	K7
Cerisaie, r. de la 4	K17
Cerisoles, r. de 8	G9
Cernuschi, r. 17	D9-C9
César, r. Jules 12	K17-K18

Nom, voie .... Arrondissement	Repère
Cesselin, r. 11	K19-K20
Cévennes, r. des 15	L5-M6
Cézanne, r. Paul 8	F9
Chaban-Delmas,	
esplanade Jacques 7	K10
Chabanais, r. 2	G13
Chablis, r. de 12	N19-N20
Chabrier, sq. Emmanuel 17	D10
Chabrières, r. Auguste 15	N7
Chabrières, sq. Auguste 15	N7
Chabrol, cité de 10	E15
Chabrol, r. de 10	E16-E15
Chaffault, r. du 12	L23-L24
Chagall, allée Marc 13	S16
Chahu, r. Claude 16	J6-H6
Chaillet, pl. du Père 11	J19
Chailley, r. Joseph 12	N22
Chaillot, r. de 16	G8
Chaillot, sq. de 16	G8
Chaîne, r. Émile 18	B15
Chaise, r. de la 7	J12-K12
Chalabre, imp. 17	B10-C10
Chalet, r. du 10	F18
Chalets, av. des 16	J4
Chalgrin, r. 16	F7
Chaligny, r. 12	L19-K19
Chalon, cour de 12	L18
Chalon, r. de 12	L19-L18
Chambertin, r. de 12	M19
Chambéry, r. de 15	N9-P9
Chambiges, r. 8	G9
Chamfort, r. 16	K4
Champ-à-Loup, pass. du 18	B12
Champ-d'Entraînement,	
rte du 16	F1-F2
Champ-de-l'Alouette,	
r. du 13	N14
Champ-de-Mars, parc du 7	J8
Champ-de-Mars, r. du 7	J9
Champ-Marie, pass. du 18	B13
Champagnat,	
pl. du Père-Marcellin 16	J6
Champagne, cité 20	J22
Champagne, terrasse de 12	N20
Champagne, r. Philippe de ...13	N16
Champagny, r. de 7	J11
Champaubert, av. de 15	K8
Champerret, porte de 17	D7
Champfleury, r. 7	J8
Championnet, pass. 18	B14-B15
Championnet, r. 18	B15-B12
Championnet, villa 18	B12
Championnière,	
r. du Dr-Lucas 13	R15-R16
Champlain,	
sq. Samuel de 20	H21-H20
Champollion, r. 5	K14
Champs, galerie des 8	F9

Nom, voie	Arrondissement	Repère
Champs-Élysées, av. des	8	G11-F8
Champs-Élysées, carré des	8	G10
Champs-Élysées, port des	8	H10-G10
Champs-Élysées-Marcel Dassault,		
rd-pt des	8	G10-G9
Chanaleilles, r. de	7	K11
Chandon, imp.	15	M7
Chanez, r.	16	L3
Chanez, villa	16	L3
Changarnier, r.	12	L23
Change, pont au	1	J14
Chanoinesse, r.	4	K15-J15
Chantemesse, av.	16	G4
Chantier, pass. du	12	K18
Chantiers, r. des	5	K16-K15
Chantilly, r. de	9	E14
Chantin, r. Antoine	14	P11
Chantres, r. des	4	J15
Chanute, pl. Octave	20	G22
Chanvin, pass.	13	N18
Chanzy, r.	11	K19-K20
Chapelle, av. de la	17	E6-D6
Chapelle, bd de la		D17-D15
nᵒˢ impairs	10	
nᵒˢ pairs	18	
Chapelle, cité de la	18	C16
Chapelle, hameau de la	18	C16
Chapelle, imp. de la	18	B16
Chapelle, pl. de la	18	D16
Chapelle, porte de la	18	A16
Chapelle, r. de la	18	C16-A16
Chaplain, r. Jules	6	L12
Chapon, r.	3	H16-H15
Chappe, r.	18	D14
Chaptal, cité	9	E13-D13
Chaptal, r.	9	E13-D12
Chapu, r.	16	M4
Chapuis, r. Auguste	20	J23
Char, pl. René	7	J12
Charbonnel, r.	13	R14
Charbonnière, r. de la	18	D16-D15
Charbonniers,		
pass. des	15	L9-L10
Charcot, r.	13	N18-P17
Chardin, r.	16	H7-J7
Chardon-Lagache, r.	16	L4-M3
Charente, quai de la	19	B20-A19
Charenton, porte de	12	P22
Charenton, r. de	12	K18-N21
Charlemagne, r.	4	J16
Charles-et-Robert, r.	20	K23-J23
Charles-V, r.	4	J16-J17
Charlet, r. Nicolas	15	L10-M10
Charlot, r.	3	H16-G17
Charmilles, villa des	15	N9
Charolais, pas. du	12	M20
Charolais, pl. du	19	C20
Charolais, r. du	12	M20-L19
Charonne, bd de		K21-J20
nᵒˢ impairs	11	
nᵒˢ pairs	20	
Charonne, r. de	11	K18-J21
Charpentier, r. Alexandre	17	D7
Charpentier, r. Gustave	17	D6-E6
Charpentier,		
r. Marc-Antoine	13	P18-R18
Charras, r.	9	F12
Charrière, r.	11	J19-K19
Charron, r. Pierre	8	G8-F9
Chartier, r. Alain	15	M8
Chartière, imp.	5	K14
Chartres, r. de	18	D16-D15
Chartreux, r. des	6	M13
Chasles, r. Michel	12	L18-K18
Chassaigne-Goyon, pl.	8	F10
Chasseloup-Laubat, r.	15	K9-L9
Chasseurs, av. des	17	C9
Chat-qui-Pêche, r. du	5	K14
Château, r. du	14	M11-N11
Château-d'Eau, r. du	10	G16-F16
Château-des-Rentiers, r.	13	R18-N16
Château-Landon, r. du	10	E17-D17
Château-Ouvrier, allée du	14	N11
Château-Rouge, pl. du	18	C15
Chateaubriand, r.	8	F9-F8
Châteaudun, r. de	9	E14-E13
Châtelet, pass.	17	B11-B12
Châtelet, pl. du		J15-J14
nᵒˢ impairs	1	
nᵒˢ pairs	4	
Châtillon, porte de	14	R10
Châtillon, r. de	14	P11
Châtillon, sq. de	14	P11
Chauchat, r.	9	F13-F14
Chaudron, r.	10	D17
Chaufourniers, r. des	19	E18
Chaumont, porte	19	D21
Chaumont, r. de	19	D18
Chauré, r. du Lieutenant	20	G22-G23
Chauré, sq.	20	G22
Chaussée-d'Antin, r. de la	9	F13-E12
Chaussin, pass.	12	M22
Chausson, imp.	10	F17-E17
Chausson, r. Pierre	10	F16
Chautard, r. Paul	15	L8
Chauveau-Lagarde, r.	8	F11
Chauvelot, r.	15	P8-P9
Chauvière, r. Emmanuel	15	L5-L6
Chavez, r. Géo	20	G23-G22
Chazelles, r. de	17	E9
Chemin-de-Fer, r. du		A20-A21
nᵒˢ 1-13, 2-12 bis	19	
nᵒˢ 15-fin, 14-fin	Pantin	
Chemin-Vert, pass. du	11	H18
Chemin-Vert, r. du	11	J17-H20
Cheminets, r. des	19	C21
Chénier, r.	2	G15
Cher, r. du	20	H22-G21
Cherbourg, r. de	15	N9-P9
Cherche-Midi, r. du		K12-L11
nᵒˢ 1-121, 2-130	6	
nᵒˢ 123-fin, 132-fin	15	
Chéreau, r.	13	P15
Chéret, sq. Jules	20	J23
Chérioux, pl. Adolphe	15	M8
Chernoviz, r.	16	J6
Chéroy, r. de	17	D11
Chérubini, r.	2	G13
Cheval-Blanc, pass. du	11	J18-K18
Chevaleret, r. du	13	R19-N17
Chevalier, pl. Maurice	20	G20
Chevalier, r. Honoré	6	K13-K12
Chevaliers, imp. des	20	F21
Chevert, r.	7	J9
Cheverus, r. de	9	E12
Chevet, r. du	11	G18
Chevreau, r. Henri	20	G20-F20
Chevreuil, r. Victor	12	M22
Chevreuil, r.	11	K20
Chevreuse, r. de	6	M12
Cheysson, villa	16	M3
Chine, r. de la	20	F21-G22
Choderlos-de-Laclos, r.	13	N19
Choiseul, pass.	2	G13
Choiseul, r. de	2	G13-F13
Choisy, av. de	13	R17-P16
Choisy, parc de	13	P16
Choisy, porte de	13	R17
Chomel, r.	7	K12
Chopin, pl.	16	J5
Choron, r.	9	E14-E13
Chouraqui, r. Nicole	19	D19
Chrétien-de-Troyes, r.	12	L19
Christiani, r.	18	D15
Christine, r.	6	J14-J13
Chuquet, r. Nicolas	17	C9
Churchill, av. Winston	8	G10
Cicé, r. de	6	L12
Cimarosa, r.	16	G7
Cimetière, chemin du	12	R23
Cimetière-des-Batignolles,		
av. du	17	B10
Cimetière-St-Benoît, r. du	5	K14
Cino-del-Duca, r.	17	D6
Cinq-Diamants, r. des	13	P15
Cinq-Martyrs-du-Lycée-Buffon,		
pl. des	15	M10-M11
Cirque, r. du	8	G10-F10
Ciseaux, r. des	6	K13
Cité, r. de la	4	J15-J14
Cité-Universitaire, r. de la	14	R14
Citeaux, r. de	12	L19-L18
Citerne, r. Georges	15	K7
Citroën, parc André	15	L5-M5

Index des rues

Nom, voie ...... Arrondissement	Repère
Citroën, quai André 15	**K6-M4**
Civiale, r. 10	**F18**
Civry, r. de 16	**L3**
Cladel, r. Léon 2	**G14**
Clairaut, r. 17	**C11**
Clairvaux, r. Bernard de 3	**H15**
Clapeyron, r. 8	**D11**
Claretie, r. Jules 16	**H5**
Claridge, galerie du 8	**F9**
Claudel, pl. Camille 15	**L11**
Claudel, pl. Paul 6	**K13**
Claudius-Petit, pl. Eugène ... 14	**P13**
Clauzel, r. 9	**E13**
Clavel, r. 19	**F20-E19**
Clavery, av. du Général 16	**N3**
Clef, r. de la 5	**M15-L15**
Clemenceau, pl. 8	**G10**
Clément, pl. Jean-Baptiste .. 18	**C13**
Clément, r. 6	**K13**
Cler, r. 7	**H9-J9**
Clérambault,	
r. Louis-Nicolas 20	**G20**
Clérel-de-Tocqueville,	
jardin Alexis 17	**C9**
Clergerie, r. du Général 16	**G6-F6**
Cléry, r. de 2	**G14-G15**
Clichy, av. de	**D12-B10**
n°s 1-fin, 86-fin 17	
n°s 2-64 18	
Clichy, bd de	**D13-D12**
n^os impairs 9	
n^os pairs 18	
Clichy, pass. de 18	**D12**
Clichy, pl. de	**D12**
n°s 1 seulement, 2-10 bis .. 9	
n° 3 seulement 8	
n°s 5-fin (impairs) 17	
n°s 12-fin (pairs) 18	
Clichy, porte de 17	**B10**
Clichy, r. de 9	**E12-D12**
Clichy-Batignolles-	
Martin-Luther-King,	
parc 17	**C10**
Clignancourt, porte de 18	**A14**
Clignancourt, r. de 18	**D14-B15**
Clignancourt, sq. de 18	**B14**
Clisson, imp. 13	**N17**
Clisson, r. 13	**N17-P17**
Cloche-Perce, r. 4	**J16**
Clodion, r. 15	**K7**
Cloître-Notre-Dame, r. du ... 4	**K15-J15**
Cloître-St-Merri, r. du....... 4	**J15-H15**
Cloquet, r. Jules 18	**B12-B13**
Clos, r. du 20	**J22**
Clos-Bruneau, pass. du....... 5	**K15**
Clos-de-Malevart,	
villa du 11	**G18**
Clos-Feuquières, r. du ... 15	**M7-N7**
Clotaire, r. 5	**L14**
Clotilde, r. 5	**L14**
Clôture, r. de la 19	**B21**
Cloué, r. de l'Amiral 16	**L5**
Clouet, r. 15	**L9**
Clovis, r. 5	**L15**
Cloys, imp. des 18	**B13**
Cloys, pass. des 18	**C13-B13**
Cloys, r. des 18	**B14-B13**
Cluny, jardin du musée 5	**K14**
Cluny, r. de 5	**K14**
Cochet, pl. du Général 19	**D21**
Cochin, pl. Denys 7	**J9-J10**
Cochin, r. 5	**K15**
Cocteau, r. Jean 18	**A15**
Codet, r. Louis 7	**J9**
Coëtlogon, r. 6	**K12**
Cœur, r. Jacques 4	**K17**
Cœur-de-Vey, villa 14	**P12**
Cognacq-Jay, r. 7	**H9**
Cogniet, r. Léon 17	**E9-D9**
Cohen, r. Albert 15	**M5**
Colbert, galerie 2	**G13**
Colbert, r. 2	**G13**
Colette, r. 1	**H13**
Coligny, r. de l'Amiral de ... 1	**H14**
Colisée, r. du 8	**F9-F10**
Colledebœuf, r. André 16	**K4**
Collégiale, r. de la 5	**M15**
Collet, sq. Henri 16	**K5**
Collet, villa................. 14	**P10**
Collette, r. Auguste 17	**B12**
Collin, pass. 13	**D13**
Colly, r. Jean 13	**P18-P17**
Colmar, r. de 19	**C19**
Colomb, r. Christophe 8	**F8-G8**
Colombe, r. de la 4	**J15**
Colombie, pl. de 16	**H4**
Colonie, r. de la 13	**P14-R15**
Colonna d'Ornano,	
r. Colonel 15	**L9**
Colonne, r. Édouard 1	**J14**
Colonnes, r. des 2	**G13**
Colonnes-du-Trône, r. des ... 12	**L21**
Coluche, pl.	**P14**
Est, ... 13	
Ouest, ... 14	
Combattants-en-Afrique-du-Nord,	
pl. des 12	**L18**
Combes, r. du Colonel 7	**H9**
Comète, r. de la............. 7	**H9-J9**
Commaille, r. de 7	**K12-K11**
Commanderie, bd de la 19	**A20**
Commandeur, r. du 14	**P12**
Commerce, imp. du 15	**L7**
Commerce, pl. du 15	**L7**
Commerce, r. du 15	**K8-L7**
Commerce St-André, cour.... 6	**J13-K13**
Commerce-St-Martin, pass. . 3	**H15**
Commines, r. 3	**H17**
Commune-de-Paris,	
pl. de la 13	**P15**
Compans, r. 19	**E21-D20**
Compiègne, r. de 10	**E15**
Compoint, villa 17	**C11**
Compoint, r. Angélique 18	**B13**
Compoint, r. Vincent 18	**B13**
Comtat-Venaissin, pl. du ... 15	**M7**
Comte, r. Auguste 6	**L13**
Comtesse-de-Ségur, allée ... 8	**E9-E10**
Concorde, pl. de la 8	**G11**
Concorde, pont de la 8	**H11**
Concorde, port de la 8	**H11**
Condé, r. de 6	**K13**
Condillac, r. 11	**H19**
Condorcet, cité 9	**E14**
Condorcet, r. 9	**E15-E14**
Conférence, port de la....... 8	**H9**
Congo, r. du 12	**M20**
Conseiller-Collignon, r. du .. 16	**H5**
Conservation, carr. de la ... 12	**P24**
Conservatoire, r. du 9	**F14**
Considérant, r. Victor 14	**N12**
Constance, r. 18	**D13**
Constant, r. Benjamin 19	**B19**
Constantine, r. de 7	**H10-J10**
Constantinople, r. de 8	**E11-D10**
Conté, r. 3	**G16**
Contenot, sq. Georges 12	**M21-N21**
Conti, imp. de 6	**J13**
Conti, quai de 6	**J14-J13**
Contrescarpe, pl. de la 5	**L15**
Convention, r. de la 15	**L5-N8**
Conventionnel-Chiappe, r. . 13	**S17**
Copeau, pl. Jacques 6	**K13-J13**
Copenhague, r. de 8	**E11**
Copernic, r. 16	**G7-G6**
Copernic, villa.............. 16	**F7-G7**
Coppée, r. François 15	**M7**
Copreaux, r. 15	**L9-M9**
Coq, av. du 9	**E12-F12**
Coq, cour du. 11	**H17**
Coq-Héron, r. 1	**H14-G14**
Coquatrix, r. Bruno 9	**F12**
Coquelin, av. Constant...... 7	**K10-K11**
Coquillière, r. 1	**H14-G14**
Corbera, av. de 12	**L19**
Corbineau, r. 12	**M19**
Corbon, r. 15	**N9-M9**
Cordelières, r. des 13	**N15**
Corderie, r. de la 3	**G17**
Cordon-Boussard, imp. 20	**G21**
Corentin, r. du Père 14	**P12-R12**
Coriolis, r. 12	**N20-M20**
Cormon, r. Fernand 17	**C9-C8**
Corneille, imp. 16	**L3**

Index des rues

Nom, voie ..... Arrondissement	Repère	Nom, voie ..... Arrondissement	Repère	Nom, voie ..... Arrondissement	Repère
Corneille, r. 6	K13	Crayons, pass. 13	P18	Dagorno, r. 12	L21-L22
Corot, r. 16	L4	Crébillon, r. 6	K13	Daguerre, r. 14	N12-N11
Corot, villa 14	R14	Crèche, r. de la 17	C9	Dahomey, r. du 11	K19
Corrèze, r. de la 19	D21	Crédit-Lyonnais, imp. du ... 13	R14	Dalayrac, r. 2	G13
Corse, quai de la 4	J15-J14	Crémieux, r. 12	L18	Dalida, pl. 18	C13
Cortambert, r. 16	H6-H5	Crespin-du-Gast, r. 11	G19	Dallery, pass. Charles 11	J19-J18
Cortot, r. 18	C14	Cresson, r. Ernest 14	N12	Dalloz, r. 18	R18
Corvetto, r. 8	E10	Cretet, r. 9	D14	Dalou, r. 15	L10
Corvisart, r. 13	N14-P15	Crevaux, r. 16	F6	Dames, allée des 16	H3
Cosnard, r. Léon 17	D10	Crillon, r. 4	K17	Dames, r. des 17	D12-D10
Cossonnerie, r. de la 1	H15	Crimée, pass. de 19	B18	Damesme, imp. 13	R16
Costa-Rica, pl. de 16	J6	Crimée, r. de 19	E20-B18	Damesme, r. 13	P16-R16
Costes, r. Dieudonné 13	R18-R17	Crins, imp. des 20	J21	Damiette, r. de 2	G15
Cotentin, r. du 15	M10	Crocé-Spinelli, r. 14	N10-N11	Damoye, cour 11	J18
Cottages, r. des 18	C13	Croisic, sq. du 15	L11	Dampierre, r. 19	B19
Cotte, r. de 12	K18-K19	Croissant, r. du 2	G14	Damrémont, r. 18	C13-B13
Cottin, pass. 18	C14	Croisset, r. Francis de ... 18	A14	Damrémont, villa 18	B13
Cottin, r. Jean 18	B17	Croix-Catelan, carr. de la ... 16	G2	Dancourt, r. 18	D14
Cotton, r. Eugénie 19	E21	Croix-Catelan, chemin de la ... 16	G2-H2	Dancourt, villa 18	D14
Coty, av. René 14	N13-R13	Croix-des-Petits-Champs, r. ... 1	H13-G14	Dangeau, r. 16	K4
Coubertin, av. Pierre de	S14	Croix-Faubin, r. de la 11	J20	Danjon, r. André 19	D19
nos impairs 13		Croix-Jarry, r. de la 13	P19	Dante, r. 5	K14
nos pairs 14		Croix Moreau, r. de la 18	B17	Danton, r. 6	K14
Couche, r. 14	P12	Croix-Nivert, r. de la 15	L8-N7	Dantzig, pass. de 15	N8
Coudenhove-Kalergi, pl. Richard de 16	F8	Croix-Nivert, villa 15	L8	Dantzig, r. de 15	N8-P8
Couédic, r. du 14	P13-P12	Croix-Rouge, rte de la 12	N22-N23	Danube, hameau du 19	D21
Coulmiers, r. de 14	R12-R11	Croix-St-Simon, r. de la ... 20	J22-J23	Danube, villa du 19	D21
Cour-des-Noues, r. de la 20	H22-H21	Croizat, pl. Ambroise 14	R12	Danville, r. 14	N12
Courat, r. 20	J22	Cronstadt, r. de 15	N9-N8	Dany, imp. 8	E11
Courbet, r. de l'Amiral 16	G6	Cronstadt, villa de 19	E20-D20	Darboux, r. Gaston 18	A18-A17
Courbet, r. Gustave 16	G6	Cros, r. Charles 20	E23	Darboy, r. 11	G18
Courcelles, bd de	D10-E8	Croulebarbe, r. de 13	N15	Darcet, r. 17	D12-D11
nos impairs 8		Crozatier, imp. 12	K19	Darcy, r. 20	G22-F22
nos pairs 17		Crozatier, r. 12	L19-K19	Dardanelles, r. des 17	D6
Courcelles, porte de 17	C7-C8	Crussol, cité de 11	H17	Dareau, pass. 14	P13
Courcelles, r. de	F10-C7	Crussol, r. de 11	H17-G18	Dareau, r. 14	N13-P13
nos 1-11, 2-94 8		Cruz, r. Oswaldo 16	J4	Darmesteter, r. 13	R18
nos 79-fin, 96-fin ... 17		Cruz, villa Oswaldo 16	J4	Daru, r. 8	E8-E9
Courier, imp. Paul-Louis ... 7	J11-J12	Cugnot, r. 18	C17-B17	Darwin, r. 18	C14-C13
Courier, r. Paul-Louis 7	J12-J11	Cujas, r. 5	L14-K14	Daubenton, r. 5	M16-M15
Cournot, r. 15	M7	Cunin-Gridaine, r. 3	G15	Daubigny, r. 17	D9
Couronnes, r. des 20	G19-F20	Curé, imp. du 18	C16	Daudet, r. Alphonse 14	P12
Courtalon, r. 1	H15	Cure, r. de la 16	J4-K4	Daudin, r. Jean 15	L9
Courtelline, av. 12	L23-L24	Curial, r. 19	B18-B19	Daumesnil, r. 12	K18-N24
Courtois, pass. 11	J20	Curial, villa 19	C17-C18	Daumesnil, villa 12	M22
Courty, r. de 7	H11	Curie, r. Pierre-et-Marie ... 5	L14	Daumier, r. 16	M3
Cousin, r. Jules 4	K17	Curnonsky, r. 17	C8-C7	Daunay, imp. 11	H20
Cousin, r. Victor 5	K14-L14	Custine, r. 18	C15-C14	Daunay, pass. 11	B12
Coustou, r. 18	D13	Cuvier, r. 5	L16	Daunou, r. 2	G13-F12
Couté, r. Gaston 18	C14	Cygne, r. du 1	H15	Dauphine, pass. 6	J13
Coutellerie, r. de la 4	J15	Cygnes, allée des 15	K6-J6	Dauphine, pl. 1	J14
Coutures-St-Gervais, r. des ... 3	H17-H16	Cyrano-de-Bergerac, r. 18	C14	Dauphine, porte 16	F6
Couvent, cité du 11	J19	Cyrian-Karim-Norwid, jardin 13	P18-P19	Dauphine, r. 6	J14-J13
Coypel, r. 13	N16			Dautancourt, r. 17	C11-C12
Coysevox, r. 18	C12-B12	**D**		Dautry, pl. Raoul 15	M11
Crampel, r. Paul 12	M22	Dac, r. Pierre 18	C13-C14	Daval, r. 11	J18
		Dagorno, pass. 20	J22	David, r. Félicien 16	K5
				David, r. Louis 16	H6

95

Nom, voie ......Arrondissement	Repère
Daviel, r. 13	P14
Daviel, villa 13	P14S
Davioud, r. 16	M20
Davout, bd. 20	L23-H23
Davy, r. 17	C12-C11
Davy, r. Marié 14	P12
Dax, r. Lieutenant-Colonel ...18	A14
De Broglie,	
r. Maurice et Louis 13	N17-N18
De-Lattre-de-Tassigny,	
pl. du Maréchal 16	F5
Débarcadère, r. du 17	E7-E6
Debelleyme, r. 3	H17
Debergue, cité 12	L22
Debidour, av. 19	D21
Debille, cour 11	J19
Debilly, passerelle 16	H8
Debilly, port 16	H8-H7
Debré, pl. Michel 6	K12
Debrousse, r. 16	H8-G8
Debussy, r. Claude 17	D7
Debussy, sq. Claude 17	D10
Decaen, r. Claude 12	N22-M21
Decamps, r. 16	G6-H5
Déchargeurs, r. des 1	H14
Deck, r. Théodore 15	M7
Deck, villa Théodore 15	M7
Deck prolongée,	
r. Théodore 15	M7
Decrès, r. 14	N10
Défense, imp. de la 18	D12
Degas, r. 16	K5
Degrés, r. des 2	G15
Deguerry, r. 11	G18
Dehaynin, r. Euryale 19	D19-D18
Dehodencq, r. Alfred 16	H4
Dehodencq, sq. Alfred 16	H4
Dejean, r. 18	C15
Dejerine, r. Victor 20	G23
Déjerine, r. des Drs 20	J23
Delacroix, r. Eugène 16	H5
Delagrange, r. Léon 15	N6
Delaitre, r. 20	G20
Delaizement, r. 17	D6
Delambre, r. 14	M12
Delambre, sq. 14	M12
Delanos, pass. 10	E16
Delaporte, r. Louis 20	K23
Delaroche, r. Paul 16	H5
Delaunay, imp. 11	J20
Delaunay, r. Robert et Sonia ..11	J21
Delavigne, r. Casimir 6	K13
Delay, pl. Jean 13	R15
Delbarre,	
r. du Professeur. Florian 15	M5
Delbet, r. 14	P11
Delcassé, av. 8	F10

Nom, voie ......Arrondissement	Repère
Delecourt, av. 15	L7
Delépine, cour 11	J18
Delépine, imp. 11	K20-J20
Delescluze, r. Charles.....11	K19
Delessert, bd 16	H7-J6
Delessert, pass. 10	E17
Delesseux, r. 19	C20
Delestraint, r. du Général ...16	L3-M2
Delgrès, r. Louis 19	G20
Delhomme, r. Léon 15	M8
Delibes, r. Léo 16	G7
Deligny, imp. 17	B11
Delmet, r. Paul 15	N7-N8
Delorder, villa 13	R16
Delorme, r. Philibert 17	C8-C9
Delormel, sq. Henri 14	N12
Delouvain, r. 19	E20
Delouvrier, pl. Paul 19	B20-C20
Delpayrat,	
jardin Pierre-Adrien 15	M10
Delta, pl. du 9	D14
Delta, r. du 9	D15-D14
Demarquay, r. 10	E16-D16
Demi-Lune, carr. de la 12	N24
Demours, r. Pierre 17	E7-D8
Demy, pl. Jacques 14	N12
Denain, bd de 10	E15
Denain, allée du Général ..15	K7-K8
Denfert-Rochereau, av. ...14	M13-N13
Denfert-Rochereau, pl. ...14	N12-N13
Denis, pl. Ernest 6	M13
Denis, r. Maurice 12	L19
Denis-Poisson, r. 17	E7
Dénoyez, r. 20	F19
Déodat-de-Séverac, r. ...17	D10
Deparcieux, r. 14	N12
Départ, r. du L11-M11	
nos impairs 14	
nos pairs 15	
Département, r. du D17-C16	
nos 1-19 ter, 2-18 ...19	
nos 21-fin, 20-fin.....18	
Deport,	
r. du Lieutenant-Colonel ..16	M2
Derain, r. André 12	M22
Deraismes, r. Maria 17	B12
Dereure, r. Simon 18	C13
Déroulède, av. Paul 15	K8
Derry, r. de l'Abbé-Roger ...15	K8
Desaix, r. 15	J8-K7
Desaix, sq. 15	K7
Desargues, r. 11	G18
Désaugiers, r. 16	L4
Desault, r. Pierre-Joseph ...13	R19
Desbordes-Valmore, r. 16	H5
Descartes, r. 5	L15
Descaves, av. Lucien 14	S13-S12
Deschanel, av. Émile 7	J8-J9

Nom, voie ......Arrondissement	Repère
Deschanel, allée Paul 7	H8
Descombes, r. 17	D7
Descos, r. 12	M20
Desgenettes, r. 7	H9-H10
Desgoffe, r. Blaise 6	L12-L11
Desgrais, pass. 19	C18
Desgrange, r. Henri 12	M19
Deshayes, villa 14	P10
Désir, pass. du 10	F16
Désirée, r. 20	H20-G20
Deslandres, r. Émile 13	N15
Desmoulins, r. Camille ...11	J19-H19
Desnos, pl. Robert 10	E17
Desnouettes, r. 15	N7-N6
Desnouettes, sq. 15	N6
Desplas, r. Georges 5	M15-L15
Despréaux, av. 16	L3
Desprez, r. 14	N10
Dessous-des-Berges, r. du ..13	R18-P18
Desvaux, r. Émile 19	E21
Detaille, r. Édouard 17	D9
Détrie, av. du Général 7	J8-K8
Deubel, pl. Léon 16	M3
Deutsch-de-la-Meurthe,	
r. Émile 14	R13
Deux-Anges, imp. des 6	J13
Deux-Avenues, r. des 13	P16
Deux-Boules, r. des 1	H14
Deux-Cousins, imp. des ...17	D7
Deux-Écus, r. des 1	H14
Deux-Gares, r. des 10	E16
Deux-Moulins, jardin des....13	P16
Deux-Nèthes, imp. des....18	D12
Deux-Pavillons, pass. des...1	G13
Deux-Ponts, r. des 4	K16
Deux-Portes, pass. des ...20	H22
Deux-Sœurs, pass. des 9	F14
Deuxième-D.-B., allée de la ..15	M11
Devéria, r. 20	F21
Deville, pl. Alphonse 6	K12
Dewet, r. Christian 12	L21
Dhuis, r. de la 20	G22
Dhuit, allée du Père-Julien ..20	F20
Dhuit, r. du Père-Julien....20	F19-F20
Diaghilev, pl. 9	F12
Diane-de-Poitiers, allée ...19	F19
Diapason, sq. 19	C20
Diard, r. 18	C14
Diaz, r. Narcisse 16	L4-L5
Dickens, r. Charles 16	J6
Dickens, sq. Charles 16	J6
Didelot, pass. Geffroy 17	D10-D11
Diderot, bd 12	L17-K21
Diderot, cour 12	L18
Didot, porte 14	P10
Didot, r. 14	N11-P10
Dierx, r. Léon 15	P8
Dietrich, pl. Marlène 16	G7

Nom, voie .....Arrondissement	Repère
Dietz-Monnin, villa........16	**M3**
Dieu, pass. 20	**J22**
Dieu, r. 10	**F17**
Dieulafoy, r. 13	**R16-R15**
Dijon, r. de 12	**N20**
Dijon, r. Joseph 18	**B14**
Dimey, r. Bernard 18	**B12**
Disque, r. du 13	**R17**
Divry, r. Charles 14	**N12**
18-Juin-1940, pl. du 6	**L11**
19-Mars-1962, pl. du 12	**L18**
Dixmude, bd de 17	**D6**
Django-Reinhardt, allée ..13	**N16-N17**
Dmitrieff, pl. Elisabeth 3	**G16**
Dobropol, r. du 17	**D6**
Dodds, av. du Général ...12	**N22**
Dode-de-la-Brunerie, av. ..16	**N3**
Dodu, r. Juliette...........10	**F18-E17**
Doisneau, villa Robert.....13	**P17**
Doisy, pass. 17	**E7**
Dolent, r. Jean............14	**N14-N13**
Dolet, r. Étienne 20	**G19-G20**
Dollfus, r. Jean 18	**B13**
Dolomieu, r. 5	**L15**
Domat, r. 5	**K15-K14**
Dombasle, imp. 15	**N8**
Dombasle, pass. 15	**N8**
Dombasle, r. 15	**M8-N8**
Dome, r. du 16	**F7**
Dominé, r. du Colonel ...13	**R16-S16**
Domrémy, r. de 13	**P18-P17**
Donizetti, r. 16	**K4**
Dorchain, r. Auguste 15	**L8**
Dordogne, sq. de la 17	**C8**
Doré, r. Gustave 17	**D9-C9**
Dorée, porte 12	**N23**
Dorées, sente des 19	**C21**
Doret, av. Marcel 16	**M3-N3**
Dorgelès, carr. Roland ..18	**C13-C14**
Dorian, av. 12	**L21**
Dorian, r. 12	**L21**
Doriath, allée Maria 11	**K21**
Dormoy, r. Marx 18	**D16-C16**
Dosnes, r. 16	**G6-F6**
Douai, r. de 9	**D13-D12**
Douanier-Rousseau, r. du 14	**P12**
Douaumont, bd de 17	**B9**
Double, pont au 4	**K15**
Doudeauville, r. 18	**C16-C15**
Doumer, av. Paul 16	**H6-J5**
Dragon, r. du 6	**J12-K12**
Dranem, r. 19	**G19**
Dreux, r. de 17	**E6**
Drevet, r. 18	**D14**
Dreyer, sq. André 13	**P14**
Dreyfus, pl. Alfred 15	**L7**
Driancourt, pass. 12	**K19**

Nom, voie .....Arrondissement	Repère
Driant, r. du Colonel 1	**H14-H13**
Droits-de-l'Enfant, pl. des...14	**P12-P13**
Dronne, allée du Capitaine 15	**M11**
Drouot, r. 9	**F14**
Droux, r. Léon 17	**D11**
Druinot, imp. 12	**K19**
Du-Bellay, r. Jean 4	**K15-J15**
Du-Bellay, pl. Joachim 1	**H15**
Du Guesclin, pass. 15	**K8**
Du Guesclin, r. 15	**K8**
Dubail, pass. 10	**F16**
Dubail, av. du Général ...16	**J4**
Duban, r. 16	**J5**
Dublin, pl. de 8	**E11-E12**
Dubois, pass. 19	**D19**
Dubois, r. André 19	**D19**
Dubois, r. Antoine 6	**K14-K13**
Dubois, r. du Cardinal 18	**D14**
Dubois, r. Émile 14	**N13**
Dubois, r. Marcel 12	**N22**
Dubois, r. Paul 3	**G16**
Dubouillon, r. Henri 20	**F22**
Dubourg, cité 20	**H22**
Dubreil-Jacotin, r. Marie-Louise 13	**P19**
Dubrunfaut, r. 12	**M20**
Duc, r. 18	**C14-B14**
Duchamp, r. Marcel 13	**R17**
Duchefdelaville, r. 13	**N18-N17**
Duchêne, jardin Henri-et-Achille.....14	**N10**
Duchêne, r. Henri 15	**L7**
Duchesne, r. Jacques 19	**A18**
Duclaux, r. Émile 15	**L9-M9**
Dudouy, pass. 11	**H19**
Duée, pass. de la 20	**F21**
Duée, r. de la 20	**F21**
Dufrénoy, r. 16	**G5**
Dufresne, villa 16	**M3**
Dufy, r. Raoul 20	**G20**
Dugommier, r. 12	**M20**
Duguay-Trouin, r. 6	**L12**
Duhamel, jardin Georges 13	**N19**
Duhamel, r. Georges 15	**N10**
Duhesme, pass. 18	**B14-B15**
Duhesme, r. 18	**C13-B14**
Dukas, r. Paul 12	**M20**
Dulac, r. 15	**L10**
Dulaure, r. 20	**G23**
Dullin, pl. Charles 18	**D14**
Dulong, r. 17	**D11-C10**
Dumas, pass. 11	**H19**
Dumas, r. Alexandre.........	**K20-K21**
n°s 1-59, 2-72 11	
n°s 61-fin, 74-fin........20	
Dumas, r. Jean-Baptiste ...17	**D7**
Dumay, r. Jean-Baptiste ...20	**F20**

Nom, voie .....Arrondissement	Repère
Duméril, r. 13	**M16-N16**
Dumézil, r. Georges 15	**K8**
Dumien, r. Jules 20	**G22**
Dumoncel, r. Remy 14	**P13-P12**
Dumont-d'Urville, r. 16	**G7-F8**
Dunand, r. Jean 13	**R17**
Dunant, allée Henri 14	**P10**
Dunes, r. des 19	**F19-E19**
Dunkerque, r. de	**E16-D14**
n°s 1-47, 2-36 bis 10	
n°s 49-fin, 38-fin........9	
Dunois, r. 13	**P18-N18**
Dunois, sq. 13	**N17**
Duparc, sq. Henri 17	**D10**
Duperier, esplanade Bernard ..13	**H7**
Duperré, r. 9	**D13**
Dupetit-Thouars, cité 3	**G16-G17**
Dupetit-Thouars, r. 3	**G17-G16**
Duphot, r.	**G12**
n°s 1-21, 2-26 1	
n°s 23-fin, 28-fin.........8	
Dupin, r. 6	**K12**
Duplan, cité 16	**E6**
Dupleix, pl. 15	**K8**
Dupleix, r. 15	**K8**
Duployé, r. Émile 18	**C16**
Dupont, cité 11	**H19**
Dupont, r. Pierre 10	**E17**
Dupont, villa 16	**F6**
Dupont-de-l'Eure, r. 20	**G22-G21**
Dupont-des-Loges, r. 7	**H8-H9**
Dupré, r. Jules 15	**P8**
Dupuis, r. Charles-François ..3	**G17**
Dupuy, imp. 18	**C16**
Dupuy, r. Paul 16	**K5**
Dupuy-de-Lôme, r. 13	**R18**
Dupuytren, r. 6	**K13**
Duquesne, av. 7	**J9-K10**
Durance, r. de la 12	**M21-M20**
Durand-Claye, r. Alfred ...14	**P9**
Duranti, r. 11	**H19-H20**
Durantin, r. 18	**D13-C13**
Duranton, r. 15	**M6-M7**
Duras, r. de 8	**F11**
Durel, cité 18	**B13**
Duret, r. 16	**F6-E6**
Duris, pass. 20	**G20-H20**
Duris, r. 20	**G20-H20**
Durkheim, r. Émile 13	**N18-N19**
Durmar, cité 11	**G19**
Duroc, r. 7	**K10-L10**
Durouchoux, r. 14	**N12**
Duruy, r. Victor 15	**M8-N8**
Dury-Vasselon, villa 20	**E22**
Dussane, r. Béatrix 15	**K7**
Dussoubs, r. 2	**G15**
Duthy, villa 14	**P10-P11**
Dutot, r. 15	**M9**

Nom, voie .....Arrondissement	Repère
Dutuit, av. 8	G10
Duval, r. Ferdinand 4	J16
Duvergier, r. 19	C19-C18
Duvernois, r. Henri 20	H23
Duvivier, r. 7	J9
Dux, pl. Pierre 6	K13

E

Eastman, r. George 13	P16
Eaux, pass. des 16	J6
Eaux, r. des 16	J6
Ebelmen, r. 12	L20
Éblé, r. 7	K10
Eboué, r. Eugénie 12	L20
Eboué, pl. Félix 12	M21
Echaudé, r. de l' 6	J13
Échelle, r. de l' 1	H13-G13
Échiquier, r. de l' 10	F15
Écluses-St-Martin, r. des ... 10	E17
École, imp. de l' 9	E14
École, pl. de l' 1	J14
École-de-Médecine, r. de l'.. 6	K14
École-Militaire, pl. de l' .. 7	J9
École-Polytechnique, r. de l'.. 5	L15-K14
Écoles, cité des 20	G21
Écoles, r. des 5	L15-K14
Écoliers, pass. des 15	L7
Écosse, r. d' 5	K14
Écouffes, r. des 4	J16
Écrivains-Combattants-Morts- pour-la-France, sq. des 16	H4
Edimbourg, r. d' 8	E11
Edison, av. 13	P17-P16
Édit-de-Nantes, pl. de l' ... 19	C19
Édouard-VII, pl. 9	F12
Édouard-VII, r. 9	F12
Égalité, r. de l' 19	D21-E21
Eginhard, r. 4	J16
Église, imp. de l' 15	L7
Église, r. de l' 15	L6-L7
Église-d'Auteuil, pl. de l' . 16	L4
Église-de-l'Assomption, pl. de l' 16	J4
Eiders, allée des 19	B19-C19
Eiffel, av. Gustave 7	J7-J8
Eisenhower, av. du Général .. 8	G10
El Salvador, pl. 7	K10
Élisée-Reclus, av. 7	J8
Eluard, pl. Paul 18	C16
Élysée, r. de l' 8	G10-F11
Élysée-Ménilmontant, r. 20	G20
Élysées 26, galerie 8	F9
Élysées-La Boétie, galerie .. 8	F9
Élysées-Rond-Point, galerie . 8	F10-G9
Elzévir, r. 3	J16
Emélie, r. 19	C19
Émeriau, r. 15	K7-K6
Emmery, r. 20	F20-F21
Encheval, r. de l' 19	E20
Enfant-Jésus, imp. de l' 15	L10
Enfantin, r. du Père-Prosper .. 20	G23
Enfer, pass. d' 14	M12
Enfert, r. Paulin 13	S16-S17
Enghien, r. d' 10	F15
Entrepreneurs, pass. des 15	L7
Entrepreneurs, r. des 15	L6-L7
Entrepreneurs, villa des 15	L6
Envierges, r. des 20	F20
Eole, jardin d' 18	C17-D17
Épée, r. de l'Abbé-de-l' 5	L14-L13
Épée-de-Bois, r. de l' 5	M15
Éperon, r. de l' 6	K14-J14
Épinettes, r. des 17	B11
Épinettes, sq. des 17	B12
Épinettes, villa des 17	B11-B12
Epstein, pl. Joseph 20	G20
Équerre, r. de l' 19	F19
Équerre-d'Argent, r. de l'... 1	H14
Érables, rte des 16	E3-E5
Érard, imp. 12	L19
Érard, r. 12	L19-L20
Érasme, r. 5	L14
Erckmann-Chatrian, r. 18	D15
Érevan, jardin d' 8	G10
Eric-Tabarly, promenade..... 19	D18-C19
Érignac, pl. du Préfet-Claude ... 16	J4
Erik-Satie, r. 19	D20
Erlanger, av. 16	L3
Erlanger, r. 16	L3
Erlanger, villa 16	L3
Ermitage, av. de l' 16	L4
Ermitage, cité de l' 20	G21-F20
Ermitage, r. de l' 20	G20-F21
Ermitage, villa de l' 20	F20-F21
Ernestine, r. 18	C15
Ernst, r. Max. 20	G20
Escadrille-Normandie-Niemen, pl. de l' 13	N18
Escaut, r. de l' 19	B18
Esclangon, r. 18	B14
Escoffier, r. 12	P21
Escudier, r. Paul 9	E12-E13
Esnault-Pelterie, r. Robert .. 7	H10
Espérance, r. de l' 13	P15-R14
Esquerré, sq. de l'Abbé 7	K10
Esquirol, r. 13	N16
Essai, r. de l' 5	M16
Est, r. de l' 20	F21
Estaing, r. de l'Amiral d' .. 16	G7
Este, villa d' 13	R17
Esterel, sq. de l' 20	K23
Estienne, r. du Général 15	L6
Estienne, r. Robert 8	G9
Estienne-d'Orves, pl. d' 9	E12
Estienne-d'Orves, sq. d' 9	E12
Estrade, cité Florentine 16	L4
Estrapade, pl. de l' 5	L14
Estrapade, r. de l' 5	L15-L14
Estrées, allée Gabrielle d' .. 19	F19
Estrées, r. d' 7	K10-K9
Étang, chaussée de l' 12	M24-L24
États-Unis, pl. des 16	G7-G8
Etex, r. 18	C12
Etex, villa 18	C12
Etlin, r. Robert 12	P20
Étoile, r. de l' 17	E8
Étoile, rte de l' 16	F3-F4
Étoile-d'Or, cour. de l' 11	K18
Euler, r. 8	F8
Eupatoria, pass. d' 20	G20
Eupatoria, r. d' 20	G20
Eure, r. de l' 14	N11
Europe, pl. de l' 8	E11
Évangile, r. de l' 18	C16-B18
Eveillard, imp. 20	G22
Evette, r. 19	C19
Evrard, pl. Jane 16	J5
Exelmans, bd 16	M4-K3
Exelmans, hameau 16	L3
Exposition, r. de l' 7	J9
Eylau, av. d' 16	H6-G6
Eylau, villa d' 16	F7

F

Fabert, r. 7	H10-J10
Fabien, pl. du Colonel	E18-E17
nos impairs 10	
nos pairs 19	
Fabre, r. Ferdinand 15	M8
Fabre, r. Jean-Henri 18	A14-A13
Fabre-d'Églantine, r. 12	L21
Fabriques, cour. des 11	G18
Fagon, r. 13	N16
Faguet, r. Émile 14	R12
Faidherbe, r. 11	K19-J19
Faisanderie, r. de la 16	F5-G5
Faisanderie, villa de la 16	G5-F5
Falaise, cité 18	B13
Falaises, villa des 20	G22
Falck, sq. Jean 10	E18-E17
Falconet, r. 18	C14
Falguière, cité 15	M10
Falguière, pl. 15	N10
Falguière, r. 15	L11-M10
Fallempin, r. 15	K7
Fallières, villa Armand 19	E20
Fantin-Latour, r. 16	M4
Faraday, r. 17	D7
Fargue, pl. Léon-Paul 6	L10
Farman, r. Henri 15	N4-N5
Farrère, r. Claude 16	L2

Nom, voie . . . . . . Arrondissement | Repère

Faubourg-du-Temple, r. du . . . **G17-F18**
n^os impairs 10
n^os pairs 11
Faubourg-Montmartre,
r. du 9 **F14-E13**
Faubourg-Poissonnière, r. du . . **F15-D15**
n^os impairs 9
n^os pairs 10
Faubourg-St-Antoine, r. du . . . **K18-K21**
n^os impairs 11
n^os pairs 12
Faubourg-St-Denis, r. du . . . 10 **F15-D16**
Faubourg-St-Honoré, r. du . . . 8 **G11-E8**
Faubourg-St-Jacques,
r. du 14 **M13-N13**
Faubourg-St-Martin, r. du . . . 10 **G16-D17**
Faucheur, villa 20 **F20**
Fauconnier, r. du 4 **K16-J16**
Faure, r. Edgar 15 **J7-K8**
Faure, r. Élie 15 **L24**
Faure, av. Félix 15 **L7-M5**
Faure, r. Félix 15 **M6**
Faure, villa Félix 19 **E21**
Fauré, sq. Gabriel 7 **D10**
Fautrier, r. Jean 13 **P18-R17**
Fauvet, r. 18 **C12**
Favart, r. 2 **F13**
Favorites, r. des 15 **M9**
Fécamp, r. de 12 **N21-M22**
Fédération, r. de la 15 **J7-K8**
Félibien, r. 6 **K13**
Félicité, r. de la 17 **D9-C10**
Fénelon, cité 9 **E14**
Fénelon, r. 10 **E15**
Fenoux, r. 15 **M8**
Fer-à-Moulin, r. du 5 **M16-M15**
Ferber, r. du Capitaine 20 **G22-G23**
Ferdousi, av. 8 **E9**
Férembach, cité 17 **E7**
Fermat, r. 14 **N12**
Ferme-de-Savy, r. de la . . . 20 **F19**
Ferme-St-Lazare, cour 10 **E16-E15**
Ferme-St-Lazare, pass. 10 **E16**
Fermiers, r. des 17 **C10**
Féron, r. Toussaint 13 **P16**
Férou, r. 6 **K13**
Ferrandi, r. Jean 6 **L11**
Ferré, square Léo 12 **K19**
Ferrié, av. du Général 7 **J8**
Ferronnerie, r. de la 1 **H15-H14**
Ferrus, r. 14 **N14-P14**
Ferry, r. Abel 16 **N3**
Ferry, bd Jules 11 **G19**
Fessart, r. 19 **E20-E19**
Fêtes, pl. des 19 **E21**
Fêtes, r. des 19 **E20-E21**
Feuillantines, r. des 5 **M14-L14**
Feuillère, pl. Edwige 7 **H8**

Feuillet, r. Octave 16 **H5-H4**
Feulard, r. Henri 10 **F18**
Feutrier, r. 18 **D14-C14**
Féval, r. Paul 18 **C14**
Feydeau, galerie 2 **F14**
Feydeau, r. 2 **F14-G13**
Fidélité, r. de la 10 **F16**
Figuier, r. du 4 **J16**
Filles-du-Calvaire, bd des **H17**
n^os impairs 3
n^os pairs 11
Filles-du-Calvaire, r. des . . . 3 **H17**
Filles-St-Thomas, r. des 2 **G13**
Fillettes, imp. des 18 **A17**
Fillettes, r. des 18 **B17**
Fillion, pl. Charles 17 **C10-C11**
Finlande, pl. de 7 **H10**
Finlay, r. du Dr 15 **K6-K7**
Fiszbin, pl. Henri 10 **F18-F19**
Fitzgerald, r. Ella 19 **B21**
Fizeau, r. 15 **N9-P9**
Flachat, r. Eugène 17 **C8**
Flamand, r. Edmond 13 **M18**
Flamel, r. Nicolas 4 **J15-H15**
Flammarion, r. Camille 18 **A13-A14**
Flandre, av. de 19 **D17-B19**
Flandre, pass. de 19 **C18**
Flandrin, bd 16 **G5-F5**
Flatters, r. 5 **M14**
Flaubert, r. Gustave 17 **D8**
Flavien, r. des Frères 20 **F23-E23**
Fléchier, r. 9 **E13**
Fleming, r. Alexander 19 **D22-E22**
Flers, r. Robert-de 15 **K6**
Fleurie, villa 19 **E20**
Fleurs, cité des 17 **C11-B11**
Fleurs, quai aux 4 **K15-J15**
Fleurus, r. de 6 **L12**
Fleury, sq. Emmanuel 20 **F23**
Fleury, r. Robert 15 **L8-L9**
Flocon, r. Ferdinand 18 **C14**
Floquet, av. Charles 7 **J7-K8**
Florale, cité 13 **R14**
Flore, villa 16 **K4**
Floréal, r. 17 **A11**
Florence, r. de 8 **D12**
Florentine, cité 19 **E20**
Florian, r. 20 **J22-H22**
Florimont, imp. 14 **N10**
Flourens, pass. 17 **B12**
Foch, av. 16 **F7-F5**
Focillon, r. Adolphe 14 **P12**
Foin, r. du 3 **J17**
Folie-Méricourt, r. de la . . . 11 **H18-G17**
Folie-Regnault, pass. 11 **H20**
Folie-Regnault, r. de la 11 **J20-H20**
Folie-Titon, jardin de la . . . 11 **K20**
Follereau, pl. Raoul 10 **E17**

Foncin, r. Pierre 20 **F23**
Fonck, av. René 19 **E23**
Fond-de-Rouvray,
darse du 19 **C20**
Fondane, pl. Benjamin 5 **L15**
Fondary, r. 15 **K7-L8**
Fondary, villa 15 **L8**
Fonderie, pass. de la 11 **G18**
Fonds-Verts, r. des 12 **M20**
Fontaine, r. Pierre 9 **E13-D13**
Fontaine-à-Mulard, r. de la . 13 **R15**
Fontaine-au-Roi, r. de la . . . 11 **G17-G19**
Fontaine aux Lions,
pl. de la 19 **C20**
Fontaine-du-But, r. de la . . . 18 **C13**
Fontaine Timbaud, pl. 11 **G18**
Fontainebleau, allée de 19 **D20**
Fontaines-du-Temple,
r. des 3 **G16**
Fontarabie, r. de 20 **J22**
Fontenay,
pl. Maurice de 12 **L20**
Fontenay, villa de 19 **E20-E21**
Fontenoy, pl. de 7 **K9**
Forain, r. Jean-Louis 17 **C8**
Forceval, r. 19 **A20**
Forest, pl. Fernand- 15 **K6**
Forest, r. 18 **D12**
Forestier,
jardin Jean-Claude-Nicolas . . 13 **S14-S15**
Forez, r. du 3 **H17**
Forge-Royale, r. de la 11 **K19**
Forges, r. des 2 **G15**
Formigé, r. Jean 15 **M8**
Fort, r. Paul 14 **R12**
Fort-de-Vaux,
bd du 17 **B9-B8**
Fortifications, allée des 16 **K3-H4**
Fortifications, rte des 12 **P21-N22**
Fortin, imp. 8 **F9**
Fortin, r. Nicolas 13 **P16**
Fortunée, allée 16 **K1-K5**
Fortuny, r. 17 **D9**
Forum-des-Halles, ... 1 **H14**
Fossés-St-Bernard, r. des . . . 5 **K16-L15**
Fossés-St-Jacques, r. des . . . 5 **L14**
Fossés-St-Marcel, r. des . . . 5 **M16**
Fouarre, r. du 5 **K15**
Foubert, pass. 13 **R15-P15**
Foucauld, av. Charles de . . . 12 **N22**
Foucault, r. 16 **H8**
Fougères, r. des 20 **F23**
Fouillée, r. Alfred 13 **S17**
Four, r. du 6 **K13-K12**
Fourastié, r. Jean 15 **L8**
Fourcade,
pl. Marie-Madeleine 15 **K7-K8**
Fourcade, r. 15 **M8**

Nom, voie . . . . . . *Arrondissement*	Repère
Fourcroy, r. 17	E8-D8
Fourcy, r. de 4	J16
Foureau, r. Fernand 12	L23
Fourier, r. Charles 13	R15-P15
Fourneyron, r. 17	C11
Fournier, sq. Alain 14	P9
Fournier, pl. du Dr-Alfred . .10	F17
Fournier, r. Édouard 16	H5-H4
Fournière, r. Eugène 18	A14
Fours-à-Chaux, pass. des 19	E18
Foy, r. du Général 8	E11-E10
Foyatier, r. 18	D14
Frachon, av. Benoit 20	J24-K24
Fragonard, r. 17	B10-B11
Fraisiers, ruelle des 12	L18
Française, r.	H15-G15
nos 1-5, 2-6 1	
nos 7-fin, 8-fin 2	
France, av. de 13	N18
France, av. Anatole 7	J8
France, quai Anatole 7	H12-H11
France, espl. Henri de 15	M4
Franche-Comté, r. de 3	G17
Franchemont, imp. 11	J19
Franchet-d'Espérey,	
av. du Maréchal 16	J3
Francine, r. Thomas 14	D13
Franck, r. César 15	L10-L9
Franco-Russe, av. 7	H8
Francœur, r. 18	C14
François, pl. Claude 16	M3-M4
François-Ier, pl. 8	G9
François-Ier, r. 8	G10-F8
Francs-Bourgeois, r. des	J17-H16
nos impairs 4	
nos pairs 3	
Frank, jardin Anne 3	H15-H16
Franklin, r. Benjamin 16	H6
Franquet, r. 15	N9
Franqueville, r. de 16	H5-H4
Frapié, r. Léon 20	F23
Frapié, sq. Léon 20	F23
Fraternité, r. de la 19	D21
Fréhel, pl. 19	F19
Frémicourt, r. 15	L8-K8
Frémiet, av. 16	J6
Fréquel, pass. 20	J22
Fresnel, r. 16	H8-H7
Freud, r. Sigmund 19	D21-D22
Freycinet, r. 16	G8
Friant, r. 14	P12-R11
Friedel, r. Charles 20	F21
Friedland, av. de 8	F9-F8
Frigos, r. des 13	N19-P19
Frochot, av. 9	E13-D13
Frochot, r. 9	E13-D13
Froidevaux, r. 14	N12-M11
Froissart, r. 3	H17

Nom, voie . . . . . . *Arrondissement*	Repère
Froment, pl. Jacques 18	C12
Froment, r. 11	J18
Fromentin, r. 9	D13
Frot, r. Léon 11	J19-J20
Fructidor, r. 17	A12
Fulton, r. 13	M18
Furetière, pl. Antoine 12	M23
Furstemberg, r. de 6	J13
Furtado-Heine, r. 14	P11
Fustel-de-Coulanges, r. 5	M13-M14

G	
Gabillot, r. Gager 15	M9
Gabin, pl. Jean 18	C14
Gabon, r. du 12	L23
Gabriel, av. 8	G11-G10
Gabriel, villa 15	L11
Gabriel-Riquet,	
villa Honoré 15	L6
Gabrielle, r. 18	D14-D13
Gagliardini, villa 20	F22-E22
Gaillard, souterrain Henri 16	F5
Gaillon, pl. 2	G13
Gaillon, r. 2	G13
Gainsbourg, jardin Serge 19	E23
Gaîté, imp. de la 14	M11-M12
Gaîté, r. de la 14	M11
Galande, r. 5	K15-K14
Galilée, r.	G7-F8
nos 1-53, 2-50 16	
nos 55-fin, 52-fin 8	
Galland, r. Victor 15	P9
Galleron, r. 20	J22-H22
Gallieni, bd 15	P4
Gallieni, av. du Maréchal 7	H10
Galliera, r. de 16	G8
Gallimard, r. Gaston 7	J12
Galois, r. Évariste 20	F23
Galvani, r. 17	D7
Gambetta, av. 20	H20-E22
Gambetta, pass. 20	F22
Gambetta, pl. 20	G21
Gambey, r. 11	G18
Gambon, r. Ferdinand 20	K22-J22
Gance, r. Abel 13	N18
Gandhi, av. du Mahatma 16	F2-E4
Gandon, r. 13	R16-S16
Ganne, r. Louis 20	H23
Ganneron, pass. 18	C12
Ganneron, r. 18	D12-C12
Garamond, r. Claude 15	P8
Garance, allée de la 19	C20
Garance, villa 9	D15
Garancière, r. 6	K13
Garat, r. Martin 20	H22-G22
Garcia, r. Cristino 20	K23
Garcia-Lorca, allée Federico . . .1	H14
Gardes, r. des 18	D15-C15

Nom, voie . . . . . . *Arrondissement*	Repère
Gardette, sq. Maurice 11	H19
Gare, port de la 13	N19-M18
Gare, porte de la 13	P19-P20
Gare, quai de la 13	M18-N18
Gare, r. de la 19	A18
Gare-de-Reuilly, r. de la 12	M21-L21
Garenne, pl. de la 14	N11
Garibaldi, bd 15	L9
Garigliano, pont du 16	M4
Garnerin, allée Jacques 8	E10-E9
Garnier, pl. Charles 9	F12
Garnier, r. Francis 17	A12
Garnier, villa 15	L11
Garonne, quai de la 19	C20
Garreau, r. 18	D13
Garros, sq. Roland 20	G23
Gary, pl. Romain 15	N8-P8
Gascogne, sq. de la 20	J23
Gasnier-Guy, r. 20	G21
Gassendi, r. 14	N12
Gasté, pl. Loulou 17	C8
Gatbois, pass. 12	L19
Gâtines, r. des 20	G21
Gaudelet, villa 11	G19
Gauguet, r. 14	P13
Gauguin, r. 17	C8
Gaulard, r. Lucien 18	C13
Gaulle, pl. Charles de 8	F7-F8
Gaulle, pont Charles de 12	L17-L18
Gaulle, sq. Pierre de 7	K10
Gaumont, av. Léon 20	K24
Gauthey, r. 17	C11-B11
Gauthier, pass. 19	F19-E19
Gauthier, r. Armand 18	C13
Gautier, av. Théophile 16	K5-K4
Gautier, sq. Théophile 16	K4-K4
Gavarni, r. 16	J6-H6
Gay, r. Francisque 6	K14
Gay-Lussac, r. 5	L14-M14
Gazan, r. 14	R14
Geffroy, r. Gustave 13	N15
Gelez, r. Victor 11	G19
Gémier, r. Firmin 18	B12
Gènes, cité de 20	F19
Genevoix, r. Maurice 18	B16
Génie, pass. du 12	K20
Gentil, sq. Louis 12	N22
Gentilly, porte de 13	S14
George-V, av. 8	G8-F8
Georgina, villa 20	F21
Gérando, r. 9	D14
Gérard, r. 13	P15
Gérard, r. François 16	K4
Gerbert, r. 15	M8
Gerbier, r. 11	J20
Gerbillon, r. Jean-François 6	K12-L11
Gergovie, pass. de 14	N10
Gergovie, r. de 14	N10-P11

Nom, voie . . . . . .**Arrondissement** **Repère**

Gerhardt, r. Charles . . . . 17 — D9
Géricault, r. . . . . 16 — K3
Germain, r. Sophie . . . . 14 — P12-N12
Gershwin, r. George . . . . 12 — N19
Gerty-Archimède, r. . . . . . . 12 — N20
Gervais, r. Paul . . . . 13 — N15-P14
Gervex, r. . . . . 17 — C8
Gesvres, quai de . . . . 4 — J15
Giacometti, sq. Alberto . . . . . 14 — N11
Gibez, r. Eugène . . . . 15 — N7-N8
Gide, r. André . . . . 15 — M10-N10
Giffard, r. . . . . 13 — M18
Gilbert, r. Émile . . . . 12 — L18
Gill, r. André . . . . 18 — D14
Gillet, r. de l'Abbé . . . . 16 — J6
Gillot, r. Firmin . . . . 15 — N7
Ginier, r. Pierre . . . . 18 — C12
Ginier, villa Pierre . . . . 18 — C12
Ginkgo, cour du . . . . 12 — M19
Ginoux, r. . . . . 15 — K6-L7
Giono, r. Jean . . . . 13 — N18
Girard, r. Philippe de . . . . — E16-C16
    nᵒˢ 1-33, 2-34 10
    nᵒˢ 35-fin, 36-fin. 18
Girard, r. Pierre . . . . 19 — D19
Girardin, imp. . . . . 18 — C13
Girardon, r. . . . . 18 — C13
Giraud, r. Léon . . . . 19 — C19
Giraudoux, r. Jean . . . . 16 — F7-G8
Girault, av. Charles . . . . 8 — G10
Girodet, r. . . . . 16 — K3
Gironde,
    quai de la . . . . 19 — B20-A19
Gît-le-Cœur, r. . . . . 6 — J14
Glacière, r. de la . . . . 13 — M14-P14
Glaïeuls, r. des . . . . 20 — E23
Gley, av. du Dr . . . . 20 — E23
Glizières, villa des . . . . 16 — K5
Gluck, r. . . . . 9 — F13-F12
Glycines, r. des . . . . 13 — R14
Gobelins, av. des . . . . — M15-N16
    nᵒˢ 1-23, 2-22 5
    nᵒˢ 25-fin, 24-fin. 13
Gobelins, r. des . . . . 13 — N15
Gobelins, villa des . . . . 13 — N15
Gobert, r. . . . . 11 — J19
Godard, r. Benjamin . . . . 16 — G5
Godard, villa Jean . . . . 12 — N22
Godart, pl. Justin . . . . 6 — J13
Godefroy, r. . . . . 13 — N16
Godin, villa . . . . 20 — J22-H22
Godon, cité Charles . . . . 9 — E14
Godot-de-Mauroy, r. . . . . 9 — F12
Gœthe, r. . . . . 16 — G8
Goix, pass. . . . . 19 — D17
Goldoni, pl. . . . . 2 — G15
Gomboust, imp. . . . . 1 — G12
Gomboust, r. . . . . 1 — G13

Goncourt, r. des . . . . 11 — G18-F18
Gondinet, r. Edmond . . . . . . 13 — P15
Gonnet, r. . . . . 11 — K20
Gordini, pl. Amédée . . . . 15 — P7
Goscinny, r. René . . . . 13 — P19
Gossec, r. . . . . 12 — M22-M21
Gosset,
    r. du Professeur . . . . 18 — A15-A14
Got, sq. . . . . 20 — K22
Goubaux, pl. Prosper . . . . — D10
    nᵒˢ impairs 8
    nᵒˢ pairs 17
Goubet, r. . . . . 19 — D20
Goublier, r. Gustave . . . . 10 — F16
Goudeau, pl. Émile . . . . 18 — D13
Gouges, pl. Olympe de . . . . . 3 — G17
Goüin, r. Ernest . . . . 17 — B11
Goujon, r. du Dr . . . . 12 — M21
Goujon, r. Jean . . . . 8 — G9-G10
Gounod, r. . . . . 17 — D8
Gouraud, pl. du Général . . . . 7 — J8
Gourdault, r. Pierre . . . . 13 — N18-P18
Gourgaud, av. . . . . 17 — D8-C8
Gourmont, r. Rémy de . . . . . 19 — E19-E18
Gouthière, r. . . . . 13 — R15
Goutte-d'Or, r. de la . . . . . . 18 — D15
Gouvion-St-Cyr, bd . . . . 17 — D7-E6
Gouvion-St-Cyr, sq. . . . . . . 17 — D6
Gozlin, r. . . . . 6 — J13
Grâce-de-Dieu, cour de la . . . 10 — F18
Gracieuse, r. . . . . 5 — M15-L15
Graham, pl. Martha . . . . 13 — M18
Graisivaudan, sq. du . . . . . . 17 — D7-D6
Gramme, r. . . . . 15 — L8
Gramont, r. de . . . . 2 — G13-F13
Grancey, r. de . . . . 14 — N12
Grancher,
    sq. du Dr-Jacques-Joseph . . . 20 — G21
Grand-Balcon, r. . . . . 1 — H14
Grand-Cerf, pass. du . . . . 2 — G15
Grand-Prieuré, r. du . . . . 11 — G17
Grand-Veneur, r. du . . . . 3 — H17-J17
Grande-Armée, av. de la . . . . . . — F7-E6
    nᵒˢ impairs 16
    nᵒˢ pairs 17
Grande-Armée, villa de la . . . 17 — E7
Grande-Cascade, rte de la . . . 16 — H1-H3
Grande-Chaumière, r. de la . . 6 — L12-M12
Grande Galerie . . . . 1 — H14
Grande-Truanderie, r. de la . . 1 — H15
Grandes-Rigoles, pl. des . . . 20 — F20
Grands-Augustins, quai des . . 6 — J14
Grands-Augustins, r. des . . . . 6 — J14
Grands-Champs, r. des . . . . 20 — K21-K23
Grands-Degrés, r. des . . . . . 5 — K15
Grands-Explorateurs-Marco-Polo-et-
    Robert-Cavelier-de-la-Salle,
    jardin des . . . . 6 — L13-M13

Grands-Moulins, r. des . . . . . 13 — P19
Grands-Moulins-Abbé-Pierre,
    jardin des . . . . 13 — P19
Grangé, sq. . . . . 13 — N14
Grange-aux-Belles, r. de la . 10 — F17-E18
Grange-Batelière, r. de la . . . 9 — F14
Granier, r. Joseph . . . . 7 — J9
Grapelli, r. Stéphane . . . . . . 17 — B9-C9
Grasse, pl. Amiral-de . . . . . 16 — G8
Grauwin, r. Paul-Henri . . . . . 12 — L19
Gravelle, av. de . . . . 12 — P22-R24
Gravelle, r. de . . . . 12 — N21
Gravilliers, pass. des . . . . . . 3 — H16
Gravilliers, r. des . . . . 3 — H16-G15
Gréard, av. Octave . . . . 7 — J7
Greffulhe, r. . . . . 8 — F12
Grégoire, r. de l'Abbé . . . . . . 6 — K11-L12
Grenade, r. de la . . . . 19 — C21
Grenelle, bd de . . . . 15 — J7-K8
Grenelle, pont de . . . . 16 — K5-K6
Grenelle, port de . . . . 15 — J7-K6
Grenelle, quai de . . . . 15 — J7-K6
Grenelle, r. de . . . . — K12-J9
    nᵒˢ 1-7, 2-10 6
    nᵒˢ 9-fin, 12-fin. 7
Grenelle, villa de . . . . 15 — K7
Greneta, cour . . . . 2 — G15
Greneta, r. . . . . — G15
    nᵒˢ 1-15, 2-10 3
    nᵒˢ 17-fin, 12-fin. 2
Grenier-St-Lazare, r. du . . . . . 3 — H15
Grenier-sur-l'Eau, r. du . . . . . 4 — J16
Grés, pl. des . . . . 20 — H22
Gresset, r. . . . . 19 — C19
Grétry, r. . . . . 2 — F13
Greuze, r. . . . . 16 — H6-G6
Gribeauval, r. de . . . . 7 — J12
Gril, r. du . . . . 5 — M16-M15
Grimaud, imp. . . . . 19 — D20
Grisel, imp. . . . . 15 — K9
Griset, cité . . . . 11 — G19
Gromaire, r. Marcel . . . . 11 — H17
Gros, imp. . . . . 20 — J22
Gros, r. . . . . 16 — K5
Gros-Caillou, port du . . . . . . 7 — H8-H10
Gros-Caillou, r. du . . . . 7 — J9
Grosse-Bouteille, imp. . . . . 18 — B14-B13
Grossetti, r. du Général . . . . 16 — M3
Groult, r. de l'Abbé . . . . . . 15 — L7-N8
Groupe-Manouchian,
    r. du . . . . 20 — G22-F22
Groussier, r. Arthur . . . . 10 — F18
Grynberg, sq. Jacques . . . . . 20 — H20
Guadeloupe, r. de la . . . . . . 18 — C17-C16
Guatemala, pl. du . . . . 8 — E11
Gudin, r. . . . . 16 — M3
Gué, imp. du . . . . 18 — B16
Guébriant, r. de . . . . 20 — F23

Index des rues

Nom, voie . . . . . . Arrondissement	Repère
Guedj, esplanade Max 15	M5
Guelma, villa de 18	D13
Guéménée, imp. 4	J17
Guénégaud, r. 6	J13
Guénot, pass. 11	K20
Guénot, r. 11	K21-K20
Guérin, r. du Père 13	P15
Guérin, r. Pierre. 16	K4
Guérin-Boisseau, r. 2	G15
Guersant, r. 17	E7-D7
Guesde, r. Jules. 14	M11-N11
Guibert, r. du Cardinal 18	D14-C14
Guibert, villa 16	H5
Guichard, r. 16	J5-H5
Guignier, pl. du 20	F21
Guignier, r. du 20	F21
Guignières, villa des 16	J5
Guilbaud, r. du Commandant 16	M2
Guilhem, pass. 11	H19
Guilhem, r. du Général 11	H19
Guillaumat, r. du Général 15	P7
Guillaumin, pl. Georges 8	F8-F9
Guillaumot, r. 12	L19-L18
Guillebon, allée du Chef- d'Escadron-de 14	M11
Guillemard, pl. Robert 15	N6
Guilleminot, r. 14	N11-N10
Guillemites, r. des 4	J16
Guillet, allée Pernette du 19	F18-F19
Guillot, sq. Léon 15	N8
Guillout, r. Edmond 15	L10
Guimard, r. Hector 19	F19
Guisarde, r. 6	K13
Guitry, r. Lucien-et-Sacha 20	K22
Guizot, villa 17	E7
Gustave-V-de-Suède, av. . . . 16	H7
Gutenberg, r. 15	L6-M5
Guttin, r. 17	B10
Guyane, bd de la 12	N23-M23
Guyenne, sq. de la 20	J23
Guynemer, r. 6	K13-L13
Guyton-de-Morveau, r. 13	R15

H	
Hachette, r. Jeanne 15	M8
Hackin, r. Joseph et Marie 16	E5
Haendel, r. Georg-Friedrich-. . 10	E17
Hahn, r. Reynaldo 20	K23
Haie-Coq, r. de la 19	A18
Haies, r. des 20	K21-J22
Hainaut, r. du 19	D20-C20
Hajje, r. Antoine 15	L6
Halévy, r. 9	F13
Halimi, jardin Ilan 12	N22
Hallé, r. 14	P13-P12
Hallé, villa 14	P12-N12
Haller, r. Albin 13	R15

Nom, voie . . . . . . Arrondissement	Repère
Halles, jardin des 1	H14
Halles, r. des 1	H14
Halpern, pl. Bernard 5	M15
Hameau, r. du 15	N7-N6
Hamelin, pl. Ginette 12	M19
Hamelin, r. de l'Amiral 16	G7
Hamon, esplanade Léo 13	M15-N15
Hamont, r. Théodore 12	N21
Hannah-Arendt, pl. 19	E20
Hanovre, r. de 2	F13
Hardy, villa 20	H22
Haret, r. Pierre 9	D12
Harispe, r. du Maréchal 7	J8
Harlay, r. de 1	J14
Harmonie, r. de l' 15	N9
Harpe, r. de la 5	K14
Harpignies, r. 20	J23
Hassard, r. 19	E19
Hatton, sq. Eugène. 12	M20
Haudriettes, r. des 3	H16
Haussmann, bd	F13-F9
nos 1-53, 2-70 9	
nos 55-fin, 72-fin 8	
Haut-Pavé, r. du 5	K15
Hautefeuille, imp. 6	K14
Hautefeuille, r. 6	K14
Hauterive, villa d' 19	D20
Hautes-Formes, r. des 13	P17
Hautes-traverses, villa des . . . 20	J22
Hauteville, cité d' 10	E15
Hauteville, r. d' 10	F15-E15
Hautpoul, r. d' 19	E20-C20
Hauts-de-Belleville, villa des 20	F22
Haüy, r. Valentin 15	L10-L9
Havre, cour. du 8	E12
Havre, pass. du 9	E12-F12
Havre, pl. du	E12-F12
nos impairs 8	
nos pairs 9	
Havre, r. du	F12
nos impairs 8	
nos pairs 9	
Haxo, imp. 20	G22-G23
Haxo, r.	G22-E22
nos 1-113, 2-110 20	
nos 115-fin, 112-fin 19	
Hayem, pl. du Dr. 16	K5
Hébert, pl. 18	B17
Hébert, r. 19	H4
Hébrard, av. Adrien 16	J4
Hébrard, pass. 10	F18
Hébrard, ruelle des 12	L19
Hecht, r. Philippe 19	E19-E18
Heine, r. Henri 16	K4
Helder, r. du 9	F13
Hélène, r. 17	C12-D11
Hélie, r. Faustin 16	H5

Nom, voie . . . . . . Arrondissement	Repère
Héliopolis, r. d' 17	D7
Hemingway, r. Ernest 15	M5
Hénaffe, pl. Jules 14	R12
Hénard, r. Antoine-Julien 12	L20-M20
Hennel, pass. 12	L19
Henner, r. 9	E13
Henocque, pl. de l'Abbé Georges 13	R15
Henri IV, bd 4	K16-K17
Henri-IV, port 4	L17-K16
Henri IV, quai 4	L17-K16
Henrys, r. du Général 17	B12
Hérault-de-Séchelles, r. 17	A11
Heredia, r. José-Maria-de 7	K9-L9
Hérelle, av. Félix d' 16	N2
Héricart, r. 15	K6
Hermel, cité 18	C14
Hermel, r. 18	C14-B14
Hermite, r. Charles 18	A17
Herold, r. 1	G14
Héron, cité 10	F17
Herr, pl. Lucien 5	M15
Herran, r. 16	G6
Herran, villa 16	G5
Herriot, pl. du Président Édouard 7	H11
Herschel, r. 6	L13
Hersent, villa 15	M9
Hervieu, r. Paul 15	L6
Hesse, r. de 3	H17
Heulin, r. du Dr 17	C11
Heuzey, av. Léon 16	K4-L4
Hidalgo, r. Miguel. 19	D20
Hillairet, r. Jacques. 12	L20
Hilsz, r. Maryse 20	K23
Hippodrome, av. de l' 16	J1-J2
Hirondelle, r. de l' 6	J14
Hittorf, cité 10	F16
Hittorf, r. 10	F16
Hiver, cité 19	E18-E19
Hoche, av. 8	E9-F8
Hoff, r. du Sergent. 17	D7
Holweck, r. Fernand- 14	N10
Honegger, allée Arthur 19	C21
Hongrie, pass. de la Reine de . . 1	H14
Honnorat, pl. André. 6	L13
Hôpital, bd de l'	L17-N16
nos 1-fin, 44-fin. 13	
nos 2-42. 5	
Hôpital-St-Louis, r. de l' 10	F17
Horloge, quai de l' 1	J14
Horloge-à-Automates, pass. de l' 3	H15
Hortensias, allée des 14	P10
Hospitalières-St-Gervais, r. des 4	J16
Hôtel-Colbert, r. de l' 5	K15
Hôtel-d'Argenson, imp. de l'. . 4	J16

Nom, voie ..... Arrondissement — Repère

Nom, voie — Arrondissement	Repère
Hôtel-de-Ville, pl. de l' 4	J15
Hôtel-de-Ville, port de l' 4	K16-J15
Hôtel-de-Ville, quai de l' 4	J16-J15
Hôtel-de-Ville, r. de l' 4	J16-J15
Hôtel-St-Paul, r. de l' 4	J17
Hôtel-Salomon-de-Rothschild, jardin de l' 8	F9
Hôtel-Salé-Leonor-Fini, sq. de l' 3	H16
Houdart, r. 20	H20
Houdart-de-Lamotte, r. 15	M7
Houdin, r. Robert 11	F18
Houdon, r. 18	D13
Houël, r. Nicolas 5	M17-M16
Houseaux, villa des 20	G20
Houssaye, r. Arsène 8	F8
Hovelacque, r. Abel 13	N15
Huchard, r. Henri 18	A13-A12
Huchette, r. de la 5	K14
Hugo, av. Victor 16	F7-G5
Hugo, pl. Victor 16	G6-F6
Hugo, villa Victor 16	G6-G5
Huguenet, r. Félix 20	K22
Hugues, r. Clovis 19	D18
Hugues, r. Jean 16	G5
Huit-Mai-1945, r. du 10	E16
Huit-Novembre-1942, pl. du 10	E15
Hulot, pass. 1	G13
Humbert, pl. Alphonse 15	L6
Humbert, r. du Général 14	P9
Humblot, r. 15	K7
Humbolt, r. Alexandre de 19	C19
Hussein-Ier-de-Jordanie, av. 16	H7
Hutinel, r. du Dr-Victor 13	N17
Hutte-au-Garde, pass. de la .17	C9
Huyghens, r. 14	M12
Huysmans, r. 6	L12
Hymans, sq. Max 15	M10-M11

I	
Ibert, r. Jacques............17	C6-C7
Ibsen, av. 20	G23
Iéna, av. d' 16	H7-F8
Iéna, pl. d' 16	G7
Iéna, pont d' 16	H7
Île-de-la-Réunion, pl. de l' .12	L21
Île-de-Sein, pl. de l' 14	N13
Immeubles-Industriels, r. des 11	K21
Indochine, bd d' 19	D21-C21
Indre, r. de l' 20	H22
Industrie, cité de l' 19	G19
Industrie, pass. de l' 10	F16-F15
Industrie, r. de l' 13	R16
Industrielle, cité...........11	J19-H19
Indy, av. Vincent-d' 12	L23

Nom, voie — Arrondissement	Repère
Ingold, pl. du Général 19	F18-F19
Ingres, av. 16	J4
Innocents, r. des............ 1	H15-H14
Institut, pl. de l' 6	J13
Insurgés-de-Varsovie, pl. des 15	P7
Intendant, jardin de l' 7	J10
Intérieure, r. 7	E12
Interne-Loeb, r. de l' 13	R15
Invalides, bd des 7	J10-L10
Invalides, esplanade des.....7	H10
Invalides, pl. des 7	J10
Invalides, pont des.......... 8	H10-G10
Invalides, port des 7	H10-H11
Iris, r. des.................13	R14
Iris, villa des 19	E22
Irlandais, r. des 5	L14
Isaac, promenade Jules 13	N18
Isabey, r. 16	K3
Islettes, r. des 18	D15
Isly, r. de l' 8	F12
Israël, pl. d' 17	D9
Issy-les-Moulineaux, porte d' 15	N6
Issy-les-Moulineaux, quai d' 15	M4-N4
Italie, av. d' 13	P16-S16
Italie, pl. d' 13	N16
Italie, porte d' 13	S16
Italie, r. d' 13	R16-R15
Italiens, bd des	F13
nos impairs 2	
nos pairs 9	
Italiens, r. des 9	F13
Ivry, av. d' 13	R17-P16
Ivry, porte d' 13	S18
Ivry, quai d' 13	P20

J	
Jacob, r. 6	J13
Jacob, r. Max 13	S16-R15
Jacobins, pass. des.......... 1	G12
Jacquard, r. 11	G18
Jacquemaire-Clemenceau, r. du Dr................15	L8-M8
Jacquemont, r. 17	C11
Jacquemont, villa 17	C11
Jacques, r. Édouard 14	N11
Jacquier, r. 14	P11-P10
Jadin, r. 17	E9-D9
Jaillot, pass. 5	L15
Jakubowicz, r. Hélène 20	G21-F21
Jambenoire, allée Marcel 13	R14
Jammes, r. Francis 19	E17
Jamot, villa 14	P10-P11
Jan-Doornik, sq. 16	G5
Jandelle, cité...............19	F19-E19
Janin, av. Jules 16	H5

Nom, voie — Arrondissement	Repère
Janssen, r. 19	E21
Japon, r. du 20	G22-G21
Japy, r. 11	J19
Jardinet, r. du 6	K14-K13
Jardiniers, imp. des 11	K20
Jardiniers, r. des 12	N21
Jardiniers, sq. 11	K20
Jardins-St-Paul, r. des 4	K16-J16
Jarente, r. de 4	J17
Jarry, r. 10	F16
Jasmin, cour 16	K4
Jasmin, r. 16	K4
Jasmin, sq. 16	K4
Jaucourt, r. 12	L21
Jaurès, av. Jean 19	D18-C21
Javel, port de..............15	K6-M4
Javel, r. de 15	L5-M7
Javelot, r. du 13	P17-R17
Jean-XXIII, sq. 4	K15
Jeanne-d'Arc, pl. 13	P17
Jeanne-d'Arc, r. 13	P17-M16
Jefferson, sq. Thomas 16	G7-G8
Jégo, r. Jean-Marie 13	P16
Jemmapes, quai de 10	G17-E17
Jenner, r. 13	N17-N16
Jessaint, r. de 18	D16
Jeu-de-Boules, pass. du......11	G17
Jeûneurs, r. des 2	G14-G15
Joanès, pass. 14	P10
Joanès, r. 14	P11-P10
Jobbé-Duval, r. 15	N8
Jocelyn, villa 16	G5
Jodelle, r. Étienne 18	C12
Joffre, pl. 7	J9-K8
Joffrin, pl. Jules 18	B14
Joinville, imp. de 19	C19
Joinville, pl. de 19	C19
Joinville, r. de 19	C19
Jolivet, r. 14	M11
Joly, cité..................11	H19
Jomard, r. 19	C19
Jonas, r. 13	P15
Jongkind, r. 15	M5-M6
Jonquilles, r. des 14	P9
Jonquoy, r. 14	P10
Joséphine, r. 18	B13
Josseaume, pass. 20	J22
Josset, pass. 11	K18
Jost, r. Léon 17	E9-D8
Joubert, r. 9	F13-F12
Jouffroy, pass. 9	F14
Jouffroy-d'Abbans, r. 17	C10-D8
Jouhaux, r. Léon 10	G17
Jour, r. du 1	H14
Jourdain, r. du 20	F20
Jourdan, bd 14	S14-R12
Jouve, r. Pierre-Jean 19	C20
Jouvenel, r. Henry de 6	K13

Index des rues

Nom, voie . . . . . Arrondissement — Repère

Jouvenet, r. . . . . 16 — M4-L3
Jouvenet, sq. . . . . 16 — L4
Jouy, r. de . . . . 4 — J16
Jouy, r. Jules. . . . . 18 — C14
Jouye-Rouve, r. . . . . 20 — F19
Joyce, jardin James . . . . 13 — N18
Joyeux, cité . . . . 17 — B11
Judlin, sq. Théodore . . . . 15 — K8
Jugan, r. Jeanne . . . . 12 — L23-L24
Juge, r. . . . . 15 — K7
Juge, villa . . . . 15 — K7
Juges-Consuls, r. des . . . . 4 — J15-H15
Juillet, r. . . . . 20 — G20
Juin, pl. du Maréchal . . . . 17 — D8
Julien, r. de l'Empereur . . . . . 14 — P13-R13
Julienne, r. de . . . . 13 — N15-N14
Jullian, pl. Camille . . . . 6 — M13
Jullien, r. Adolphe . . . . 1 — H14
Jumin, r. Eugène . . . . 19 — D21-C20
Junot, av. . . . . 18 — C13
Jura, r. du . . . . 13 — M16
Jussienne, r. de la . . . . 2 — G14
Jussieu, pl. . . . . 5 — L16-L15
Jussieu, r. . . . . 5 — L16-L15
Justes-de-France, allée des . . . 4 — J16
Justice, r. de la . . . . 20 — G22-G23

K

Kablé, r. Jacques . . . . 18 — D17-D16
Kabylie, r. de . . . . 19 — D17
Kahn, pl. Albert . . . . 18 — B14
Kandinsky, pl. Wassily . . . . . . 13 — M9-M10
Kaplan, pl. Jacob . . . . 9 — F13
Karcher,
   pl. du Lieutenant-Henri . . . . 1 — H14
Karr, r. Alphonse . . . . 19 — B19
Kastler, pl. Alfred . . . . 5 — L14-M14
Kastner, r. Léonie . . . . 14 — P10
Keller, r. . . . . 11 — J18
Keller,
   r. de l'Ingénieur-Robert . . . . 15 — K6-L6
Kellermann, bd . . . . 13 — S16-S14
Kellermann, parc . . . . 13 — S15
Kellner, r. Jacques . . . . 17 — B12-B11
Kennedy, av. du Président . . . . 16 — J7-K5
Képler, r. . . . . 16 — F8-G8
Kergomard, r. Pauline . . . . . . 20 — J22
Kessel, r. Joseph . . . . 12 — N19
Keufer, r. . . . . 13 — R16
Kléber, av. . . . . 16 — F7-H7
Kléber, imp. . . . . 16 — G7
Klee, r. Paul . . . . 13 — M18
Klein, sq. Yves . . . . 14 — M12
Kock, r. Paul de . . . . 19 — E21
Koenig, av. du Général . . . . . . 17 — D6-E6
Kosma, r. Joseph . . . . 19 — C20
Kossuth, pl. . . . . 9 — E14
Kracher, pass. . . . . 18 — B15

Krasucki, pl. Henri . . . . 20 — F20
Küss, r. . . . . 13 — R15
Kyoto, pl. de . . . . 15 — J7

L

L'Angevin, r. Geoffroy . . . . 4 — H15
L'Asnier, r. Geoffroy . . . . 4 — J16
L'Herminier,
   r. du Commandant . . . . 20 — L24-K24
La-Barre, r. du Chevalier. de . . 18 — C14
La Baume, r. de . . . . 8 — F10
La Boétie, r. . . . . 8 — F11-F9
La Bourdonnais, av. de . . . . . . 7 — H8-J9
La Bourdonnais, port de . . . . . 7 — H8-H7
La Bruyère, r. . . . . 9 — E13-E12
La Bruyère, sq. . . . . 9 — E13
La Champmeslé, sq. . . . . 19 — C20
La Condamine, r. . . . . 17 — C11-D11
La Fayette, r. . . . . 9 — F13-D17
   nos 1-91, 2-92 9
   nos 93-fin, 94-fin 10
La Feuillade, r. . . . . — G14
   nos impairs 1
   nos pairs 2
La Fontaine, hameau . . . . 16 — K5
La-Fontaine, r. . . . . 16 — K5-K4
La Fontaine, rd-pt . . . . 16 — L3
La Fontaine, sq. . . . . 16 — K4-K5
La-Forge, r. Anatole de . . . . . . 17 — F7-E7
La Fresnaye, villa . . . . 15 — M9
La Frillière, av. de . . . . 16 — M3
La Jonquière, r. de . . . . 17 — B12-B10
La Michodière, r. de . . . . 2 — G13-F13
La Motte-Picquet, av. de . . . . . — J10-K8
   nos 1-43, 2-46 7
   nos 45-fin, 48-fin 15
La Motte-Picquet, sq. de . . . . . 15 — K8
La Pérouse, r. . . . . 16 — G7-F8
La Planche, r. de . . . . 7 — J12-K12
La Promenade Plantée, ... 12 — K18-M23
La Quintinie, r. . . . . 15 — M9
La Reynie, r. . . . . — H15
   nos 1-19, 2-22 4
   nos 21-fin, 24-fin 1
La Rochefoucauld, r. de . . . . . . 9 — E13
La Rochefoucauld, sq. de . . . . . 7 — J11-K11
La-Roncière-Le-Noury,
   r. de l'Amiral . . . . 12 — N23
La Sourdière, r. de . . . . 1 — G12-G13
La Terrasse du Parc, ... 19 — B20
La Tour-d'Auvergne, imp. de . . 9 — E14
La Tour-d'Auvergne, r. de . . . . 9 — E14
La-Tour-du-Pin, r. Patrice de . . 20 — K23
La-Tour-Maubourg, bd de . . . . 7 — H10-J9
La-Tour-Maubourg, sq. de . . . . 7 — J9
La Trémoille, r. de . . . . 8 — G8-G9
La Vacquerie, r. de . . . . 11 — J20-J19
La Vaulx, r. Henry de . . . . 16 — N3

La Vieuville, r. de . . . . 18 — D13-D14
La Vrillière, r. . . . . 1 — G14
Labat, r. . . . . 18 — C15-C14
Labbé, r. du Dr . . . . 20 — G23
Labé, allée Louise . . . . 13 — F19-E19
Labiche, r. Eugène . . . . 16 — H4
Labie, r. . . . . 17 — E7
Labois-Rouillon, r. . . . . 19 — B18
Laborde, r. de . . . . 8 — E11-F10
Labori, r. Fernand . . . . 18 — A14
Labrador, imp. du . . . . 15 — P9
Labrouste, r. . . . . 15 — N9
Labyrinthe, cité du . . . . 20 — G20
Lac, allée du . . . . 14 — R13-R14
Lacache, r. Bernard . . . . 12 — L23-L24
Lacaille, r. . . . . 17 — B12
Lacaze, r. . . . . 14 — R12
Lacépède, r. . . . . 5 — L15
Lachambeaudie, pl. . . . . 12 — N20
Lachapelle, r. Hermann . . . . . . 18 — B15
Lacharrière, r. . . . . 11 — H18-H19
Lachelier, r. . . . . 13 — S17-R17
Lacordaire, r. . . . . 15 — L6-M6
Lacoste, r. Ernest . . . . 12 — N22
Lacretelle, r. . . . . 15 — N7
Lacroix, r. . . . . 17 — C11
Lacroix, r. Julien . . . . 20 — G20-F19
Lacs-à-Bagatelle, rte des . . . 16 — G1-G2
Lacs-à-la-Porte-Dauphine,
   allée des . . . . 16 — G4-F4
Lacs-à-Passy, rte des . . . . 16 — J3
Lacuée, r. . . . . 12 — K17-K18
Lafay, promenade Bernard . . . 17 — D6-C8
Lafenestre, av. Georges . . . . . 14 — P10-R9
Laferrière, r. . . . . 9 — E13
Laffitte, r. . . . . 9 — F13-E13
Lafont, av. Georges . . . . 16 — M2-N2
Laforgue, villa Jules . . . . 19 — D20
Lafue, pl. Pierre . . . . 6 — L12
Lagache, r. du Capitaine . . . . . 17 — C12-B12
Lagarde, r. . . . . 5 — M15-M14
Lagarde, sq. . . . . 5 — M15
Laghouat, r. de . . . . 18 — C16-C15
Lagille, r. . . . . 18 — B12
Lagny, pass. de . . . . 20 — K23
Lagny, r. de . . . . 20 — K21-K24
Lagrange, r. . . . . 5 — K15
Lagroua-Weill-Hallé,
   r. Marie-Andrée . . . . 13 — P19
Lahire, r. . . . . 13 — P17
Lakanal, r. . . . . 15 — L7-L8
Lalande, r. . . . . 14 — N12
Lallier, r. . . . . 9 — D14
Lally-Tollendal, r. . . . . 19 — D18
Lalo, r. . . . . 16 — F6-F5
Lamandé, r. . . . . 17 — D11-C11
Lamarck, r. . . . . 18 — D14-C12
Lamarck, sq. . . . . 18 — C13

Nom, voie .....Arrondissement	Repère
Lamartine, r. 9	E13-E14
Lamartine, sq. 16	G5
Lamaze, r. du Dr 19	C18
Lamballe, av. de 16	J6
Lambeau, r. Lucien 20	J23
Lamber, r. Juliette 17	C9
Lambert, r. 18	C14
Lambert, r. du Général 7	J8-J7
Lamblardie, r. 12	M21
Lamé, r. Gabriel............12	N20
Lamennais, r. 8	F9
Lamier, imp. 11	J20
Lamoricière, av. 12	L23
Lamoureux, r. Charles 16	G5
Lampué, pl. Pierre 5	M14
Lamy, r. du Commandant ...11	J18
Lancereaux, r. du Dr 8	E10-F9
Lancette, r. de la...........12	M20-M21
Lançon, r. Auguste 13	R14
Lancret, r. 16	M4
Lancry, r. de. 10	G16-F17
Landouzy, r. du Dr 13	R15
Landowski, pass. Marcel.....18	C18
Landrieu, pass. 7	H9
Landrin, pl. Émile..........20	H22
Landrin, r. Émile...........20	H21
Langeac, r. de 15	N7
Langle-de-Cary,	
r. du Général de 12	P21-P20
Langlois, pl. Henri 13	P16
Langlois, r. du Général....16	H5
Lanneau, r. de 5	K14
Lannelongue, av. du Dr 14	S12
Lannes, bd. 16	F5-H4
Lanrezac, r. du Général 17	E7
Lantier, r. Jean 1	J14-H14
Lantiez, r. 17	B11-B12
Lantiez, r. 17	B11
Laonnais, sq. du............19	E21
Laos, r. du.................15	K8
Laperrine, av. du Général ...12	N22-N23
Lapeyre, r. du Lieutenant ...14	P10
Lapeyrère, r. 18	C14-B14
Laplace, r. 5	L15-L14
Lapparent, r. Albert de 7	K9
Lappe, r. de 11	J18-K18
Larbaud, r. Valéry 13	N18
Lardennois, r. Georges 19	E18-E19
Largeau, r. du Général......16	K4
Largillière, r. 16	J5
Larminat, r. du Général de ...15	K8
Larochelle, r. 14	M11
Laromiguière, r. 5	L14
Laroque, pl. 7	K10
Larousse, r. Pierre 14	P10
Larrey, r. 5	M15-L15
Larribe, r. 8	E11
Larroumet, r. Gustave 15	L8

Nom, voie .....Arrondissement	Repère
Lartet, r. Édouard 12	M23
Lartigue, r. Jacques-Henri ...5	L15
Las Cases, r. 7	J11-H11
Lasalle, r. du Général 19	F19
Laskine, jardin Lily 17	C7
Lasson, r. 12	L22
Lassus, r. 19	F20-E20
Lasteyrie, r. de 16	F6
Lathuille, pass. 18	D12
Latran, r. de 5	K14
Laugier, r. 17	E8-D7
Laugier, villa 17	D8
Laumain, r. Gabriel 10	F15
Laumière, av. de 19	D19
Lauprêtre, pl. Jean 12	L20
Laurencin, r. Marie........12	M22
Laurens, sq. Jean-Paul......16	J4
Laurent, r. Auguste 11	J19
Laurent, sq. Charles 15	L9
Laurent, r. du Dr 13	R16
Laurent, av. Émile.........12	M23
Laurent, allée Marie........20	K22
Laurent, r. Paul 19	C17-D17
Laurier, r. Wilfrid 14	P9
Lauriston, r. 16	F7-G6
Lauth, r. Charles 18	A17
Lauzin, r. 19	F19-E19
Lavandières-Ste-Opportune,	
r. des 1	J14-H14
Laveran, pl. Alphonse 5	M14
Lavigerie, pl. du Cardinal ...12	N22
Lavisse, r. Ernest 12	M23
Lavoir, villa du.............10	G16
Lavoisier, r. 8	F11
Lavy, r. Aimé 18	B14
Lazare, pl. Bernard 3	G16
Lazareff, allée Pierre 2	G15
Lazareff, sq. Pierre 2	G15
Le Bon, r. Gustave 14	R11
Le Bua, r. 20	G22
Le Châtelier, r. 17	D8
Le Coin, r. Robert 16	J5
Le-Comte, r. Michel 3	H16-H15
Le Corbusier, pl. 6	J12
Le Dantec, r. 13	P14-P15
Le Franc, r. Simon 4	H15
Le Gall, sq. René 13	N15
Le Goff, r. 5	L14
Le-Goffic, r. Charles 14	R11
Le Gramat, allée...........15	L5
Le Marois, r. 16	M3
Le Nôtre, r. 16	H7
Le Peletier, r. 9	F13-E14
Le-Play, av. Frédéric 7	J9
Le Regrattier, r. 4	K15-K16
Le Sueur, r. 16	F7-E7

Nom, voie .....Arrondissement	Repère
Le-Tac, r. Yvonne 18	D14-D13
Le Tasse, r. 16	H6-H7
Le Vau, r. 20	G23-F23
Le Verrier, r. 6	L13-M13
Léandre, villa 18	C13
Léandri, r. du Commandant ...15	M7
Leautaud, pl. Paul 17	C8
Lebas, r. Hippolyte 9	E14-E13
Lebaudy, sq. Amicie........20	G22
Lebeuf, pl. de l'Abbé Jean ...14	N11
Leblanc, pass. Abel.........12	L19
Leblanc, r. 15	M5-N6
Leblanc, villa Eugène 19	E21
Lebon, r. 17	E7-D7
Lebouis, imp. 14	M11
Lebouis, r. 14	M11-N11
Lebouteux, r. 17	D10
Lecène, r. du Dr 13	R15
Lechapelais, r. 17	D12
Léchevin, r. 11	H18
Leclaire, cité 20	H22
Leclaire, r. Jean 17	B12
Leclanché, r. Georges.......15	M10
Leclerc, av. du Général 14	N12-N13
Leclerc, r. 14	N13
Lécluse, r. 17	D12
Lecocq, r. Charles 15	M7-M8
Lecointe, r. Sadi 19	E18
Lecomte, r. 17	C11
Lecomte-du-Noüy, r. 16	L2
Leconte-de-Lisle, r. 16	K4
Leconte-de-Lisle, villa 16	K4
Lecourbe, r. 15	L10-N6
Lecourbe, villa 15	M7
Lecouvreur, allée Adrienne ...7	J8-J9
Lecuirot, r. 14	P11
Lécuyer, imp. Alexandre 18	B14
Lécuyer, r. 18	C14
Ledion, r. 14	P10-P11
Ledru-Rollin, av.	L17-J19
nos 1-87, 2-88 12	
nos 89-fin, 90-fin...........11	
Lefébure, r. Ernest 12	M23
Lefebvre, bd. 15	N7-P9
Lefebvre, r. 15	N7
Lefèbvre, r. André..........15	L5
Lefebvre, r. Jules. 9	E12
Lefèvre, r. Ernest..........20	G22
Legendre, pass. 17	C12
Legendre, r. 17	D10-B12
Léger, imp. 17	D10-D9
Léger, r. Fernand-..........20	H20-G20
Légion-d'Honneur,	
r. de la 7	H12
Légion-Étrangère, r. de la ...14	R12-R11
Legouvé, r. 10	F17-F16
Legrand, r. 19	E18
Legrand, r. Eugénie 20	H21

Index des rues

Nom, voie .....Arrondissement	Repère
Legraverend, r. 12	**L18**
Leibniz, r. 18	**B13-B12**
Leibniz, sq. 18	**B12-B13**
Lekain, r. 16	**J5**
Lelong, r. Paul 2	**G14**
Lemaignan, r. 14	**R14**
Lemaître, r. Frédérick 20	**F20-F21**
Lemaître, r. Jules 12	**L23**
Léman, r. du 19	**E22**
Lemarque, jardin Francis 11	**J18**
Lemel, pl. Nathalie 3	**G17**
Lemercier, cité 17	**C11-C12**
Lemercier, r. 17	**D12-C11**
Lemierre,	
av. du Professeur-André	**J24-J23**
n^os impairs 20	
n^os pairs . Montreuil-Bagnolet	
Lemoine, cité du Cardinal 5	**K15**
Lemoine, pass. 2	**G15**
Lemoine, r. du Cardinal 5	**K15-L15**
Lémon, r. 20	**F19**
Lemonnier, av. du Général 1	**H12**
Lemonnier, r. Elisa 12	**M20**
Leneveux, r. 14	**P12**
Lenoir, bd Richard 11	**J17-G17**
Lenoir, r. Richard 11	**J19**
Lentonnet, r. 9	**E15**
Léon, r. 18	**C15**
Léone, villa 14	**P10**
Léonidas, r. 14	**P11-N11**
Léontine, r. 15	**L6**
Léopold-II, av. 16	**K5-K4**
Lepage, cité 19	**E18**
Lepage, r. Bastien 16	**K4**
Lepeu, pass. Gustave 11	**J20**
Lepeu, r. Émile 11	**J20**
Lepic, pass. 18	**D13**
Lepic, r. 18	**D13-C13**
Lépine, pl. Louis 4	**J15**
Lépine, r. Jean-François 18	**D16**
Leray, r. du Dr 13	**R16-R15**
Leredde, r. 13	**P18**
Leriche, r. 15	**N7-N8**
Leroi-Gourhan, r. 15	**K7**
Lerolle, r. Paul-et-Jean 7	**H10**
Leroux, r. 16	**F7-F6**
Leroux, r. Pierre 7	**K11**
Leroy, cité 20	**F21**
Leroy-Beaulieu, sq. 16	**J4**
Leroy-Dupré, r. 12	**L22**
Lesage, cour 20	**F19**
Lesage, r. 20	**F19**
Lesage, sq. Georges 12	**L17**
Lescot, porte 1	**H14**
Lescot, r. Pierre 1	**H15**
Lesdiguières, r. de 4	**K17-J17**
Lespagnol, r. 20	**J20-J21**
Lesseps, r. de 20	**J22-H21**

Nom, voie .....Arrondissement	Repère
Lesueur, av. Daniel 7	**L10-K11**
Letalle, r. Victor 20	**G20**
Letellier, r. 15	**K7-L8**
Letellier, villa 15	**K8**
Letort, imp. 18	**B14**
Letort, r. 18	**B14**
Leuck-Mathieu, r. 20	**H22**
Leuwen, r. Lucien 20	**H22**
Levant, cour. du 12	**N20**
Levassor, r. Émile 13	**R17**
Levée, r. de la Pierre 11	**G18**
Level, r. Émile 17	**B11**
Levert, r. 20	**F20**
Levinas, pl. Emmanuel 5	**L15**
Lévis, imp. de 17	**D10**
Lévis, pl. de 17	**D10**
Lévis, r. de 17	**D10**
Leygues, r. Georges 16	**H4**
Lhermitte, r. Léon 15	**L8**
Lheureux, r. 20	**N20**
Lhomme, pass. 11	**K18**
Lhomond, r. 5	**L14-M15**
Lhuillier, r. 15	**N8**
Liancourt, r. 14	**N12-N11**
Liard, r. 14	**R14**
Liban, r. du 20	**G20**
Liberté, r. de la 19	**D21-E20**
Libertés-et-des-Droits-de-l'Homme,	
parvis des 16	**H7**
Libourne, r. de 12	**N20**
Lichtenberger, sq. André 14	**P10**
Lido, arcades du 8	**F9**
Liégat, cour. du 13	**N18-P18**
Liège, r. de	**E12-E11**
n°s 1-19, 2-18 9	
n°s 21-fin, 20-fin 8	
Lieutenance, sentier de la ..12	**M23**
Lieuvin, r. du 15	**N9-P9**
Ligner, r. 20	**J21**
Lilas, porte des 20	**E22-E23**
Lilas, r. des 19	**E21**
Lilas, villa des 19	**E21**
Lille, r. de 7	**J13-H11**
Limagne, sq. de la 13	**R18**
Limousin, sq. du 13	**R18**
Lincoln, r. 8	**G9-F9**
Lindet, r. Robert 15	**N8**
Lindet, villa Robert 15	**N8**
Lingères, pass. des 1	**H14**
Lingerie, r. de la 1	**H14**
Linné, r. 5	**L16-L15**
Linois, r. 15	**K6-L6**
Lions-Saint-Paul, r. des 4	**K17-K16**
Liouville, r. Joseph 15	**L8**
Lippmann, r. 20	**K23**
Lisa, pass. 11	**J18-J19**
Lisbonne, r. de 8	**E11-E9**
Liserons, r. des 13	**R14**

Nom, voie .....Arrondissement	Repère
Lisfranc, r. 20	**H22**
Liszt, pl. Franz 10	**E15**
Littré, r. 6	**L11**
Livingstone, r. 18	**D14**
Lobau, r. de 4	**J15**
Lobineau, r. 6	**K13**
Loblgeois, pl. du Dr-Félix 17	**C11**
Lockroy, r. Édouard 11	**G18**
Lods, villa Marcel 19	**F18**
Loewy, r. Maurice 14	**P13**
Logelbach, r. de 17	**D9-E9**
Loi, imp. de la 20	**J22**
Loing, r. du 14	**P12**
Loire, quai de la 19	**D18-C19**
Loiret, r. du 13	**P19**
Loliée, r. Frédéric 20	**K22**
Lombard, pl. Sully 20	**G23**
Lombards, r. des	**H15**
n°s 1-25, 2-28 4	
n°s 27-fin, 30-fin 1	
Londres, cité de 9	**E12**
Londres, pl. Albert 13	**R17**
Londres, r. de	**E12-E11**
n°s 1-37, 2-38 9	
n°s 39-fin, 40-fin 8	
Long, r. Marguerite 17	**C9**
Longchamp, allée de 16	**G1-E5**
Longchamp, r. de 16	**G7-G5**
Longchamp, villa de 16	**G7**
Longue-Queue,	
rte de la 16	**G1-F2**
Longues-Raies, r. des 13	**R15-R14**
Lorrain, pl. Jean 16	**K3-K4**
Lorrain, r. Claude 16	**M3**
Lorrain, villa Claude 16	**M3**
Lorraine, r. de 19	**D19**
Lorraine, villa de 19	**D21-E21**
Losserand, r. Raymond 14	**M11-P9**
Lot, quai du 19	**A19**
Lota, r. de 16	**G5**
Loti, av. Pierre 7	**J8**
Loubet, villa Émile 19	**E21**
Loubeyre, cité Antoine 20	**F20**
Loucheur, r. Louis 17	**A12**
Louis-le-Grand, r. 2	**G12-F13**
Louis-XVI, sq. 8	**F11**
Louise-et-Tony, sq. 14	**P12**
Louisiane, r. de la 18	**C17**
Lounès-Matoub, r. 19	**A18**
Lourcine, villa de 14	**N13-P13**
Lourmel, r. de 15	**K7-M6**
Loutil, pl. Monseigneur 17	**D9**
Louvat, imp. 14	**N12**
Louvat, villa 14	**N12**
Louvel-Tessier,	
r. Jacques 10	**F17-F18**
Louvois, r. de 2	**G13**
Louvre, pl. du 1	**H14**

Nom, voie . . . . . Arrondissement	Repère
Louvre, port du 1	H13-H12
Louvre, quai du 1	J14-H13
Louvre, r. du	H14-G14
nos 1-25, 2-52 1	
nos 27-fin, 54-fin 2	
Louys, r. Pierre 16	K5
Lowendal, av. de	K9
nos 1-23, 2-14 7	
nos 25-fin, 16-fin 15	
Lowendal, sq. 15	K9
Lübeck, r. de 16	G8-H7
Luchaire, r. Achille 14	R11
Lucot, r. Philibert 13	R17-R16
Lucotte, r. du Général 15	M4-N5
Luizet, r. Charles 11	H17
Lulli, r. 2	G13
Lumière, r. Louis 20	J23-G23
Lunain, r. du 14	P12
Lune, r. de la 2	G15-F15
Lunéville, r. de 19	C20-D20
Luquet,	
villa Jean-Baptiste 15	L7
Lutèce, r. de 4	J15-J14
Luxembourg, jardin du 6	L13
Luynes, r. de 7	J12
Luynes, sq. de 7	J12
Lyanes, r. des 20	H22
Lyanes, villa des 20	H22
Lyautey,	
av. du Maréchal 16	K3
Lyautey, r. 16	J6
Lyon, r. de 12	L18-K17
Lyonnais, r. des 5	M14

M	
Mabillon, r. 6	K13
Mac-Mahon, av. 17	F8-E7
Mac-Orlan, pl. Pierre 18	B16-B17
Macdonald, bd 19	B21-A18
Macé, r. Jean 11	K19
Maconnais, r. des 12	N20
Madagascar, r. de 12	N21
Madame, r. 6	K12-L12
Madeleine, bd de la	G12
nos 1-23 1	
nos 25-fin, 14-fin 8	
nos 2-12 9	
Madeleine, galerie de la 8	G11
Madeleine, marché de la 8	F11-F12
Madeleine, pass. de la 8	F11
Madeleine, pl. de la 8	F12-G11
Madeleine-Renaud-et-Jean-Louis-	
Barrault, pl. 15	M10
Mademoiselle, r. 15	L7-L8
Madon, r. du Capitaine 18	C12
Madone, r. de la 18	B16
Madone, sq. de la 18	B16
Madrid, r. de 8	E11

Nom, voie . . . . . Arrondissement	Repère
Madrid-à-Neuilly, allée de . .16	F2-E3
Magasins-de-l'Opéra-Comique,	
pl. des 17	C9
Magdebourg, r. de 16	H7-G7
Magellan, r. 8	G8-F8
Magendie, r. 13	N14
Magenta, bd de	G17-D15
nos 1-153, 2-fin 10	
nos 155-fin 9	
Magenta, cité de 10	F16
Magenta, r.	A20-A21
nos 2-8 19	
autres nos . . . . Pantin	
Maginot, r. du Sergent 16	M2
Magisson, r. Frédéric 15	L7-M7
Magnan, r. du Dr 13	P16-P17
Magnard, r. Albéric 16	H5-H4
Maignen, r. Maurice 15	M10
Maigrot-Delaunay, pass. 20	K22
Mail, r. du 2	G14
Maillard, r. 11	J20
Maillart, pl. Aimé 17	D8
Maillol, r. Aristide 15	M10
Maillot, porte 17	E6
Main-d'Or, pass. de la 11	K19
Main-d'Or, r. de la 11	K19
Maindron, r. Hippolyte 14	N11-P11
Maine, av. du	L11-P12
nos 1-39, 2-58 15	
nos 41-fin, 60-fin 14	
Maine, r. du 14	M11
Maintenon, allée 6	L11
Maire, r. au 3	G16
Mairie, cité de la 18	D14
Maison-Blanche, r. de la 13	P16
Maison-Brûlée, cour. de la . . .11	K18
Maison-Dieu, r. 14	N11
Maistre, av. du Général 14	R10
Maistre, r. Joseph-de 18	D13-B12
Maître-Albert, r. 5	K15
Malakoff, av. de 16	F6-E6
Malakoff, imp. de 16	E6
Malakoff, villa 16	G6-G7
Malaquais, quai 6	J13
Malar, r. 7	H9
Malassis, r. 15	N7
Mâle, pl. Émile 5	L15
Malebranche, r. 5	L14
Malesherbes, bd	F11-C9
nos 1-121, 2-92 8	
nos 123-fin, 94-fin 17	
Malesherbes, cité 9	E14-E13
Malesherbes, villa 17	D9-D10
Malet, r. Albert 12	M23
Maleville, r. 8	E10
Malher, r. 4	J16
Malherbe, sq. 16	K3
Mallarmé, av. Stéphane 17	C7-D7

Nom, voie . . . . . Arrondissement	Repère
Mallebay, villa 14	P10
Mallet-Stevens, r. 16	J4
Malleterre, r. du Général 16	M3-N3
Malmaisons, r. des 13	R17-R16
Malot, r. Hector 12	L18-L19
Malraux, pl. André 1	H13
Malte, r. de 11	H17-G17
Malte-Brun, r. 20	H21-G21
Malus, r. 5	L15
Mandar, r. 2	G14
Mandel, av. Georges 16	H6-H5
Manet, r. Édouard 13	N16
Mangin, av. du Général 16	J6
Manhès, r. du Colonel 17	B11
Manin, r. 19	E19-D21
Manin, villa 19	D21
Mann, r. Thomas 13	P18-P19
Manoir, av. Yves-du 17	D7
Mansart, r. 9	D13-D12
Manteaux, r. des Blancs 4	J16-H15
Manuel, r. 9	E14
Manuel, r. Eugène 16	H6
Manuel, villa Eugène 16	H6
Manutention, r. de la 16	H8-G8
Maquet, r. Auguste 16	M4
Maquis-du-Vercors, pl. 19	E23
Maraîchers, r. des 20	K23-J22
Marais, pass. des	F16
Marais, pl. Jean 18	C14
Marbeau, bd 16	F6-F5
Marbeau, r. 16	F6
Marbeuf, r. 8	G8-G9
Marcadet, r 18	C15-B12
Marceau, av.	G8-F8
nos impairs 16	
nos pairs 8	
Marceau, villa 19	E20
Marcel, r. Étienne	H15-G14
nos impairs 1	
nos pairs 2	
Marcès, villa 11	H18-J18
Marchais, r. des 19	D21
Marchal, r. du Capitaine 20	G22
Marchand, pass. Victor 13	P14
Marchand,	
r. du Commandant 16	E6
Marché, pass. du 10	F16
Marché-aux-Chevaux, imp. . . .5	M16
Marché-des-Blancs-Manteaux,	
r. du 4	J16
Marché-des-Patriarches, r. . . .5	M15
Marché-Neuf, quai du 4	J14
Marché-Ordener, r. du 18	B13
Marché-Popincourt, r. du 11	H18
Marché-St-Antoine,	
cour. du 12	K18
Marché-St-Honoré, pl. du 1	G12-G13
Marché-St-Honoré, r. du 1	G12

Nom, voie . . . . . . Arrondissement	Repère
Marché-Ste-Catherine,	
pl. du 4	J16-J17
Mare, imp. de la 20	G20
Mare, r. de la 20	G20-F20
Maréchal-Fayolle,	
av. du 16	F5-G4
Marengo, r. de 1	H13
Marette, pl. Jacques 15	N8
Marey, r. Étienne 20	G22
Marey, villa Étienne 20	G22
Marguerin, r. 14	P12
Marguerite, allée de la Reine . 16	J1-F2
Margueritte, av. du Général . . . 7	J8
Margueritte, r. 17	E8-E9
Marguettes, r. des 12	L23
Maridor, r. Jean 15	M6-M7
Marie, cité 17	B11
Marie, pont 4	K16
Marie, r. Geoffroy 9	F14
Marie, r. Sœur-Catherine 13	P14
Marie-et-Louise, r. 10	F17
Marignan, pass. 8	G9
Marignan, r. de 8	G9
Marigny, av. de 8	G10-F10
Marin, pl. Louis 5	L13
Marin-la-Meslée, sq. 15	N6
Mariniers, r. des 14	P10
Marinoni, r. 7	J8
Mariotte, r. 17	D11
Marivaux, r. de 2	F13
Marmontel, r. 15	M8
Marmousets, r. des 13	N15
Marne, quai de la 19	C19-C20
Marne, r. de la 19	C19
Maroc, imp. du 19	C17
Maroc, pl. du 19	D17
Maroc, r. du 19	D18-C17
Maronites, r. des 20	G19-G20
Marot, r. Clément 8	G9
Marquet, r. Albert 20	J22
Marronniers, r. des 16	E3-E4
Marronniers, r. des 16	J5
Marseillaise, r. de la 19	C21-D21
Marseille, r. de 10	F17
Marsollier, r. 2	G13
Marsoulan, r. 12	L22
Marteau, imp. 18	A16
Martel, bd Thierry-de 16	E5-E6
Martel,	
pass. Commandant Charles . 17	D11
Martel, r. 10	F15
Marti, pl. José 16	H6
Martignac, cité 7	J11
Martignac, r. de 7	H11-J11
Martin, av. Henri 16	H5-H4
Martin, r. Marietta 16	J5
Martinet, r. Achille 18	C13-B13
Martini, imp. 10	G16-F16

Nom, voie . . . . . . Arrondissement	Repère
Martinique, r. de la 18	C16
Marty, imp. 17	B12
Martyrs, r. des	E13-D13
nᵒˢ 1-67, 2-fin 9	
nᵒˢ 69-fin 18	
Martyrs de la Résistance	
de la Pte-de-Sèvres,	
pl. des 15	N5
Martyrs-Juifs-du-Vélodrome-d'Hiver,	
pl. des 15	J7
Maspéro, r. 16	H5-H4
Massar, av. Émile-et-Armand . 17	C8
Masse, av. Pierre 14	S13
Massé, r. Victor 9	E14-D13
Masséna, bd 13	P20-S16
Masséna, sq.	R18
Masseran, r. 7	K10
Massif-Central, sq. du 12	N21-N22
Massillon, r. 4	J15-K15
Masson, pl. André 13	P15-P16
Massonnet, imp. 18	B15
Mathieu, imp.	M10
Mathis, r. 19	C18
Mathurins, r. des	F12-F11
nᵒˢ 1-21, 2-28 9	
nᵒˢ 23-fin, 30-fin 8	
Matignon, av. 8	G10-F10
Matisse, pl. Henri 20	G20
Maubert, imp. 5	K15
Maubert, pl. 5	K15
Maubeuge, r. de	E14-D16
nᵒˢ 1-65, 2-84 9	
nᵒˢ 67-fin, 86-fin 10	
Maubeuge, sq. de 9	E14
Maublanc, r. 15	M8
Mauconseil, r. 1	H15-H14
Maud'huy, r. du Général de . 14	R10
Maunoury, av. du Maréchal . . .	H4-J3
Maupassant, r. Guy de 16	H5
Maure, pass. du 3	H15
Maurel, pass. 5	L17
Mauriac, quai François 13	N18-N19
Maurois, bd André 16	E5
Mauvais-Garçons, r. des 4	J16
Mauves, allée des 20	J23
Mauxins, pass. des 19	E22
Mawas, r. Jacques 15	M7
Max, pl. Adolphe 9	D12
Mayenne, sq. de la 17	C8
Mayet, r. 6	L11
Mayran, r. 9	E14
Mazagran, av. de 14	S14
Mazagran, r. de 10	F15
Mazarine, r. 6	J13
Mazas, pl. 12	L17
Mazas, voie 12	L17
Mazet, r. André 6	J13

Nom, voie . . . . . . Arrondissement	Repère
Meaux, r. de 19	E18-D19
Méchain, r. 14	N14-N13
Médéric, r. 17	E9-D9
Médicis, r. de 6	K13-K14
Mégisserie, quai de la 1	J14
Méhul, r. 2	G13
Meilhac, r. 15	L8
Meissonnier, r. 17	D9
Mélingue, r. 19	F20-E20
Melun, pass. de 19	D18
Ménans, r. Jean 19	E19
Ménard, r. du Capitaine 15	L6
Ménars, r. 2	G13
Mendelssohn, r. 20	J23
Mendès-France, av. Pierre . . 13	M17-N18
Ménétriers, pass. des 3	H15
Ménier, r. Émile. 16	G5
Ménilmontant, bd de	H20-G19
nᵒˢ impairs 11	
nᵒˢ pairs 20	
Ménilmontant, pass. de 11	G19
Ménilmontant, pl. de 20	G20
Ménilmontant, porte de 20	F23
Ménilmontant, r. de 20	G19-F21
Mercié, r. Antonin 15	P8
Mercier, r. du Cardinal 9	E12-D12
Mercier, r. Sébastien 15	L5-L6
Mercœur, r. 11	J19-J20
Méridienne, villa 14	P13
Mérimée, r. 16	G6-G5
Merisiers, sentier des 12	L23
Merlin, r. 11	H20-H19
Mermoz, r. Jean 8	G10-F10
Méry, r. Paulin 13	P15
Meryon, r. 16	L2
Meslay, pass. 3	G16
Meslay, r. 3	G17-G16
Messager, r. André 18	B14
Messageries, r. des 10	E15
Messiaen, r. Olivier 13	P19
Messidor, r. 12	M22
Messier, r. 14	N13
Messimy, av. du Général 12	M23
Messine, av. de 8	E10
Messine, r. de 8	E10
Métairie, cour de la 20	F20
Métivier, pl. Auguste 20	H20
Métivier, r. Juste 18	C13
Métra, r. Olivier 20	F21
Métra, villa Olivier 20	F21
Metz, quai de 19	C20
Metz, r. de 10	F16-F15
Meunier, r. Stanislas 20	G23
Meuniers, r. des 12	N21
Meurice, r. Paul 20	F23-E23
Meurthe, r. de la 19	C19
Mexico, pl. de 16	G6

Nom, voie .... Arrondissement	Repère	Nom, voie .... Arrondissement	Repère	Nom, voie .... Arrondissement	Repère
Meyer, villa Émile 16	M3	Mohammed V, pl. 5	K16	Montagne-de-la-Fage,	
Meyerbeer, r. 9	F13	Moines, r. des 17	C11-B11	r. de la 15	M5
Meynadier, r. 19	D19	Moinon, r. Jean 10	F18	Montagne-du-Goulet,	
Mézières, r. de 6	K12-K13	Moisant, r. Armand 15	L10-M11	pl. de la 15	L5
Michal, r. 13	P15-P14	Moissan, r. Henri 7	H9	Montagne-Ste-Geneviève,	
Michaux, pl. du Dr-Paul 16	M2	Molière, av. 16	L3	r. de la 5	K15-L15
Michaux, r. Henri 13	P15	Molière, pass. 3	H15	Montaigne, av. 8	G9
Michel-Ange, hameau 16	M3	Molière, r. 1	G13	Montalembert, r. 7	J12
Michel-Ange, r. 16	K3-M3	Molin, imp. 18	C17	Montalivet, r. 8	F11
Michel-Ange, villa 16	K4	Molitor, porte 16	L2	Montauban, r. 15	N8
Michelet, pl. Edmond 4	H15	Molitor, r. 16	L4-L3	Montbrun, pass. 14	P12
Michelet, r. 6	L13	Molitor, villa 16	L4-L3	Montbrun, r. 14	P12
Michels, pl. Charles 15	L6	Moll, r. du Colonel 17	E7	Montcalm, r. 18	C13-B14
Midi, cité du 18	D13	Mollaret, allée Pierre 19	A18	Montcalm, villa 18	B13
Midi, cour. du 12	N20	Mollien, r. 8	E10	Monte-Cristo, r. 20	J21
Mie, r. Auguste 14	M11	Monbel, r. de 17	C9	Montebello, port de 5	K15
Mignard, r. 16	H5	Monceau, parc 8	E9	Montebello, quai de 5	K15-K14
Migne, r. de l'Abbé 4	H16-J16	Monceau, r. de 8	F9-E10	Montebello, r. du Colonel 15	P9
Mignet, r. 16	K4	Monceau, sq. 17	D11	Monteil, r. du Colonel 14	P9
Mignon, r. 6	K14	Monceau, villa 17	D8	Montempoivre, porte de 12	M23
Mignot, sq. 16	H6	Moncey, pass. 17	C12	Montempoivre, r. de 12	M22-M23
Mignottes, r. des 19	E20	Moncey, r. 9	E12	Montempoivre, sentier. de 12	M22
Milan, r. de 9	E12	Moncey, sq. 9	E12	Montenegro, r. de 19	E22
Milhaud, allée Darius 19	D20-D21	Monclar,		Montenotte, r. de 17	E8
Mille, r. Adolphe 19	C20	pl. du Général 15	N9	Montéra, r. 12	L23
Mille, r. Pierre 15	N7	Mondétour, r. 1	H15	Montespan, av. de 16	G5
Milleret-de-Brou, av. 16	J5-K4	Mondonville, r. 20	G22	Montesquieu, r. 1	H13
Millet, r. François 16	K5	Mondor, pl. Henri 6	K13-K14	Montesquieu-Fezensac, r. 12	N23
Millon, r. Eugène 15	M7	Mondovi, r. de 1	G11	Montevidéo, r. de 16	G5
Milne-Edwards, r. 17	D7	Monet, villa Claude 19	D20	Montfaucon, r. de 6	K13
Milord, imp. 18	B12	Monfort, esplanade Silvia 15	P8	Montgallet, pass. 12	L20
Milton, r. 9	E14	Monge, pl. 5	L15	Montgallet, r. 12	L20
Mimosas, sq. des 13	R14	Monge, r. 5	K15-M15	Montgolfier, r. 3	G16
Minervois, cour. du 12	N20		L24-L23	Montgolfière, sq. de la 13	P15
Minimes, r. des 3	J17	n°s 29-fin, 12-fin 12		Montherlant,	
Minjoz, r. Jean 14	N13	autres n^{os} .... Saint-Mandé		pl. Henry de 7	H12
Miollis, r. 15	L9	Monjol, r. 19	E18	Monthiers, cité 9	E15-E14
Miomandre, r. Francis de 13	S15	Monmarché, pl. Hubert- 15	M8	Montholon, r. de 9	E15-E14
Mirabeau, pont 16	L5	Monnaie, r. de la 1	H14	Montibœufs, r. des 20	G22
Mirabeau, r. 16	L5-L4	Monnet, pl. Jean 16	G6	Monticelli, r. 14	R12
Mirbel, r. de 5	M15	Monplaisir, pass. 20	G20	Montmartre, bd	F14
Mire, allée de la 14	R13-R14	Monselet, r. Charles 19	E22	n^{os} impairs 2	
Mire, r. de la 18	D13-C13	Monsieur, r. 7	K10	n^{os} pairs 9	
Mireille, pl. 1	G13	Monsieur-le-Prince, r. 6	K13-K14	Montmartre, cité 2	G14
Miribel, pl. Marie-de 20	J23	Monsigny, r. 2	G13	Montmartre, galerie 2	F14
Miromesnil, r. de 8	F10-E10	Monsoreau, sq. de 20	J21	Montmartre,	
Miron, r. François 4	J15-J16	Mont-Aigoual, r. du 15	L5	porte de 18	A13-B13
Mission-Marchand, r. de la 16	K4	Mont-Blanc, sq. du 16	K5	Montmartre, r.	H14-F14
Mistral, r. Frédéric 15	M6	Mont-Cenis, pass. du 18	D11	n°s 1-21, 2-36 1	
Mistral, villa Frédéric 15	M6	Mont-Cenis, r. du 18	C14-B14	n°s 23-fin, 38-fin 2	
Mithouard, pl. du Président 7	K10	Mont-Dore, r. du 17	D11	Montmorency, av. de 16	K4-K3
Mitterrand, quai François 1	H13-H12	Mont-Louis, imp. de 11	J20	Montmorency, bd de 16	J3-K3
Mizon, r. 15	M10	Mont-Louis, r. de 11	J20	Montmorency, r. de 3	H16-H15
Moderne, av. 19	D19	Mont-Thabor, r. du 1	G12	Montmorency,	
Moderne, villa 14	P11	Mont-Tonnerre, villa du 15	L11	villa de 16	K3
Modigliani, r. 15	M5-M6	Montagne-d'Aulas, r. de la 15	M5-M6	Montorgueil, r.	H14-G14
Modigliani, terrasse 14	M11	Montagne-de-l'Esperou,		n°s 1-35, 2-40 1	
Mogador, r. de 9	F12-E12	r. de la 15	L5-M5	n°s 37-fin, 42-fin 2	

Nom, voie ..... Arrondissement	Repère
Montparnasse, bd du	L11-M13
n°s impairs 6	
n°s 2-66 15	
n°s 68-fin 14	
Montparnasse, pass. 14	L11-M11
Montparnasse, r. du	L12-M12
n°s 1-35, 2-40 6	
n°s 37-fin, 42-fin 14	
Montpensier, galerie de 1	G13
Montpensier, r. de 1	H13-G13
Montreuil, porte de 20	J23-J24
Montreuil, r. de 11	K19-K21
Montrouge, porte de 14	R11
Montsouris, allée de 14	R13
Montsouris, parc 14	R13
Montsouris, sq. de 14	R13
Monttessuy, r. de 7	H8
Montyon, r. de 9	F14
Mony, r. 16	G5
Môquet, r. Guy 17	C11-B12
Morand, r. 11	G18
Morandat, pl. Yvon et Claire ..17	E7
Morane, r. des Frères 15	L7-M7
Morante, r. Elsa 13	P19
Morard, r. Louis 14	P11
Moréas, r. Jean 7	C7-D7
Moreau, r. 12	K18
Moreau, r. Hégésippe 18	C12
Moreau, av. Mathurin 19	E18-E19
Morère, r. 14	R11
Moret, r. 11	G19
Morieux, cité 15	J8-K8
Morillons, r. des 15	N8-N9
Morland, bd 4	K17
Morland, pont 12	L17
Morlet, imp. 11	K21
Morlot, r. 9	E12
Mornay, r. 4	K17
Moro-Giafferi, pl. de 14	N11
Morot, r. Aimé 13	R15-S15
Mortenol,	
r. du Commandant 10	E17
Mortier, bd 20	G23-E22
Morvan, r. du 11	H19
Moscou, r. de 8	E12-D11
Moselle, pass. de la 19	D19-D18
Moselle, r. de la 19	D18
Moskova, r. de la 18	B13
Motte, jardin Claire 17	C9-B9
Mouchez, r. de l'Amiral	P14-R14
n°s impairs 13	
n°s pairs 14	
Mouchotte,	
r. du Commandant René	M11
n°s impairs 14	
n°s pairs 15	
Mouffetard, r. 5	L15-M15
Mouffetard-Monge, galerie ..5	L15-M15
Moufle, r. 11	H18
Mouillard, r. Pierre 20	G23
Moulin, av. Jean 14	P12-R11
Moulin-Dagobert, villa du ...11	K21
Moulin-de-Javel, pl. du 15	M5
Moulin-de-la-Pointe, r. du ..13	R16
Moulin-de-la-Vierge, r. du ..14	N10
Moulin-des-Lapins, r. du 14	N11
Moulin-des-Prés, pass. 13	P15
Moulin-des-Prés, r. du 13	P15-R16
Moulin-des-3-Cornets,	
jardin du 14	M11
Moulin-Joly, r. du 11	G19-F19
Moulin-Vert, imp. du 14	P11
Moulin-Vert, r. du 14	P12-N11
Moulinet, pass. du 13	P15
Moulinet, r. du 13	P16-P15
Moulins, r. des 1	G13
Mouloudji, sq. Marcel 19	D18-D19
Mounet-Sully, r. 20	K22
Mounier, r. Henry 9	E13
Mouraud, r. 20	J23
Moureu, r. Charles 13	P17-P16
Mourlon, r. Frédéric 19	E21-E22
Mourlot, pl. Fernand 14	M11
Moussa-et-	
Odette-Abadi, pl. 12	L20
Mousset, imp. 12	L20
Mousset-Robert, r. 12	L22
Moussorgski, r. 18	B17
Moussy, r. de 4	J16
Mouthon, r. François 15	M7
Mouton-Duvernet, r. 14	N12
Mouzaïa, r. de 19	E21-E20
Moynet, cité 12	L20
Mozart, av. 16	J5-K4
Mozart, sq. 16	J4
Mozart, villa 16	J4-K4
Muette, chaussée de la 16	J5-J4
Muette, porte de la 16	H4
Muette-à-Neuilly,	
rte de la 16	E3-H4
Mulhouse, r. de 2	G14-G15
Mulhouse, villa 16	M3
Muller, r. 18	C14-D14
Mulot, pl. Georges 15	L10
Mun, av. Albert de 7	H7
Murat, bd 16	L3-M4
Murat, r. Louis 8	E9
Murat, villa 16	M3
Murger, r. Henri 19	E18
Mûriers, r. des 20	H20-G20
Murillo, r. 8	E9
Musset, r. de 16	M4-L3
Mutualité, sq. de la 5	K15
Myionnet, r. Clément 15	L5
Myrha, r. 18	C16-D15
Myron-Herrick, av. 8	F10

N

Naboulet, imp. 17	B11
Nadaud, r. Gustave 16	H5
Nadaud, pl. Martin 20	G21
Nafissa-Sid-Cara, pass. 19	E23
Nancy, r. de 10	F16
Nanettes, r. des 11	H19-G20
Nansouty, imp. 14	R13
Nansouty, r. 14	R13
Nantes, r. de 19	C19-B19
Nanteuil, r. 15	N9
Naples, r. de 8	E11-E10
Napoléon, cour 1	H13
Napoléon-III, pl. 10	E15-E16
Narbonne, r. de 7	K12
Narvik, pl. de 8	E10
Nation, pl. de la	K21
n°s impairs 11	
n°s pairs 12	
National, pass. 13	R18-R17
National, pont 12	P20
Nationale, imp. 13	R17
Nationale, pl. 13	P17
Nationale, r. 13	R17-N17
Nations-Unies, av. des 16	H7
Nativité, r. de la 12	N20
Nattier, pl. 18	C13
Navarin, r. de 9	E13-E14
Navarre, r. du Dr 13	P17
Navarre, pl. Marguerite de ...1	H14
Navarre, r. de 5	L15
Navier, r. 17	B12-B11
Necker, r. 4	J17
Négociants, terrasse des 12	N20
Négrier, cité du Général 7	J9
Nélaton, r. 15	J7-K7
Nemours, r. de 11	G18
Nerval, r. Gérard de 18	A13
Nesle, r. de 6	J13
Netter, av. du Dr-Arnold 12	M22-L22
Neuf, pont 1	J14
Neuf-Novembre-1989,	
esplanade du 15	N7
Neufchâteau, r. François de ..11	J19
Neuilly, av. de 16	E6
Neuve-de-la-Chardonnière,	
r. 18	B15
Neuve-des-Boulets, r. 11	J20
Neuve-Popincourt, r. 11	G18-H18
Neuve-St-Pierre, r. 4	J17
Neuve-Tolbiac, r. 13	P18-N19
Neuville, r. Alphonse de 17	D9
Néva, r. de la 8	E8
Nevers, imp. de 6	J13
Nevers, r. de 6	J13
Neveu, r. Ginette 18	A14
New-York, av. de 16	H8-J7
Newton, r. 16	F8

Nom, voie . . . . . Arrondissement	Repère
Ney, bd 18	A18-B12
Nicaragua, pl. du 17	D9
Nice, r. de 11	J20
Nicolaï, r. 12	N21-M21
Nicolas, imp. 20	J23
Nicolay, sq. 17	C11
Nicole, r. Pierre 5	L14-M13
Nicolet, r. 18	C14
Nicolle, r. Charles 12	L20
Nicolo, hameau. 16	H6-H5
Nicolo, r. 16	J6-H5
Nicot, pass. Jean 7	H9-J9
Nicot, r. Jean 7	H9
Niel, av. 17	E8-D8
Niel, villa 17	D8
Niepce, r. 14	N11
Niessel, r. du Général 20	L23-K23
Nieuport, villa 13	R18
Niger, r. du 12	L23-L22
Nikis, r. Mario 15	K9
Nil, r. du 2	G15
Niox, r. du Général 16	M3
Nizan, jardin Paul 13	R16
Nobel, r. 18	C14
Nocard, r. 15	J7
Nodier, r. Charles 18	D14
Noël, cité 3	H15-H16
Noguères, r. Henri 19	D18
Noguès, r. Maurice 14	P9-R9
Nohain, r. Franc 13	R18
Nohain, r. Jean 19	D18
Noisiel, r. de 16	G5
Noisy-le-Sec, r. de	F23-E24
nos 1-47, 2-72 20	
autres nos impairs . . Les Lilas	
autres nos pairs . . . . Bagnolet	
Nollet, r. 17	D11-C10
Nollet, sq. 17	C11
Nollez, cité. 18	B13
Nom-de-Jésus, cour. du 11	K18
Nonnains-d'Hyères, r. des . . . 4	J16
Nord, pass. du 19	D19
Nord, r. du 18	B15
Nordmann,	
r. Léon-Maurice 13	N14
Normandie, r. de 3	H17
Norvins, r. 18	C14-C13
Notre-Dame, pont. 4	J15
N.-D.-de-Bonne-Nouvelle,	
r. 2	G15-F15
N.-D.-de-Lorette, r. 9	E13
N.-D.-de-Nazareth, r. 3	G16-G15
N.-D.-de-Recouvrance, r. . . . 2	G15-F15
N.-D.-des-Champs, r. 6	L12-M13
N.-D.-des-Victoires, r. 2	G14-F14
Noureev, r. Rudolf 17	C9
Noureïev, pl. Rudolf 2	F13
Nouveau-Belleville, sq. du . . 20	G19

Nom, voie . . . . . Arrondissement	Repère
Nouveau-Conservatoire,	
av. du 19	C20
Nouvelle, villa 8	E8
Nouvelle-Calédonie, r. de la 12	M23
Nouvelle-France,	
jardin de la 8	G9-G10
Noyer, r. Olivier 14	P11-N11
Noyer-Durand, r. du 19	D21-C21
Nungesser-et-Coli, r. 16	L2
Nymphéas, villa des 20	G23

O	
Oberkampf, r. 11	H17-G19
Oberlé, r. Jean 19	A18
Observatoire, av. de l'	L13-M13
nos 1-27, 2-20 6	
nos 29-47 5	
nos 49-fin, 22-fin. 14	
Ocagne, av. Maurice-d' 14	R10
Oculus, pl. 1	H14
Oculus, r. de l' 1	H14
Odéon, carr. de l' 6	K13
Odéon, pl. de l' 6	K13
Odéon, r. de l' 6	K13
Odessa, r. d' 14	L11-M12
Odiot, cité 8	F9
Oestreicher, r. Jean 17	C7-D7
Offenbach, r. Jacques 16	J5
Oise, quai de l' 19	C19-C20
Oise, r. de l' 19	C19
Oiseaux, r. des. 3	H16
Olchanski, r. du Capitaine . . 16	K4
Olier, r. 15	N7
Olive, r. l' 18	C16
Olivet, r. d' 7	K11
Omer-Talon, r. 11	H19
Onfroy, imp. 13	R16
Onze-Novembre-1918, pl. . . 10	E16
Opéra, av. de l'	H13-G13
nos 1-31, 2-26 1	
nos 33-fin, 28-fin. 2	
Opéra, pl. de l'	F13-F12
nos 1-3, 2-4 2	
nos 5, 6-8. 9	
Opéra-Louis-Jouvet, sq. 9	F12
Oradour-sur-Glane, r. d' 15	P6-N6
Oran, r. d' 18	C15
Oratoire, r. de l' 1	H14
Orchampt, r. d' 18	D13-C13
Orchidées, r. des. 13	R14
Ordener, r. 18	C16-B13
Ordener, villa 18	B14
Orfèvres, quai des 1	J14
Orfèvres, r. des 1	J14
Orfila, imp. 20	G21
Orfila, r. 20	G21-G22
Orgues-de-Flandre,	
allée des 19	C18

Nom, voie . . . . . Arrondissement	Repère
Orient-Express, r. de l' 1	H14
Orillon, r. de l' 11	G18-F19
Orléans, galerie d' 1	H13
Orléans, porte d' 14	R12
Orléans, portiques d' 14	N12
Orléans, quai d' 4	K16-K15
Orléans, sq. d' 9	E13
Orléans, villa d' 14	P12
Orme, r. de l' 19	E22-E21
Ormeaux, r. des 20	K21-K22
Ormesson, r. d' 4	J17-J16
Ornano, bd 18	C15-B14
Ornano, sq. 18	B15
Ornano, villa 18	B14
Orsay, quai d' 7	H11-H9
Orsel, cité d' 18	D14
Orsel, r. d' 18	D14
Orteaux, imp. des. 20	J22
Orteaux, r. des 20	J21-J23
Ortolan, r. 5	L15
Oslo, r. d' 18	C12-B12
Otages, villa des 20	F22
Oudin, pl. Adrien 9	F13
Oudiné, r. Eugène 13	P19-R18
Oudinot, imp. 7	K11
Oudinot, r. 7	K11-K10
Oudot, r. du Colonel 12	N22-M23
Oudry, r. 13	M16
Ouessant, r. d' 15	K8
Ouest, r. de l' 14	M11-N10
Ourcq, galerie de l' 19	B20
Ourcq, r. de l' 19	C19-B18
Ours, cour. de l' 11	K18
Ours, r. aux. 3	H15
Oury, r. Gérard 8	E9
Ozanam, pl. 6	L12

P	
Pache, r. 11	J19-H19
Padirac, sq. de. 16	K3
Pado, r. Dominique 15	N7
Paganini, r. 20	K23
Pailleron, r. Édouard 19	E18-D19
Paillet, r. 5	L14
Painlevé, pl. Paul 5	K14
Paix, r. de la 2	G12
Pajol, r. 18	D16-B17
Pajou, r. 16	J5
Palais, bd du	J14
nos pairs 1	
nos impairs 4	
Palais-Bourbon, pl. du 7	H11
Palais-Royal, jardin du 1	G13-H13
Palais-Royal, pl. du 1	H13
Palais-Royal-de-Belleville,	
cité du 19	E20
Palatine, r. 6	K13
Palestine, r. de 19	F20-E20

Nom, voie	Arrondissement	Repère
Palestro, r. de	2	**G15**
Pali-Kao, r. de	20	**G19-F19**
Palissy, r. Bernard	6	**K13-K12**
Panama, r. de	18	**C15**
Paname, galeries de	11	**H18**
Panhard, r. René	13	**M16**
Panhard-et-Levassor, quai	13	**P20-N19**
Panier-Fleuri, cour. du	11	**K18**
Panoramas, pass. des	2	**F14**
Panoramas, r. des	2	**F14**
Panoyaux, imp. des	20	**G19-G20**
Panoyaux, r. des	20	**G19-G20**
Panthéon, pl. du	5	**L14**
Pantin, porte de	19	**C21**
Pape, r. Henri	13	**R16-R15**
Pape-Carpentier, r. Marie	6	**K12**
Papillon, r.	9	**E15-E14**
Papin, r.	3	**G15**
Paquelin, r. du Dr	20	**G22**
Paradis, cité	10	**F15**
Paradis, r. de	10	**F16-E15**
Paraguay, pl. du	14	**F5**
Paray, sq. Paul	17	**C9**
Parc, villa du	19	**E19**
Parc-de-Charonne, chemin du	20	**H22**
Parc-de-Choisy, allée du	13	**P16**
Parc-de-Passy, av. du	16	**J6**
Parc-des-Princes, av. du	16	**L2-M2**
Parc-Montsouris, r. du	14	**R13**
Parc-Montsouris, villa du	14	**R13**
Parc-Royal, r. du	3	**J17**
Parchappe, cité	11	**K18**
Parcheminerie, r. de la	5	**K14**
Paré, r. Ambroise	10	**D15**
Parent-de-Rosan, r.	16	**M3**
Pâris-de-Bollardière, carr. du Général Jacques	15	**K8**
Parme, r. de	9	**D12**
Parmentier, av.		**J19-F17**
n⁰ˢ 1-135, 2-150	11	
n⁰ˢ 137-fin, 152-fin	10	
Parnassiens, galerie des	14	**L12-M12**
Parodi, r. Alexandre	10	**E17**
Parodi, sq. Alexandre et René	16	**E6**
Parrot, r.	12	**L18**
Partants, r. des	20	**G20-G21**
Parvis, pl. du	19	**B20**
Parvis-du-Sacré-Cœur, pl. du	18	**D14**
Parvis-Notre-Dame, pl. du	4	**J15-K15**
Pas-de-la-Mule, r. du		**J17**
n⁰ˢ impairs	4	
n⁰ˢ pairs	3	
Pascal, r.		**M15-N15**
n⁰ˢ 1-25, 2-30	5	
n⁰ˢ 27-fin, 32-fin	13	

Nom, voie	Arrondissement	Repère
Pascal, r. André	16	**H4**
Pasdeloup, pl.	11	**H17**
Pasquier, r.	8	**F11**
Passy, pl. de	16	**J5**
Passy, port de	16	**H7-K5**
Passy, porte de	16	**J3**
Passy, r. de	16	**J6-J5**
Passy-Plaza, galerie	16	**J5**
Pasteur, bd	15	**L10-M10**
Pasteur, r.	11	**H18**
Pasteur, sq.	15	**L10**
Pasteur-Vallery-Radot, r. Louis-	18	**A13-A12**
Pastourelle, r.	3	**H16**
Patay, r. de	13	**R18-P18**
Paté, sq. Henry	16	**K4-K5**
Patenne, sq.	20	**K22**
Patin, r. Guy	10	**D15**
Patriarches, pass. des	5	**M15**
Patriarches, r. des	5	**M15**
Patton, pl. du Général	16	**E6-E7**
Patureau, r. de l'Abbé	18	**C14**
Pâtures, r. des	16	**K5**
Paturle, r.	14	**P9**
Paul, pl. Marcel	14	**N11**
Paul, r. Marcel		**B9**
n⁰ 2	17	
n⁰ˢ 4-fin, n⁰ˢ impairs	Clichy	
Paulhan, allée Jean	7	**H8**
Pauly, r.	14	**P10**
Pavée, r.	4	**J16**
Pavillons, av. des	17	**D7**
Pavillons, r. des	20	**F21**
Payen, r. Anselme	15	**M10**
Payenne, r.	3	**J16-J17**
Péan, r.	13	**R18**
Pécaut, r. Félix	17	**B12**
Péclet, r.	15	**L8-M8**
Pecquay, r.	4	**H16**
Pecqueur, pl. Constantin	18	**C13**
Pégoud, r.	15	**N4**
Péguy, r.	6	**L12**
Pékin, pass. de	20	**F19**
Pelée, r.	11	**H17-H18**
Pélican, r. du	1	**H14-H13**
Pelleport, r.	20	**H22-F21**
Pelleport, villa	20	**F21**
Pelletan, r. Eugène	14	**N12**
Pelloutier, r. Fernand	17	**A11**
Pelouze, r.	8	**D11**
Penaud, r. Alphonse	20	**G23-G22**
Penel, pass.	18	**B14**
Pensionnat, r. du	12	**L21**
Penthièvre, r. de	8	**F11-F10**
Pépinière, r. de la	8	**F11**
Perceval, r. de	14	**M11**
Perchamps, r. des	16	**K4**
Perche, r. du	3	**H16**

Nom, voie	Arrondissement	Repère
Percier, av.	8	**F10**
Perdonnet, r.	10	**D16**
Père-Lachaise, av. du	20	**H21**
Père-Lachaise, av. du	20	
Perec, r. Georges	20	**G23**
Pereire, bd	17	**C10-E6**
Pergaud, r. Louis	13	**S14-S15**
Pergolèse, r.	16	**E6-F6**
Péri, pl. Gabriel	8	**F11**
Périchaux, r. des	15	**P8**
Pèrier, r. Casimir	7	**H11-J11**
Périer, r. des Frères	16	**H8-G8**
Pérignon, r.		**K10-L9**
n⁰ˢ 2-28	7	
n⁰ˢ impairs, 30-fin	15	
Périgord, sq. du	20	**J23**
Périgueux, r. de	19	**D21**
Perle, r. de la	3	**H16**
Pernelle, r.	4	**J15**
Pernet, pl. Étienne	15	**L7**
Pernety, r.	14	**N11-N10**
Pérou, pl. du	8	**E10-F10**
Perrault, r.	1	**H14**
Perrée, r.	3	**H17-G16**
Perret, r. Auguste	13	**R16**
Perreur, pass.	20	**G22**
Perreur, villa	20	**G22**
Perrichont, av.	16	**K5**
Perronet, r.	7	**J12**
Perroy, pl. Gilbert	14	**N12**
Pers, imp.	18	**C14**
Pershing, bd	17	**D6-E6**
Pestalozzi, r.	5	**L15-M15**
Petel, r.	15	**M8**
Peter, r. Michel	13	**M15-N15**
Péterhof, av. de	17	**D7**
Petiet, r.	17	**B12**
Pétin, imp.	19	**E21**
Pétion, r.	11	**J19-H19**
Petit, imp. Charles	11	**K19-K20**
Petit, r.	19	**D19-D21**
Petit, sq.	19	**D19**
Petit-Cerf, pass.	17	**B10-B11**
Petit-Modèle, imp. du	13	**N16**
Petit-Moine, r. du	5	**M15**
Petit-Musc, r. du	4	**K17-J17**
Petit-Pont	4	**J14-K14**
Petit-Pont, pl. du	5	**K14**
Petit-Pont, r. du	5	**K14**
Petite-Arche, r. de la	16	**N3**
Petite-Boucherie, pass.	6	**J13**
Petite-Pierre, r. de la	11	**J20**
Petite-Truanderie, r. de la	1	**H15**
Petite-Voirie, pass. de la	11	**H18**
Petites-Écuries, cour. des	10	**F15**
Petites-Écuries, pass. des	10	**F15**
Petites-Écuries, r. des	10	**F15**
Petitot, r.	19	**E21**
Petits-Carreaux, r. des	2	**G14-G15**

Nom, voie ..... Arrondissement Repère

Petits-Champs, r. des G13
nos impairs 1
nos pairs 2
Petits-Hôtels, r. des 10 E15
Petits-Pères, pass. des ...2 G14
Petits-Pères, pl. des....2 G14
Petits-Pères, r. des.....2 G14
Petits-Ponts, rte des ...19 C21-B21
Pétrarque, r. 16 H6
Pétrarque, sq. 16 H6
Pétrelle, r. 9 E15-E14
Pétrelle, sq. 9 E15
Petrucciani, pl. Michel...18 B14
Peugeot, r. du Caporal 17 C7
Peupliers, av. des 13 K3
Peupliers, poterne des...13 R15
Peupliers, r. des.......13 R15
Peupliers, sq. des ...13 P15-R15
Phalsbourg, cité de 11 J19-J20
Phalsbourg, r. de 17 D9-E9
Philidor, r. 20 K23
Philipe, r. Gérard......16 G4
Philippe, pass. Louis 11 J18
Philippe, pont Louis.....4 J15
Philippe-Auguste, av. 11 K21-J20
Philippe-Auguste, pass. ...11 K21
Philosophe, allée du 11 J20
Piaf, pl. Édith 20 G22
Piat, r. 20 F20-F19
Pic-de-Barette, r. du.....15 L5-M5
Picabia, r. Francis 20 F19-G19
Picard, r. Pierre 18 D14
Picardie, r. de 3 H17
Picasso, pl. Pablo 14 M12
Piccini, r. 16 F6
Pichard, r. Jules 12 N21
Pichat, r. Laurent 16 F6
Pichon, av. Stéphen 13 N16
Picot, r. 16 F6
Picpus, bd de..........12 M22-L21
Picpus, r. de 12 K20-N22
Piémontési, r. 18 D13
Pierre-au-Lard, r. 4 H15
Pierre-Ier-de-Serbie, av. G8
nos 1-33, 2-28 16
nos 35-fin, 30-fin...8
Pierre-l'Ermite, r. 18 D16
Pierre-le-Grand, r. 8 E8
Pierre-Le-Roy, r. 14 P10
Piet-Mondrian, r. 15 L5
Pieyre-de-Mandiargues,
r. André 13 R16
Pigalle, cité 9 E13
Pigalle, pl. 9 D13
Pigalle, r. Jean-Baptiste.....9 E13-D13
Pihet, r. 11 H18
Pilâtre-de-Rozier, allée 16 H4-J4
Pilier, imp. du 20 H20-J20

Piliers, r. des 1 H14
Pillet-Will, r............9 F13
Pilleux, cité 18 C12
Pilon, cité Germain.......18 D13
Pilon, r. Germain.......18 D13
Pinard, bd Adolphe 14 R9-R10
Pineau, allée Christian ...7 J12
Pinel, pl. 13 N16
Pinel, r. 13 N16
Pinot, r. Gaston 19 D20
Pins, rte des...........16 H3
Pinton, r. François.......19 D20
Piobetta,
pl. du Lieutenant Stéphane . 14 N10-N11
Pirandello, r. 13 M16-N16
Pirogues-de-Bercy, r. des ...12 N20
Pirouette, r. 1 H14
Pisan, r. Christine de......17 C9
Pissarro, r. Camille 17 C8
Pitard, r. Georges 15 N10
Pitet, r. Raymond 17 C8
Piver, imp. 11 F18
Piver, pass. 11 F18
Pixérécourt, r. 20 F21
Plaine, porte de la 15 P7
Plaine, porte de la 12 K21-K22
Plaine, rte de la.........12 P22-P24
Plaisance, porte de 15 P8
Plaisance, r. de 14 N11
Planchart, pass. 20 F22
Planchat, r. 20 K21-J21
Planchette, imp. de la ...3 G16
Planchette, ruelle de la...12 M20
Planquette, r. Robert 18 D13
Plantes, jardin des 5 L16
Plantes, r. des 14 N11-R11
Plantes, villa des 14 P11
Plantin, pass. 20 F20
Plat-d'Étain, r. du 1 H14S
Platanes, villa des 18 D13
Plateau, pass. du 20 E20
Plateau, r. du 19 E20-E19
Platon, r. 15 M10
Plâtre, r. du 4 H16-H15
Plâtrières, r. des 20 G20
Plélo, r. de 15 M7-M6
Pleyel, r. 12 M20
Plichon, r. 11 H20
Plumet, r. 15 M9
Plumier, jardin du Père 14 N10
Pocquelin, r. 1 H14
Poë, r. Edgar 19 E19-E18
Poincaré, r. Henri 20 G22-F22
Poincaré, av. Raymond ...16 H6-F6
Poincaré, av. du Recteur ...16 K5-J4
Poinsot, r. 14 M11
Point-du-Jour, port du 16 N3-M4
Point-du-Jour, porte de 16 M3

Point-du-Jour-à-Bagatelle,
rte du................16 K1-G1
Point-Show, galerie 8 F9
Pointe, sentier. de la 20 J22
Pointe-d'Ivry, r. de la....13 R17
Poirier, villa 15 L9
Poirier-de-Narçay, r. ...14 R12-R11
Poissonnerie, imp. de la 4 J17
Poissonnière, bd F14
nos impairs 2
nos pairs 9
Poissonnière, r. 2 G15-F15
Poissonnière, villa........18 D15
Poissonniers, porte des 18 A15
Poissonniers, r. des 18 D15-A15
Poissy, r. de 5 K15
Poitevins, r. des 6 K14
Poitiers, r. de 7 H12-J12
Poitou, r. de 3 H17-H16
Pôle-Nord, r. du 18 B13
Politzer, r. Georges-et-Maï ..12 L20-M20
Poliveau, r. 5 M16
Pologne, av. de 16 G5
Polonceau, r. 18 D15
Pomereu, r. de 16 G5
Pommard, r. de 12 N20-M19
Pompe, r. de la 16 J5-F6
Pompidou, pl. Georges 4 H15
Pompidou, voie Georges....1 K16-J14
Pompidou, voie Georges...16 M4-J7
Pompidou, voie Georges....1 J15-K16
Ponant, cour du 12 N20
Ponceau, pass. du 2 G15
Ponceau, r. du 2 G15
Poncelet, pass. 17 E8
Poncelet, r. 17 E8
Pondichéry, r. de 15 K8
Ponge, r. Francis 19 D21
Poniatowski, bd.......12 P20-N22
Ponsard, r. François ...16 J5-H5
Ponscarme, r. 13 P17
Pont-à-Mousson, r. de ...17 A11
Pont-aux-Biches, pass. du ...3 G16
Pont-aux-Choux, r. du ...3 H17
Pont-de-Lodi, r. de 6 J14
Pont-Louis-Philippe,
r. du 4 J16
Pont-Mirabeau, rd-pt du 15 L5
Pont-Neuf, pl. du 1 J14
Pont-Neuf, porte 1 H14
Pont-Neuf, r. du 1 H14
Ponthieu, r. de 8 F10-F9
Pontoise, r. de 5 K15
Popincourt, cité 11 H18
Popincourt, imp. 11 H18
Popincourt, r. 11 J19-H18
Port-au-Prince, pl. de....13 S17
Port-Mahon, r. de 2 G13

Index des rues

Nom, voie ..... Arrondissement	Repère	Nom, voie ..... Arrondissement	Repère	Nom, voie ..... Arrondissement	Repère
Port-Royal, bd de	M15-M13	Pte-de-Vanves, av. de la 14	P9-R9	Prairies, r. des 20	H22
nos 1-93................. 13		Pte-de-Vanves, pl. de la..... 14	P9	Pré, r. du.................... 18	B16
nos 95-fin................ 14		Pte-de-Vanves, sq. de la 14	P9-R9	Pré-aux-Chevaux, sq. du 16	K5
nos pairs 5		Pte-de-Versailles, pl. de la .. 15	N7	Pré-aux-Clercs, r. du........ 7	J12
Port-Royal, sq. de 13	M14	Pte-de-Villiers, av. de la 17	D6-D7	Pré-Catelan, rte du 16	G2-G3
Port-Royal, villa de 13	M14	Pte-de-Vincennes, av. de la ...	L24-L23	Pré-St-Gervais, porte du .. 19	D21-D22
Portalis, r. 8	E11	*nos* 2-24, 143-151........ 12		Pré-St-Gervais, r. du 19	E21
Pte-Brancion, av. de la ... 15	P8	*nos* 1-23, 198........... 20		Préault, r. 19	E19
Pte-Brunet, av. de la 19	D21	Pte-de-Vitry, av. de la...... 13	R19	Prêcheurs, r. des........... 1	H15
Pte-Chaumont, av. de la ... 19	D21	Pte-des-Lilas, av. de la	E22-E23	Presbourg, r. de	F8-F7
Pte-d'Asnières,		*nos* impairs 19		*nos* 1-2............... 8	
av. de la 17	C9-B8	*nos* pairs 20		*nos* 3-fin, 4-fin...... 16	
Pte-d'Aubervilliers, av. de la...	A18	Pte-des-Poissonniers,		Présentation, r. de la....... 11	F19-F18
nos impairs 18		av. de la 18	A15	Presles, imp. de 15	K8
nos pairs 19		Pte-des-Sablons-à-la-Porte-Maillot,		Presles, r. de 15	K8
Pte-d'Auteuil, av. de la ... 16	K2-K1	rte de la 16	E4-E5	Pressensé, r. Francis de 14	N10
Pte-d'Auteuil, pl. de la ... 16	K3	Pte-des-Ternes, av. de la ... 17	D6	Pressoir, r. du 20	G19
Pte-d'Issy, r. de la 15	N6	Pte-Didot, av. de la 14	P10	Prêtres, imp. des.......... 16	G6
Pte-d'Italie, av. de la 13	S16	Pte-Dorée, villa de la....... 12	N22	Prévert, r. Jacques 20	H20-G20
Pte-d'Ivry, av. de la 13	S18-R17	Pte-du-Pré-St-Gervais,		Prévost-Paradol, r. 14	P9
Pte-d'Orléans, av. de la 14	R12	av. de la 19	E22-D22	Prévôt, r. du............... 4	J16
Pte-Dauphine-à-la-Porte-des-Sablons,		Pte-Maillot, pl. de la 16	E6	Prévoyance, r. de la 19	D20-D21
rte de la 16	E4-F5	Pte-Molitor, av. de la 16	L2	Primatice, r. 13	N16
Pte de Bagatelle, ... 16	E2-F2	Pte-Molitor, pl. de la 16	L2-L3	Primevères, imp. des........ 11	J17-J18
Pte-de-Bagnolet, av. de la . 20	G23	Pte-Pouchet, av. de la....... 17	B11-A11	Primo-Levi, r. 13	N19-P19
Pte-de-Bagnolet, pl. de la .. 20	G23-H23	Pte-St-James, rte de la..... 16	E3	Princes, pass. des 2	F13
Pte-de-Champerret,		Portefoin, r. 3	H16	Princesse, r. 6	K13
av. de la 17	D7-D6	Portes-Blanches, r. des 18	C15	Printemps, r. du 17	C9-C10
Pte-de-Champerret, pl. 17	D7	Porto-Riche, r. Georges de .. 14	R12	Priou-Valjean, pl. Roger 4	J16
Pte-de-Charenton, av. de la 12	N21-P22	Portugais, av. des.......... 16	F7	Prisse-d'Avennes, r. 14	R12-P12
Pte-de-Châtillon, av. de la . 14	R11-R10	Possoz, pl. 16	H5	Privas, r. Xavier 5	K14
Pte-de-Châtillon, pl. de la .. 14	R11	Postes, pass. des 5	M15	Privat, pl. Gilbert 14	N12
Pte-de-Choisy, av. de la ... 13	S17	Pot-de-Fer, r. du........... 5	L15	Procession, r. de la 15	M9-N10
Pte-de-Clichy, av. de la ... 17	B10	Potain, r. du Dr 19	E21	Progrès, villa du 19	E21
Pte-de-Clignancourt,		Poteau, pass. du 18	B13	Prokofiev, r. Serge 16	J4
av. de la 18	A14	Poteau, r. du 18	B14-B13	Pronteau, pl. Jean 14	N11
Pte-de-la-Chapelle,		Poteaux, allée des.......... 14	F4	Prony, r. de................ 17	E9-D8
av. de la 18	A16	Poterne-des-Peupliers, r. .. 13	R15-S15	Prost, cité 11	K20
Pte-de-la-Plaine, av. de la . 15	P7	Potier, pass. 1	G13	Proudhon, r. 12	M20-N20
Pte-de-la-Villette, av. de la . 19	A20	Pottier, cité 19	B18-C18	Proust, allée Marcel 8	G10-G11
Pte-de-Ménilmontant,		Poubelle, r. Eugène 16	K5	Proust, r. Marcel 16	J6
av. de la 20	F23	Pouchet, pass. 17	B11	Prouvaires, r. des 1	H14
Pte-de-Montmartre,		Pouchet, porte 17	A11-B11	Provence, av. de 9	F13
av. de la 18	A13	Pouchet, r. 17	C11-B11	Provence, r. de	F14-F12
Pte-de-Montreuil, av. de la . 20	J23	Pouillet, r. Claude 17	D10	*nos* 1-125, 2-118....... 9	
Pte-de-Montreuil, pl. de la . 20	J23	Poulbot, r. 18	C14-D14	*nos* 127-fin, 120-fin .. 8	
Pte-de-Montrouge,		Poule, imp. 20	J21-K21	Providence, pass. de la 20	J22
av. de la 14	R11	Poulenc, pl. Francis 19	D20	Providence, r. de la 13	R15-P14
Pte-de-Pantin, av. de la .. 19	C21	Poulenc, sq. Francis 6	K13	Prudhomme, av. Sully 7	H9
Pte-de-Pantin, pl. de la .. 19	C21	Poulet, r. 18	C15	Prudhon, av. 16	J4-H4
Pte-de-Passy, pl. de la ... 16	J3	Poulletier, r. 4	K16	Pruniers, r. des 20	G20-H20
Pte-de-Plaisance, av. de la . 15	P8	Poulmarch, r. Jean 10	F17	Psichari, r. Ernest 7	J9
Pte-de-St-Cloud, av. de la . 16	M2	Poussin, r. 16	K4-K3	Puget, r. 18	D13
Pte-de-St-Cloud, pl. de la . 16	M2-M3	Pouvillon, av. Émile 7	J8	Puits, allée du 14	R13
Pte-de-St-Ouen, av. de la	A12	Pouy, r. de 13	P15	Puits-de-l'Ermite, pl. du .. 5	L15
nos impairs 17		Pradier, r. 19	F19-E19	Puits-de-l'Ermite, r. du .. 5	L15-M15
nos pairs 18		Prado, pass. du 10	G15-F15	Pusy, cité de............... 17	C10
Pte-de-Sèvres, av. de la 15	N5	Prague, r. de 12	K18	Puteaux, pass. 8	F11

Nom, voie .....Arrondissement	Repère
Puteaux, r. 17	D11
Puvis-de-Chavannes, r. 17	D8
Py, r. de la 20	H23-G22
Pyramides, pl. des 1	H13-H12
Pyramides, r. des 1	H13-G13
Pyrénées, r. des 20	K22-F20
Pyrénées, villa des 20	J22-K22
Python, r. Joseph 20	G23-H23

Q

49 Faubourg-St-Martin, imp. du 10	F16
44 Enfants-d'Izieu, pl. des ..13	R16
Quarré, r. Jean...............19	E21
Quatre-Fils, r. des 3	H16
Quatre-Frères-Peignot, r. ..15	L6
Quatre-Septembre, r. du 2	G14-F13
Quatre-Vents, r. des 6	K13
Quatrefages, r. de 5	L15
Québec, pl. du..............5	J13
Quellard, cour..............11	J18
Queneau, r. Raymond 18	B16
Quentin, pl. Maurice 1	H14
Quénu, r. Édouard 5	M15
Quercy, sq. du 20	K23-J23
Questre, imp. 11	G19
Queuille, pl. Henri 15	L10
Quillard, r. Pierre 20	G23
Quinault, r. 15	L8
Quincampoix, r.	H15
n°s 1-63, 2-64 4	
n°s 65-fin, 66-fin..........3	
Quinet, bd Edgar 14	M12-M11

R

Rabaud, r. Abel 11	G18
Rabelais, r. 8	F10
Rabin, jardin Yitzhak 12	M19-M18
Racan, sq. 16	K3
Rachel, av. 18	D12
Racine, imp. 16	L3
Racine, r. 6	K14-K13
Radiguet, r. Raymond 19	B18-C18
Radziwill, r. 1	G13
Raffaëlli, r. 16	L2
Raffet, imp. 16	K4
Raffet, r. 16	K4-K3
Raguinot, pass. 12	L19
Rajman, sq. Marcel 11	H20
Rambervillers, r. de........12	M22
Rambouillet, r. de 12	L18-L19
Rambuteau, porte............1	H14
Rambuteau, r. 16	H16-H14
n°s 1-73................4	
n°s 2-66................3	
n°s 75-fin, 68-fin..........1	
Rameau, r. 2	G13
Ramey, pass. 18	C14-C15

Nom, voie .....Arrondissement	Repère
Ramey, r. 18	C15-C14
Rampal, r. 19	F19
Rampon, r. 11	G17
Ramponeau, r. 20	F19
Ramus, r. 20	H21
Ranc, r. Arthur 18	A13
Rançon, imp. 20	J22
Ranelagh, av. du 16	J4
Ranelagh, jardin du........16	H4-J4
Ranelagh, r. du 16	K6-J4
Ranelagh, sq. du 16	J4
Ranvier, r. Henri 11	J20-H20
Raoul, r. 12	M21
Rapée, port de la 12	M18-L17
Rapée, quai de la 12	M18-L17
Raphaël, av. 16	H4-J4
Rapp, av. 7	H8-J8
Rapp, sq. 7	J8
Raspail, bd	J12-N12
n°s 1-41, 2-46 7	
n°s 43-147, 48-136 6	
n°s 201-fin, 202-fin 14	
Rasselins, r. des 20	J23
Rataud, r. 5	L14-M14
Rauch, pass. 11	J19
Ravaud, r. René............15	M4-N4
Ravel, av. Maurice..........12	M23-L23
Ravignan, r. 18	D13
Raynal, allée du Commandant 15	L5
Raynaud, r. Fernand........20	F20
Raynouard, r. 16	J6-K5
Raynouard, sq. 16	J6
Réale, pass. de la 1	H14
Réau, r. de l'Adjudant......20	G22
Réaumur, r.	G16-G14
n°s 1-49, 2-72 3	
n°s 51-fin, 74-fin..........2	
Rébeval, r. 19	F18-F19
Rebière, r. Pierre 17	A11-B10
Rébuffat, r. Gaston 19	D17
Récamier, r. 7	K12
Récipon, allée Georges 19	E18
Récollets, pass. des 10	F16
Récollets, r. des 10	F17-F16
Reculettes, r. des 13	N15
Redon, r. 17	C8-C9
Refuzniks, allée des 7	J7
Regard, r. du 6	K12-L12
Regaud, av. Claude...........13	R18
Régis, r. 6	K11-K12
Réglises, r. des 20	J23
Regnard, r. 6	K13
Regnault, r. 13	P19-R17
Regnault, r. Henri..........14	R12
Regnier, imp. Marie de 16	J6
Régnier, r. Mathurin........15	M9
Reilhac, pass. 10	F15-F16

Nom, voie .....Arrondissement	Repère
Reille, av. 14	P14-R12
Reille, imp. 14	P14-P13
Reims, bd de 17	C8
Reims, r. de 13	P18
Reine, cours la 8	G11-G10
Reisz, r. Eugène............20	J23
Rembrandt, r. 8	E9
Rémusat, r. de 16	K4-L5
Renaissance, r. de la 8	G9
Renaissance, villa de la 19	E21
Renan, r. Ernest............15	N7-P6
Renan, r. Ernest............15	L9-L10
Renard, r. du 4	J15-H15
Renard, r. Baptiste 13	P17
Renard, r. des Colonels......17	E7
Renard, pl. Édouard 12	N23
Renard, r. Jules 17	D7
Renaudes, r. des 17	E8-D8
Renaudot, r. Théophraste ..15	L8-M8
Renault, r. du Général 11	H19
Renault, r. du Professeur-Louis 13	R16-R15
Renault, r. 17	E7
Rendez-vous, cité du 12	L22
Rendez-vous, r. du 12	L22
Rendu, av. Ambroise 19	D21
Rennequin, r. 17	E8-D8
Rennes, r. de 6	J13-L11
Renoir, sq. Auguste 14	P9
Renoir, r. Jean 12	M19
Renouvier, r. Charles 20	H21-H22
Repos, r. du 20	J20-H20
République, av. de la........11	G17-H20
République, pl. de la	G17
n^os impairs 3	
n°s 2-10................11	
n°s 12-16 10	
République-de-l'Équateur, pl. de la 8	E9
République-de-Panama, pl. de la 15	L9
République-Dominicaine, pl. de la 8	E9
n^os impairs 8	
n^os pairs 17	
Résal, r. 13	P18
Réservoirs, chemin des 16	H1
Résistance, pl. de la 7	H8
Restif-de-la-Bretonne, sq. ...5	K15
Retiro, cité du 8	G11
Retrait, pass. du 20	G21
Retrait, r. du 20	G21
Reuilly, bd de 12	M20-M21
Reuilly, porte de 12	N22
Reuilly, r. de 12	K20-M21
Reuilly, rte de 12	N22-P22
Réunion, pl. de la 20	J22
Réunion, r. de la 20	K22-J21

Nom, voie ......Arrondissement	Repère	Nom, voie ......Arrondissement	Repère	Nom, voie ......Arrondissement	Repère
Réunion, villa de la 16	L4	Rivoli, r. de...................	J16-G11	Rome, r. de	F12-C10
Reverdy, r. Pierre 19	D18-D19	*nᵒˢ 1-39, 2-96 ....4*		*nᵒˢ 1-73, 2-82 ....8*	
Rey, r. Jean................15	J7	*nᵒˢ 41-fin, 98-fin..........1*		*nᵒˢ 75-fin, 84-fin........17*	
Reyer, av. Ernest 14	R11	Rizal, pl. José 9	E14	Rond-Point des Canaux,	
Reynaud, r. Émile	A20	Robert, imp. 18	B13	pl. du 19	C20
nᵒˢ impairs 19		Robert, r. Édouard 12	N22-M21	Rondeaux, pass. des 20	G21
nᵒˢ pairs .....Aubervilliers		Robert, r. Henri 1	J14	Rondeaux, r. des 20	H21-G21
Reynaud, r. Léonce..........16	G8	Robert, r. Jean...............18	C16	Rondelet, r. 12	L20
Reynaud, pl. Paul..........16	M3	Robert, r. Léopold..........14	M12	Rondonneaux, r. des........20	H21
Rhin, r. du 19	D19	Robert, imp. Louis..........20	F20	Ronsard, r. 18	D14
Rhin-et-Danube, pl. de 19	D21	Roberval, r. 17	B11	Ronsin, imp. 15	L10
Rhône, sq. du 17	C8	Robiac, sq. de 7	J9	Roosevelt, av. Franklin D. 8	G10-F10
Ribera, r. 16	K4	Robida, villa Albert 19	E20	Rops, av. Félicien...........13	S15
Riberolle, villa 20	J21	Robin, r. Charles 10	E18	Roquépine, r. 8	F11
Ribet, pass. 15	L8	Robineau, r. 20	G21-G20	Roques, r. du Général........16	M2
Ribière, r. Henri............19	E21	Robiquet, imp. 6	L12	Roquette, cité de la 11	J18
Riblette, r. 20	H22	Rocamadour, sq. de 16	K3	Roquette, r. de la 11	J18-H20
Ribot, cité 11	G19	Rochambeau, pl. 16	G8	Roret, r. Nicolas............13	N15
Ribot, r. Théodule 17	E8	Rochambeau, r. 9	E14	Rosalie, av. de la Sœur.......13	N15
Ribot, villa Alexandre........19	D21	Roche, r. Ernest............17	B11	Rose, r. Marie...............14	P12
Riboutté, r. 9	E14	Rochebrune, pass. 11	H19	Rosenwald, r. 15	N9
Ricaut, r. 13	P16	Rochebrune, r. 11	H19	Roses, r. des 18	B17-B16
Richard, imp. 15	N9	Rochechouart, bd de	D15-D14	Roses, villa des 18	B16
Richard, r. Émile 14	M12-N12	*nᵒˢ impairs 9*		Rosière, r. de la 15	L7
Richelieu, pass. de 1	G13	*nᵒˢ pairs 18*		Rosiers, r. des 4	J16
Richelieu, r. de	H13-F14	Rochechouart, r. de 9	E14-D14	Rosny-Aîné, sq. 13	S16
nᵒˢ 1-53, 2-56 1		Rochefort, r. Henri 17	D9	Rossi, jardin Tino 5	K16-L17
nᵒˢ 55-fin, 58-fin..........2		Rocher, r. du 8	E11-E10	Rossif, sq. Frédéric 12	L19-L20
Richemond, r. de 13	P17	Rockfeller, av. 14	S14-R13	Rossini, r. 9	F14-F13
Richepin, r. Jean 16	H5	Rocroy, r. de...............10	E15-D15	Rostand, pl. Edmond 6	L14
Richer, r. 9	F15-F14	Rodenbach, allée...........14	N13	Rostand, pl. Jean 19	F18
Richerand, av. 10	F17	Rodhain, r. Monseigneur.....10	E17	Rothschild, imp. 18	C12
Richet, r. du Dr-Charles 13	N17	Rodier, r. 9	E14-D14	Rotonde, esplanade de la 19	B20
Richomme, r. 18	D15	Rodin, av. 16	H5	Rotonde, pl. de la 1	H14
Rictus, sq. Jehan 18	D13	Rodin, r. 16	J4	Rotrou, r. 6	K13
Ridder, r. de 14	N10-P10	Rodrigues,		Rottembourg, r. 12	M22-M23
Riesener, r. 12	L20	promenade Amália 19	D22-E22	Roty, r. Oscar 15	L6-M7
Rigaunes, imp. des 21	E21	Roger, r. 14	N12	Rouanet, r. Gustave 18	B14-B13
Rigny, r. de 8	F11	Roger, r. Edmond 15	L7	Rouault, allée Georges 20	G19
Rigoles, r. des 20	F21-F20	Rohan, cour. de...............6	K13	Roubaix, pl. de 10	E15
Rimbaud, allée Arthur.......13	M18-M19	Rohan, r. de................1	H13	Roubo, r. 11	K20
Rimbaud, villa 19	D20	Roi-d'Alger, pass. du........18	B15	Rouché, pl. Jacques 9	F13
Rimbaut, pass. 14	P12	Roi-d'Alger, r. du 18	B14-B15	Roucher, r. Antoine 16	L4
Rimet, pl. Jules 16	M2	Roi-de-Sicile, r. du 4	J16	Rouelle, r. 15	K7
Rimski-Korsakov, allée......18	B17	Roi-Doré, r. du 3	H17	Rouen, r. de 19	C18
Rio-de-Janeiro, pl. de........8	E10	Roi-François, cour. du 2	G15	Rouet, imp. du 14	P12
Ripoche, r. Maurice 14	N11	Rol-Tanguy,		Rougemont, cité 9	F14
Riquet, allée du		av. du Colonel-Henri 14	N12-N13	Rougemont, r. 9	F14
Révérend-Père Michel 6	K13	Roli, r. 14	R14	Rouget-de-l'Isle, r. 1	G12
Riquet, r.	C18-C16	Roll, r. Alfred 17	C8	Roule, r. du 1	H14
nᵒˢ 1-53, 2-64 19		Rolland, bd Romain 14	S12-R10	Roule, sq. du 8	E8
nᵒˢ 65-fin, 66-fin..........18		Rolleboise, imp. 20	J21-K21	Rousse, r. Edmond 14	R11
Risler, av. Charles 7	J8	Rollet, pl. Henri 15	N7	Rousseau, av. Armand.......12	N23-M23
Risler, av. Georges..........16	M3	Rollin, r. 5	L15	Rousseau, av. Théodore.....16	J4
Riverin, cité 10	F16-G16	Rollinat, villa Maurice 19	D20	Rousseau, r. Jean-Jacques 1	H14-G14
Rivière, r. du Commandant 8	F10-F9	Romains, r. Jules 19	F19	Roussel, av. de l'Abbé 16	K4-K5
Rivière, pl. Théodore 16	L4	Romainville, r. de 19	E21-E22	Roussel, r. Albert 17	B9-C9
Rivoire, av. André 14	S13	Rome, cour. de 8	E11	Roussel, r. Théophile 12	K19-K18

Nom, voie . . . . . Arrondissement	Repère
Rousselet, r. 7	K11
Rousselle, r. Ernest et Henri . . 13	R16-R15
Rousselot, r. de l'Abbé 17	C8
Roussin, r. de l'Amiral 15	L8-M8
Rouvet, r. 19	B20-B19
Rouvier, r. Maurice 14	P10-N9
Rouvray, av. de 16	L4-L3
Roux, pass. 17	D8
Roux, r. du Dr. 15	M10
Roy, r. 8	F11
Royal, pont 1	H12
Royale, galerie 8	G11
Royale, r. 8	G11
Royer, r. Clémence 1	H14
Royer-Collard, imp. 5	L14
Royer-Collard, r. 5	L14
Rozanoff, r. du Colonel 12	L20
Rozier, r. Arthur 19	E20
Rubens, r. 16	N16
Rude, r. 16	F7
Rueff, pl. Jacques 7	J8
Ruelle, pass. 18	C16
Ruggieri, r. Désiré 18	B13
Ruhmkorff, r. 17	D6
Ruisseau, r. du 18	C13-B14
Ruisseau-de-Ménilmontant,	
pass. du 20	G21
Rungis, pl. de 13	R14
Rungis, r. de 13	R14
Rutebeuf, pl. 12	L19
Ruysdaël, av. 8	E10

S

Sablière, r. de la 14	N12-N11
Sablonneuse, rte 16	F4-G4
Sablons, r. des 16	G6-H6
Sablonville, r. de	E6-E5
n°s 1-4 17	
autres n^{os} Neuilly-sur-Seine	
Sabot, r. du 6	K12
Saché, r. Georges 14	N11
Sacré-Cœur, cité du 18	C14
Sacy, av. Silvestre de 7	H8-J8
Sagan, pl. Françoise 14	P11
Sahel, r. du 12	M22-M23
Sahel, villa du 12	M22
Saïd, villa 16	F6-F5
Saïda, r. de la 15	N7-N8
Saïgon, r. de 16	F7
Saillard, r. 14	N12
St-Alphonse, imp. 14	R12
St-Amand, r. 15	N9
St-Ambroise, pass. 11	H19-H18
St-Ambroise, r. 11	H18-H19
St-André-des-Arts, pl. 6	K14-J14
St-André-des-Arts, r. 6	J14-J13
St-Ange, pass. 17	B12
St-Ange, villa 17	B12

Nom, voie . . . . . . Arrondissement	Repère
St-Antoine, pass. 11	K18
St-Antoine, r. 4	J17-J16
St-Augustin, pl. 8	F11
St-Augustin, r. 2	G13
St-Benoît, r. 6	J13
St-Bernard, pass. 11	K19
St-Bernard, port 5	L17-K16
St-Bernard, quai 5	L17-K16
St-Bernard, r. 11	K19-J19
St-Blaise, pl. 20	H22
St-Blaise, r. 20	H22-J23
St-Bon, r. 4	J15
St-Bruno, r. 18	D16-D15
St-Charles, pl. 15	K7
St-Charles, r. 15	K7-M5
St-Charles, rd-pt 15	L6-M6
St-Charles, sq. 12	L20
St-Charles, villa 15	L6
St-Chaumont, cité 19	F18-E18
St-Christophe, r. 15	L5-L6
St-Claude, imp. 3	H17
St-Claude, r. 3	H17
St-Cloud, av. de 16	K1-J2
St-Cloud, porte de 16	M2-N2
St-Denis, allée 16	J1-E5
St-Denis, bd	G16-G15
n°s 1-9 3	
n°s 11-fin 2	
n^{os} pairs 10	
St-Denis, imp. 2	G15
St-Denis, r.	J14-G15
n°s 1-133, 2-104 1	
n°s 135-fin, 106-fin 2	
St-Didier, r. 16	G7-G6
St-Dominique, r. 7	J11-J8
St-Éleuthère, r. 18	D14
St-Éloi, cour 12	L20
St-Émilion, cour 12	N20
St-Émilion, pass. 12	N20
St-Esprit, cour du 11	K19
St-Estèphe, pl. 12	N20-P20
St-Eustache, balcon 1	H14
St-Eustache, imp. 1	H14
Saint-Exupéry, quai 16	M4-N3
St-Fargeau, pl. 20	F22
St-Fargeau, r. 20	F21-F23
St-Fargeau, villa 20	F22
St-Ferdinand, pl. 17	E7
St-Ferdinand, r. 17	E7-E6
St-Fiacre, r. 2	G14-F14
St-Florentin, r.	G11
n^{os} pairs 1	
n^{os} impairs 8	
St-François, imp. 18	B14
Saint-George, r. du Chevalier de	G11-G12
n^{os} impairs 8	
n^{os} pairs 1	

Nom, voie . . . . . . Arrondissement	Repère
St-Georges, pl. 9	E13
St-Georges, r. 9	F13-E13
St-Germain, bd	K16-H11
n°s 1-73, 2-100 5	
n°s 75-175, 102-186 6	
n°s 177-fin, 188-fin 7	
St-Germain-des-Prés, pl. 6	J13
St-Germain-l'Auxerrois, r. 1	J14
St-Germain-l'Auxerrois,	
r. des Prêtres 1	H14
St-Gervais, pl. 4	J15
St-Gilles, r. 3	J17
St-Gilles-Grand-Veneur-	
Pauline-Roland, sq. 3	H17
St-Gothard, r. du 14	P13
St-Guillaume, r. 7	J12
St-Hilaire, r. Geoffroy 5	M16-L16
St-Hippolyte, r. 13	N15-N14
St-Honoré, r.	H14-G11
n°s 1-271, 2-404 1	
n°s 273-fin, 406-fin 8	
St-Honoré-d'Eylau, av. 16	G6
St-Hubert, r. 11	H19
St-Hyacinthe, r. 1	G12
St-Irénée, sq. 11	H18
St-Jacques, bd 14	N14-N13
St-Jacques, pl. 14	N13
St-Jacques, r. 5	K14-M14
St-Jacques, villa 14	N13
St-Jean, pl. 17	C12
St-Jean, r. 17	C11-C12
St-Jean-Baptiste-de-la-Salle,	
r. 6	L11
St-Jérôme, r. 18	D16-C16
Saint-John-Perse,	
allée 1	H14
St-Joseph, cour 11	K18
St-Joseph, r. 2	G14
St-Jules, pass. 18	B13
St-Julien-le-Pauvre, r. 5	K15-K14
Saint-Just, r. 17	B10
St-Lambert, r. 15	M7-N7
St-Lambert, sq. 15	L8-M8
St-Laurent, r. 10	E16
St-Lazare, r.	E13-F12
n°s 1-109, 2-106 9	
n°s 111-fin, 108-fin 8	
St-Louis, cour 11	K18-J18
St-Louis, pont 4	K15
St-Louis-en-l'Île, r. 4	K16-K15
St-Luc, r. 18	D15
St-Mandé, av. de 12	L21-L23
St-Mandé, porte de 12	L23
St-Mandé, villa de 12	L22-L21
St-Marc, galerie 2	F14
St-Marc, r. 2	F14-F13
St-Marceaux,	
r. de 17	C8

Nom, voie	Arrondissement	Repère
St-Marcel, bd		M16-M15
nos impairs	13	
nos pairs	5	
St-Martin, bd		G16
nos impairs	3	
nos pairs	10	
St-Martin, cité	10	F16
St-Martin, r.		J15-G16
nos 1-143, 2-152	4	
nos 145-fin, 154-fin	3	
St-Mathieu, r.	18	D16-D15
St-Maur, pass.	11	H19
St-Maur, r.		H19-F18
nos 1-175, 2-176	11	
nos 177-fin, 178-fin	10	
St-Maurice, av. de	12	N24-R24
St-Médard, r.	5	L15
St-Merri, r.	4	H15
St-Michel, bd		K14-M13
nos impairs	5	
nos pairs	6	
St-Michel, pass.	17	C12
St-Michel, pl.		J14
nos 1-7	5	
nos 2-10, 9-13	6	
St-Michel, pont	4	J14
St-Michel, quai	5	K14-J14
St-Michel, villa	18	C12
St-Nicolas, r.	12	K18
St-Ouen, av. de		C12-B12
nos impairs	17	
nos pairs	18	
St-Ouen, imp.	17	B12
St-Ouen, porte de	17	A12
St-Paul, imp.	20	J22
St-Paul, pass.	4	J16
St-Paul, r.	4	K16-J17
St-Paul, r. Gaston de	16	H8-G8
St-Pétersbourg, r. de	8	E11-D12
St-Philippe, r.	2	G15
St-Philippe-du-Roule, pass.	8	F10
St-Philippe-du-Roule, r.	8	F9
St-Pierre, cour	17	C12-C11
St-Pierre, imp.	20	J22-J21
St-Pierre, pl.	18	D14
St-Pierre-Amelot, pass.	11	H17-H18
St-Placide, r.	6	L12-K11
St-Quentin, r. de	10	E16
St-Roch, pass.	1	G13
St-Roch, r.	1	H12-G13
St-Romain, r.	6	K11-L11
St-Romain, sq.	6	K11-L11
St-Rustique, r.	18	C14
St-Sabin, pass.	11	J18
St-Sabin, r.	11	J18-H17
Saint-Saëns, r.	15	J7-K7
St-Sauveur, r.	2	G15
St-Sébastien, imp.	11	H18

Nom, voie	Arrondissement	Repère
St-Sébastien, pass.	11	H17-H18
St-Sébastien, r.	11	H17-H18
St-Senoch, r. de	17	D7
St-Séverin, r.	5	K14
St-Séverin, r. des Prêtres	5	K14
St-Simon, r. de	7	J11
Saint-Simoniens, pass.	20	F21
St-Spire, r.	2	G15
St-Sulpice, pl.	6	K13
St-Sulpice, r.	6	K13
St-Thomas-d'Aquin, pl.	7	J12
St-Thomas-d'Aquin, r.	7	J12
St-Victor, r.	5	K15
St-Vincent, imp.	19	E20
St-Vincent, r.	18	C14-C13
St-Vincent-de-Paul, r.	10	E15-D15
St-Vivant, pass.	12	N20
St-Yves, r.	14	R13-P12
Ste-Anastase, r.	3	H17
Ste-Anne, pass.	2	G13
Ste-Anne, r.		G13
nos 1-47, 2-38	1	
nos 49-fin, 40-fin	2	
Ste-Anne-Popincourt, pass.	11	J17-J18
Ste-Apolline, r.		G16-G15
nos 1-11, 2-8	3	
nos 13-fin, 10-fin	2	
Ste-Avoie, pass.	3	H16
Ste-Beuve, r.	6	L12
Ste-Cécile, r.	9	F15-F14
Ste-Claire-Deville, r.	12	L20
Ste-Croix, villa	17	B11
Ste-Croix-de-la-Bretonnerie, r.	4	J16-H15
Ste-Croix-de-la-Bretonnerie, sq.	4	J15
Ste-Elisabeth, pass.	3	G16
Ste-Elisabeth, r.	3	G16
Ste-Eugénie, av.	15	N8
Ste-Félicité, r.	15	M9
Ste-Foy, pass.	2	G15
Ste-Foy, r.	2	G15
Ste-Geneviève, pl.	5	L14-L15
Ste-Hélène, r. de	13	R15-S15
Ste-Henriette, imp.	18	B14
Ste-Isaure, r.	18	B14
Ste-Léonie, r.	14	N11
Ste-Lucie, r.	15	L6
Ste-Marie, av.		N23-N24
sans nos.	12	
nos 1-91, 2-72	Saint-Mandé	
Ste-Marie, villa	20	F23
Ste-Marthe, imp.	10	F18
Ste-Marthe, pl.	10	F18
Ste-Marthe, r.	10	F18
Ste-Monique, imp.	18	B12
Ste-Opportune, pl.	1	H15-H14

Nom, voie	Arrondissement	Repère
Ste-Opportune, r.	1	H14-H15
Saintonge, r. de	3	H16-G17
Sts-Pères, port des	6	J13-H12
Sts-Pères, r. des		J13-K12
nos impairs	6	
nos pairs	7	
Salamandre, sq. de la	20	J22
Salarnier, imp.	11	J18
Salembrière, imp.	5	K14
Salneuve, r.	17	D10
Salonique, av. de	17	D6
Samain, r. Albert	17	D7-C7
Sambre-et-Meuse, r. de	10	F17-F18
Sampaix, r. Lucien	10	F16-F17
Samson, r.	13	P15
San-Martin, av. du Général	19	E19
Sancerrois, sq. du	12	N22
Sand, r. George	16	K4
Sand, villa George	16	K4
Sandeau, bd Jules	16	H5-H4
Sandrié, imp.	9	F12
Sangnier, av. Marc	14	P9-R10
Sansbœuf, r. Joseph	8	F11-E11
Santé, imp. de la	13	M14
Santé, r. de la		M14-P14
nos impairs	13	
nos pairs	14	
Santerre, r.	12	L21-L22
Santeuil, r.	5	M16-M15
Santiago-du-Chili, pl.	7	J10
Santos-Dumont, r.	15	N9
Santos-Dumont, villa	15	N9
Saône, r. de la	14	P12
Sarasate, r.	15	M6-L6
Sarcey, r. Francisque	16	H6
Sardou, r. Victorien	16	L4
Sardou, sq. Victorien	16	L4
Sardou, villa Victorien	16	L4
Sarrabezolles, sq. Carlo	15	M4-M5
Sarrail, av. du Général	16	L2
Sarrazin, r. Pierre	6	K14
Sarrette, r.	14	P12-R12
Sarte, r. André del	18	D14
Sartre-S.-de-Beauvoir, pl. Jean-Paul	6	J13
Satan, imp.	20	J22
Sauffroy, r.	17	C11-B11
Saulaie, villa de la	20	J21
Saules, r. des	18	C13-C14
Saulnier, r.	9	F14-E14
Saunière, r. Paul	16	H6
Saussaies, pl. des	8	F11
Saussaies, r. des	8	F10-F11
Saussier-Leroy, r.	17	E8
Saussure, r. de	17	D11-C9
Sauton, r. Frédéric	5	K15
Sauval, r.	1	H14

Nom, voie ..... Arrondissement	Repère
Sauvy, pl. Alfred 15	**K7**
Savart, pass. 20	**J22**
Savart, r. Laurence 20	**G21**
Savies, r. de 20	**F20**
Savoie, r. de................6	**J14**
Savorgnan-de-Brazza, r. 7	**J9**
Saxe, av. de	**K9-L10**
n⁰ˢ impairs, n⁰ˢ 2-48 7	
n⁰ˢ 50-fin 15	
Saxe, villa de 7	**K9-K10**
Say, r. Jean-Baptiste 9	**D14**
Scarron, r. 11	**J17**
Scheffer, r. 16	**H6-H5**
Scheffer, villa 16	**H6-H5**
Schlœsing,	
r. du Commandant........16	**H6**
Schneider, r. Frédéric 18	**A13**
Schœlcher, r. Victor 14	**N12-M12**
Schomberg, r. de 4	**K17**
Schubert, r. 20	**K23**
Schuman, av. Robert 7	**H9**
Schuman, sq. Robert 16	**G4-G5**
Schutzenberger, r. 15	**K7**
Schwartzenberg,	
r. Léon 10	**E16**
Schweitzer, jardin Albert 4	**J16**
Scipion, r. 5	**M15**
Scott, r. du Capitaine 15	**J7**
Scotto, r. Vincent 19	**D18**
Scribe, r. 9	**F12**
Sébastopol, bd de	**J15-G15**
n⁰ˢ 1-65.................1	
n⁰ˢ 67-fin 2	
n⁰ˢ 2-40.................4	
n⁰ˢ 42-fin 3	
Séché, r. Léon 15	**M8**
Secrétan, av. 19	**D18-E19**
Sécurité, pass. 15	**K8**
Sedaine, cour 11	**J18**
Sedaine, r. 11	**J18-H19**
Sédar-Senghor,	
passerelle Léopold 7	**H11-H12**
Sédillot, r. 7	**H8-J8**
Sédillot, sq. 7	**J8-J9**
Sée, r. du Dr-Germain 16	**K6-J5**
Segalen, r. Victor 20	**H22**
Séguier, r. 6	**J14**
Séguin, r. Marc 18	**C17-C16**
Ségur, av. de	**K10-L9**
n⁰ˢ 1-73, 2-36 7	
n⁰ˢ 75-fin, 38-fin........15	
Ségur, villa de 7	**K9-K10**
Seine, quai de la 19	**D18-C19**
Seine, r. de 6	**J13-K13**
Séjourné, r. Paul 6	**M12**
Selves, av. de 8	**G10**
Semanaz, r. Jean-Baptiste ...19	**D22-D21**
Semard, r. Pierre 9	**E14-E15**

Nom, voie ..... Arrondissement	Repère
Sembat, r. Marcel 18	**A13**
Séminaire, allée du 6	**K13**
Senard, pl. Jules 19	**E22**
Sénégal, r. du 20	**F19**
Senlis, r. de 17	**C8**
Sentier, r. du 2	**G14-F14**
Séoul, pl. de...............14	**N11**
Sept-Arpents, r. des 7	**C21-C22**
n⁰ˢ 8-30 ..Le Pré-Saint-Gervais	
n⁰ˢ 2-6.................19	
n⁰ˢ 32-44, n⁰ˢ impairs Pantin	
September, pl. Dulcie 10	**E16-E17**
7ᵉ Art, cours du 19	**E20**
Séré-de-Rivières,	
r. du Général 14	**P10**
Serment-de-Koufra, sq. du .14	**R11**
Serpente, r. 6	**K14**
Serpollet, r. 20	**H23**
Serres, pass. Olivier. de 15	**N8**
Serres, r. Olivier. de........15	**M8-N7**
Serret, r. 15	**M7**
Sérurier, bd 19	**E22-B21**
Servan, r. 11	**H19**
Servan, sq. 11	**H19**
Servandoni, r. 6	**K13**
Seurat, villa 14	**P12-P13**
Séverine, sq. 20	**G23**
Severo, r. 14	**N11**
Seveste, r. 18	**D14**
Sévigné, r. de	**J16-J17**
n⁰ˢ 1-21, 2-34 4	
n⁰ˢ 23-fin, 36-fin.........3	
Sèvres, porte de 15	**N5**
Sèvres, r. de	**K12-L10**
n⁰ˢ 1-143, 2-8 6	
n⁰ˢ 10-98 7	
n⁰ˢ 145-fin, 100-fin 15	
Sèvres-à-Neuilly, rte de 16	**G1-F1**
Sévrien, galerie le 6	**K11-L11**
Sextius-Michel, r. 15	**K7**
Seyrig, r. Delphine 19	**B21**
Sèze, r. de	**F12**
n⁰ˢ 1-11, 2-18 9	
n⁰ˢ 13-fin, 20-fin.........8	
Sfax, r. de 16	**F6**
Siam, r. de 16	**H5**
Sibelle, av. de la 14	**P13-R13**
Sibour, r. 10	**F16**
Sibuet, r. 12	**M22-L22**
Sicard, r. Jean 15	**P8**
Sidi-Brahim, r. 12	**M21-M22**
Siegfried, r. Jules 20	**G22-G23**
Sigaud, pass. 13	**P15**
Signac, pl. Paul 20	**G22**
Signoret-Montand,	
promenade 19	**C18-D18**
Simard, pl. Marthe 14	**P9**
Simart, r. 18	**C15-C14**

Nom, voie ..... Arrondissement	Repère
Simon, bd du Général Jean ...13	**P19-R19**
Simon, r. Jules.............15	**M7**
Simon, villa Adrienne 14	**N12**
Simonet, r. 13	**P15**
Simplon, r. du 18	**B15-B14**
Singer, pass. 16	**J5**
Singer, r. 16	**J5**
Singes, pass. des...........4	**J16**
Sisley, r. 17	**C9**
Sivel, r. 14	**N12**
Sizeranne, r. Maurice de la ..7	**K10-L10**
Sizerins, villa des 19	**D20**
Skanderbeg, pl. 19	**A18**
Sofia, r. de 18	**D15**
Soissons, r. de 19	**D18**
Soleil, r. du...............20	**F21**
Soleil-d'Or, cour. du 15	**M9**
Soleillet, r. 20	**G20-G21**
Solférino, port de 7	**H12-H11**
Solférino, r. 7	**H11**
Solidarité, r. de la 19	**D20-D21**
Solitaires, r. des 19	**E20-E21**
Somme, bd de la 17	**C7-D7**
Sommeiller, villa 16	**M3**
Sommerard, r. du 5	**K15-K14**
Sommet-des-Alpes,	
r. du 15	**P9**
Sonatine, villa 19	**C20**
Sontay, r. de 16	**F6**
Sorbier, r. 20	**G20-G21**
Sorbonne, pl. de la 5	**K14**
Sorbonne, r. de la 5	**K14**
Sorel, r. Albert 14	**R11**
Souchet, villa 20	**G22**
Souchier, villa 16	**H5**
Soudan, r. du..............15	**K8**
Soufflot, r. 5	**L14**
Souhaits, imp. des 20	**J21**
Souham, pl. 13	**P17**
Soulange-Bodin,	
r. de l'Abbé 14	**N11**
Soulié, r. Pierre 20	**F23**
Soult, bd 12	**N22-L23**
Soupirs, pass. des..........20	**G21**
Source, r. de la 16	**K4**
Sourdis, ruelle 3	**H16**
Soutine, villa 14	**P13**
Souvenir-Français,	
esplanade du 7	**K10**
Souzy, cité 11	**K20**
Spinoza, r. 11	**H20**
Spontini, r. 16	**F5-G5**
Spontini, villa 16	**G5**
Spuller, r. Eugène 3	**H16-G17**
Square, av. du 16	**K4-K3**
Square-Carpeaux, r. du 18	**B13-B12**
Staël, r. de 15	**L9-L10**
Stanislas, r. 6	**L12**

Index des rues

Nom, voie .....Arrondissement Repère

Station, sentier de la ....19 — B19
Stéfanik, pl. du Général......16 — M2
Steinkerque, r. de ....18 — D14
Steinlen, r. ....18 — C13
Stemler, cité ....19 — F18-E18
Stendhal, pass. ....20 — H22
Stendhal, r. ....20 — H22
Stendhal, villa ....20 — H22
Stéphane, sq. Roger ....7 — K12
Stephenson, r. ....18 — D16-C16
Stern, r. Daniel ....15 — K8-K7
Stevens, pass. Alfred ....9 — D13
Stevens, r. Alfred ....9 — D13
Sthrau, r. ....13 — P17
Stinville, pass. ....12 — L20
Stock, pl. de l'Abbé-Franz ...16 — N3
Stockholm, r. de ....8 — E11
Strasbourg, bd de ....10 — G15-E16
Strauss, pl. Johann ....10 — G16
Strauss, r. Paul ....20 — G22-G23
Stravinsky, pl. Igor ....4 — H15
Stuart, r. Marie ....2 — G15-G14
Stuart-Merrill, pl. ....17 — D7
Suarès, r. André............17 — B10
Suchet, bd ....16 — H4-K3
Sud, pass. du ....19 — D19
Sue, r. Eugène ....18 — C14-C15
Suez, imp. ....20 — J22
Suez, r. de ....18 — C15
Suffren, av. de.............. — J7-L9
  nos 1-143 bis 7
  nos 145-fin, nos pairs 15
Suffren, port de ....7 — H7-J7
Suger, r. ....6 — K14
Suisses, r. des ....14 — N10-P10
Sully, ponts de.............. — K16
Sully, r. de ....4 — K17
Supervielle, allée Jules ......1 — H14
Surcouf, r. ....7 — H9
Surène, r. de ....8 — F11
Suresnes, rte de ....16 — H1-F5
Surmelin, pass. du..........20 — G22-F22
Surmelin, r. du ....20 — G22-F23
Surville, r. Laure ....15 — L5
Sycomores, av. des........16 — K3
Sydney, pl. de ....15 — J7
Sylvia, r. Gaby ....11 — J18-H18

T

Tacherie, r. de la ....4 — J15
Taclet, r. ....20 — F21
Tage, r. du ....13 — R16
Tagore, r. ....13 — R16
Tagrine, r. Michel ....19 — E18
Tahan, r. Camille ....18 — D12
Taillade, av. ....20 — F21
Taillandiers, pass. des ....11 — J18
Taillandiers, r. des ....11 — J18

Taillebourg, av. de ....11 — K21
Tailleferre, r. Germaine ......19 — C20
Taine, r. ....12 — M20-M21
Taitbout, r. ....9 — F13-E13
Taïti, r. de ....12 — M21-M22
Talleyrand, r. de ....7 — H10-J10
Talma, r. ....16 — J5
Talus, imp. du ....18 — B13
Tandou, r. ....19 — D19-C19
Tanger, r. de................19 — D17-C18
Tanneries, r. des ....13 — N14
Tansman, villa Alexandre ....16 — M4
Tapisseries, r. des ....17 — C9
Tarbé, r. ....17 — D10-C10
Tardieu, pl. André ....7 — K10
Tardieu, r. ....18 — D14
Tarn, sq. du ....17 — C8
Tarron, r. du Capitaine ....20 — G23
Tattegrain, pl. ....16 — H4-H5
Taunay, r. Nicolas ....14 — R11
Taylor, r. ....10 — G16-F16
Tchaikovski, r. ....18 — B17
Téhéran, r. de ....8 — E10-F10
Teilhard-de-Chardin,
  pl. du Père ....4 — K17
Teilhard-de-Chardin, r. Père ...5 — M15
Télégraphe, pass. du........20 — F21
Télégraphe, r. du ....20 — F22-F21
Tell, r. Guillaume ....17 — D7-D8
Tellier, r. Charles ....16 — M3
Temple, bd du.............. — H17-G17
  nos impairs 3
  nos pairs 11
Temple, r. du .... — J15-G17
  nos 1-63, 2-58 4
  nos 65-fin, 60-fin.........3
Temple, sq. du ....3 — G16
Templier, parvis Daniel ......14 — M11
Tenaille, pass. ....14 — N11-N12
Tennis, r. des ....18 — B12
Ternaux, r. ....11 — H18-G18
Ternes, av. des............17 — E8-E6
Ternes, pl. des .... — E8
  nos impairs, no 6 17
  nos pairs (sauf le 6) 8
Ternes, porte des ....17 — E6
Ternes, r. des ....17 — E7-D7
Ternes, villa des ....17 — D7-E7
Terrage, r. du ....10 — E17-E16
Terrasse, r. Claude ....16 — M3
Terrasse, r. de la ....17 — D10
Terrasse, villa de la ....17 — D10
Terre-Neuve, r. de ....20 — J21-J22
Terres-au-Curé, r. des ......13 — R18
Terrier, r. Félix ....20 — J23
Terroirs-de-France, av. des ..12 — N20-P20
Tertre, imp. du ....18 — C14
Tertre, pl. du ....18 — D14

Tessier, r. ....15 — M9
Tessier, r. Gaston ....19 — B18
Tessier-de-Marguerittes,
  pl. du Général ....20 — K23
Tesson, r. ....10 — F18
Texel, r. du ....14 — M11-N11
Thann, r. de ....17 — E9-D10
Théâtre, r. du..............15 — K6-L8
Thébaud, sq. Jean ....15 — L8
Thénard, r. ....5 — K14
Thérèse, r. ....1 — G13
Thermopyles, r. des ....14 — N11-N12
Theuriet, r. André ....15 — P8
Thibaud, r. ....14 — P12
Thiboumery, r. ....15 — N9
Thiéré, pass. ....11 — K18-J18
Thierry, r. Augustin..........19 — E21
Thiers, r. ....16 — G5
Thiers, sq. ....16 — G5
Thill, r. Georges ....19 — C20-D20
Thimerais, sq. du ....17 — C8
Thimonnier, r. ....9 — E15-E14
Thionville, pass. de ....19 — C19
Thionville, r. de ....19 — C19-C20
Tholozé, r. ....18 — D13-C13
Thomas, r. Albert ....10 — G17-F16
Thomas, r. Ambroise ....9 — F15
Thomas, r. Yéo ....13 — N17-N16
Thomas, sq. Eugène ....12 — M20
Thomire, r. ....13 — S15
Thomy-Thierry, allée ....7 — J8
Thorel, r. ....2 — G15-F15
Thoréton, villa ....15 — M6
Thorigny, pl. de ....3 — H17
Thorigny, r. de..............3 — H17
Thorins, r. de ....12 — N20
Thouin, r. ....5 — L15
Thuillier, r. Louis ....5 — L14
Thuliez, r. Louise ....19 — E21
Thuré, cité ....15 — L8
Thureau-Dangin, r. ....15 — P7
Tibre, r. ....16 — R16
Tilleuls, av. des ....16 — K3
Tillier, r. Claude ....12 — L20-K20
Tillon, pl. Charles ....19 — A18
Tilsitt, r. de .... — F8-F7
  nos 1-5, 2-14 8
  nos 7-11, 16-34..........17
Timbaud, r. Jean-Pierre .....11 — G17-G19
Tiphaine, r. ....15 — K8
Tiquetonne, r. ....2 — G15-G14
Tiron, r. ....4 — J16
Tison, r. Jean ....1 — H14
Tissandier, r. Gaston ....18 — A17
Tisserand, r. ....15 — M6
Titien, r. ....13 — N16
Titon, r. ....11 — K20
Tlemcen, r. de ....20 — H20-G20

Nom, voie ..... Arrondissement	Repère
Toccata, villa 19	C20
Tocqueville, r. de 17	D10-C9
Tokyo, pl. de 16	G8
Tolain, r. 20	K22
Tolbiac, pont de 12	N19
Tolbiac, port de 13	P20-N19
Tolbiac, r. de 13	P14-P18
Tollet, r. André 11	G17
Tolstoï, sq. 16	K3
Tomasi, r. Henri.......... 20	K23
Tombe-Issoire, r. de la ... 14	N13-R12
Tombelle, sq. Fernand de la .. 17	D10
Tombouctou, r. de 18	D16
Torcy, pl. de 18	C16
Torcy, r. de 18	C17-C16
Torricelli, r. 17	E7-D7
Toudic, r. Yves 10	G17-F16
Toudouze, pl. Gustave 9	E13
Toul, r. de 12	M22
Toulet, r. Paul-Jean 20	J22
Toullier, r. 5	L14
Toulouse, r. de 19	D21
Toulouse-Lautrec, r. 17	A12
Tour, r. de la 16	J6-H5
Tour, villa de la 16	H5
Tour-de-Vanves, pass. de la.. 14	N11
Tour-des-Dames, r. de la .. 9	E13-E12
Tourelles, pass. des 20	F22
Tourelles, r. des.......... 20	F22
Tourlaque, r. 18	C13-C12
Tournefort, r. 5	L15-M15
Tournelle, pont de la 4	K16
Tournelle, port de la 5	K16-K15
Tournelle, quai de la 5	K16-K15
Tournelles, r. des	J17
nᵒˢ 1-29 2-44.......... 4	
nᵒˢ 31-fin, 46-fin....... 3	
Tournemire, r. Charles..... 17	D6
Tourneux, imp. 12	M21
Tourneux, r. 12	M21
Tournon, r. de 6	K13
Tournus, r. 15	L7
Tours, r. Grégoire de 6	J13-K13
Tourtille, r. 20	F19
Tourville, av. de 7	J10-J9
Toussaint, sq. Marcel 15	N8
Toustain, r. 6	K13
Tracy, r. de 2	G15
Traktir, r. de 16	F7
Trannoy, pl. André 13	P15
Transvaal, r. du 20	F20
Traversière, r. 12	L17-K18
Trefouel,	
r. Jacques-et-Thérèse ... 15	L10
Treilhard, r. 8	E10
Trélat, sq. Ulysse 13	R17
Trentinian,	
pl. des Généraux-de...... 16	F5

Nom, voie ..... Arrondissement	Repère
Trésor, r. du 4	J16
Trétaigne, r. de 18	C14-B14
Trévise, cité de 9	F14-E14
Trévise, r. de 9	F14-E14
Trinité, pass. de la 2	G15
Trinité, r. de la 9	E12
Trintignant, jardin Marie 4	K16
Tripier, av. du Général 7	J8
Tristan, pl. Flora 14	N11
Trocadéro, jardins du 16	H7
Trocadéro, sq. du 16	H6
Trocadéro et Onze-Novembre,	
pl. du 16	H6-H7
Trois-Bornes, cité des 11	G18
Trois-Bornes, r. des 11	G18
Trois-Couronnes, r. des.... 11	G18-G19
Trois-Couronnes, villa des .. 20	G19
Trois-Frères, cour. des 11	K18
Trois-Frères, r. des 18	D14-D13
Trois-Portes, r. des 5	K15
Trois-Quartiers,	
galerie des............... 1	G12
Trois-Sœurs, imp. des 11	J18-J19
Trolley-de-Prévaux, r. 13	P18
Tronchet, r.	F12
nᵒˢ impairs, 2-26.......... 8	
nᵒˢ 28-fin 9	
Trône, av. du	K21
nᵒˢ impairs 11	
nᵒˢ pairs 12	
Trône, pass. du 11	K21
Tronson-du-Coudray, r. 8	F11
Trousseau, r. 11	K19-J19
Troyon, r. 17	E8
Trubert-Bellier,	
pass. 13	R15
Truchet, r. Abel 17	D11
Trudaine, av. 9	D14-E14
Trudaine, sq. 9	E14
Truffaut, r. 17	D11-C10
Truffaut, r. François 12	N20
Truillot, imp. 11	H18
Tuck, av. Edward 8	G11-G10
Tuffier, r. du Dr 13	R16-R15
Tuileries, jardin des 1	H12
Tuileries, port des......... 1	H12-H11
Tuileries, quai des 1	H13-H11
Tulipes, villa des 18	B14
Tunis, r. de 11	K21
Tunisie, av. de la 14	R13
Tunnel, r. du 19	E20-E19
Turbigo, r. de	H14-G16
nᵒˢ 1-11, 2-14......... 1	
nᵒˢ 13-31, 16-24........ 2	
nᵒˢ 33-fin, 26-fin........ 3	
Turenne, r. de	J17-H17
nᵒˢ 1-27, 2-22.......... 4	
nᵒˢ 29-fin, 24-fin........ 3	

Nom, voie ..... Arrondissement	Repère
Turgot, r. 9	E14-D14
Turin, r. de 8	E12-D11
Turot, r. Henri 19	E18
Turquan, r. Robert 16	K4
Turquetil, pass. 11	K21
Tzanck, pl. Arnault 17	A11
Tzara, r. Tristan 18	B17

U

Ulm, r. d' 5	L14-M14
Ulmer, promenade Georges ... 9	D13
Union, pass. de l' 7	J9
Union, sq. de l' 16	G7
Université, r. de l' 7	J12-H8
Urfé, sq. d' 16	K3
Ursins, r. des 4	J15
Ursulines, r. des 5	L14
Uruguay, pl. de l' 16	G8
Utrillo, r. Maurice 18	D14
Uzès, r. d' 2	F14

V

Vacquerie, r. Auguste 16	F8-G7
Vaillant, av. Édouard	M2-N1
sans nᵒˢ 16	
nᵒˢ 23 fin, 18-fin Boulogne-Billancourt	
Vaillant, sq. Édouard 20	G22
Vaillant-Couturier, av. Paul	S14-S13
nᵒˢ pairs, 142-156 14	
autres nᵒˢ ....Gentilly	
Val-de-Grâce, r. du 5	M14-M13
Val-de-Marne, r. du 13	S16-S14
Valadon, pl. Suzanne 18	D14
Valadon, r. 7	J9
Valence, r. de 5	M15
Valenciennes, pl. de 10	E15
Valenciennes, r. de 10	E16-E15
Valentin, r. Edmond 7	H9-H8
Valentinien,	
r. de l'Empereur 14	P13
Valéry, r. Paul 16	G7-F7
Valette, r. 5	K14-L14
Valhubert, pl.	L17
nᵒˢ 1, 2 et 3............13	
nᵒˢ 5-21 et 4............ 5	
Valin, bd du Général Martial .. 15	M4-N5
Vallée-de-Fécamp,	
imp. de la 12	N21
Vallès, r. Jules 11	K20-J19
Vallet, pass. 13	N16
Vallin, pl. Charles 15	N9
Vallois, sq. Frédéric 15	N9
Valmy, imp. de 7	J12
Valmy, quai de 10	G17-D17
Valois, av. de 8	E10
Valois, galerie de 1	H13-G13
Valois, pl. de 1	H13
Valois, r. de 1	H13-G13

Index des rues

Nom, voie .....Arrondissement	Repère
Van-Dyck, av. 8	**E9**
Van-Gogh, r. 12	**L18**
Van-Loo, r. 16	**M4**
Van-Vollenhoven, sq. ...12	**N22**
Vandal, imp. 14	**P9**
Vandamme, r. 14	**M11**
Vandrezanne, pass. 13	**P15**
Vandrezanne, r. 13	**P16-P15**
Vaneau, cité 7	**J11**
Vaneau, r. 7	**J11-K11**
Vanne, allée de la 14	**R13**
Vanves, porte de 14	**R9**
Var, sq. du 20	**K23**
Varenne, cité de 7	**J11**
Varenne, r. de 7	**K12-J10**
Varenne, r. Jean 18	**A13**
Varèse, r. Edgar 19	**C20**
Varet, r. 15	**M6**
Variétés, galerie des.... 2	**F14**
Varize, r. 16	**M3-L2**
Varlin, r. Eugène 10	**E17**
Varsovie, pl. de 16	**H7**
Vasco-de-Gama, r. 15	**M6-N6**
Vassilieff, villa Marie 15	**L11**
Vassou, imp. 12	**L23**
Vauban, pl. 7	**J10**
Vaucanson, r. 3	**G16**
Vaucluse, sq. de 17	**C8**
Vaucouleurs, r. de 11	**G19-F18**
Vaudoyer, r. Léon 7	**K9-L9**
Vaudrey, r. Pierre 20	**H22**
Vaugelas, r. 15	**N8-N7**
Vaugirard, bd de 15	**M11-M10**
Vaugirard, galerie 15	**L10-M11**
Vaugirard, r.	**K14-N7**
n°s 1-111, 2-132 6	
n°s 113-fin, 134-fin 15	
Vauquelin, r. 5	**M15-M14**
Vauvenargues, r. 18	**C13-B12**
Vauvenargues, villa 18	**B12**
Vauvilliers, r. 1	**H14**
Vaux, r. Clotilde de 11	**J17**
Vavin, av. 6	**L13**
Vavin, r. 6	**L12**
Veber, r. Jean 20	**H23**
Vega, r. de la 12	**M22**
Velasquez, av. 8	**E10**
Velay, sq. du 13	**R18**
Vellefaux, av. Claude ...10	**F17-E18**
Velpeau, r. 7	**K12**
Vendée, sq. de la 12	**N22**
Vendôme, cour.............1	**G12**
Vendôme, pass. 3	**G17**
Vendôme, pl. 1	**G12**
Vénétie, pl. de 13	**R17**
Venezuela, pl. du 16	**F6**
Venise, r. de 4	**H15**
Ventadour, r. Bernard de 14	**N10**
Ventadour, r. de 1	**G13**
Ventura, pl. Lino 9	**E14**
Vercingétorix, r. 14	**M11-P9**
Verdeau, pass. 9	**F14**
Verderet, r. 16	**L4**
Verdi, r. 16	**H5**
Verdun, av. de 10	**E16-E17**
Verdun, passage de 19	**C19**
Verdun, pl. de 17	**E6**
Verdun, sq. de 10	**E16-E17**
Vergennes, sq. 15	**M8-M9**
Vergers, allée des 12	**N21**
Vergniaud, r. 13	**P14-R14**
Verhaeren, allée...........14	**N13**
Vérité, pass. 1	**H13**
Verlaine, pl. Paul 13	**P15**
Verlaine, villa Paul 19	**D20**
Verlomme, r. Roger 3	**J17**
Vermandois, sq. du 19	**E21-D21**
Vermenouze, sq. 5	**M15**
Verne, r. Jules 11	**F18**
Vernet, r. 8	**F8**
Verneuil, r. de 7	**J12-H12**
Vernier, r. 17	**D7**
Verniquet, r. 17	**C8**
Véro-Dodat, galerie.......... 1	**H14**
Véron, cité 18	**D12**
Véron, r. 18	**D13**
Vérone, sq. Maria 18	**B13**
Véronèse, r. 13	**N16-N15**
Verrerie, r. de la 4	**J16-J15**
Verrières, pass. des 1	**H14**
Versailles, av. de 16	**K5-M3**
Versailles, porte de 15	**N7**
Versigny, r. 18	**B14**
Vert-Galant, sq. du 1	**J14**
Vertbois, r. du 3	**G16**
Verte, allée 11	**H18-H17**
Vertus, r. des 3	**H16-G16**
Verzy, av. de 17	**E6-D7**
Vésale, r. 5	**M15**
Vexin, sq. du 19	**D21**
Vézelay, r. de 8	**E10**
Viala, r. 15	**K7**
Vialatte, allée Alexandre 13	**R16**
Viallet, pass. 11	**J19**
Vian, pass. Boris 18	**D15**
Viarmes, r. de 1	**H14**
Vicaire, r. Gabriel 3	**G16**
Vicat, r. Louis 15	**P8-P7**
Vichy, r. de 15	**N7**
Vicq-d'Azir, r. 10	**E17-E18**
Victoire, r. de la 9	**F14-F12**
Victoires, pl. des	**G14**
n°s 1-7, 2-4 1	
n°s 9-fin, 6-fin 2	
Victor, bd 15	**N5-N6**
Victor, pl. Paul-Emile 8	**F8-G8**
Victoria, av.	**J15-J14**
n°s 1-15, 2-10 4	
n°s 17-fin, 12-fin..........1	
Vidal-de-la-Blache, r. 20	**G23**
Vidal-Naquet, esplanade Pierre...........13	**P19**
Vide-Gousset, r. 2	**G14**
Vieille-du-Temple, r.	**J16-H17**
n°s 1-69, 2-52 4	
n°s 71-fin, 54-fin..........3	
Vienne, r. de 8	**E11**
Vierge, pass. de la 7	**J9**
Vierge-aux-Berceaux, rte de la...............16	**H1-J2**
Vierne, r. Louis 17	**C7**
Viète, r. 17	**D9**
Vieux-Chemin-d'Ivry, villa du...............13	**P17-P18**
Vieux-Chênes, chemin des 16	**K2**
Vieux-Colombier, r. du 6	**K13-K12**
Vigée-Lebrun, r. 15	**M10**
Vignes, r. des 16	**J5**
Vignoles, imp. des 20	**J22**
Vignoles, r. des 20	**K21-J22**
Vignon, r.	**F12**
n^{os} impairs 8	
n^{os} pairs 9	
Vigny, r. Alfred de	**E9**
n°s 1-9, 2-16 8	
n°s 11-fin, 18-fin..........17	
Vigo, promenade Jean 19	**D18**
Viguès, cour...........11	**K18**
Viguès, cour Jacques 11	**K18**
Vilar, pl. Jean 13	**N18**
Vilin, r. 20	**F19**
Villa-de-la-Réunion, gr. av. de la...............16	**L4**
Villafranca, r. de.........15	**N9**
Village-Suisse, cour...........15	**K8**
Villarceau, r. Yvon 16	**G7**
Villaret-de-Joyeuse, r. 17	**E7**
Villaret-de-Joyeuse, sq. 17	**E7**
Villars, av. de 7	**K10**
Ville, r. Georges 16	**F7**
Ville-l'Evêque, r. de la 8	**F11**
Ville-Neuve, r. de la 2	**G15-F15**
Villebois-Mareuil, r. 17	**E7**
Villedo, r. 1	**G13**
Villehardouin, r. 3	**J17-H17**
Villemain, av. 14	**N10-N11**
Villemin, sq. 10	**F16**
Villermé, r. René 11	**H20**
Villersexel, r. de 7	**J12-J11**
Villes-Compagnons-de-la-Libération, esplanade des...............4	**K16-L17**

Nom, voie .....Arrondissement	Repère
Villette, bd de la	F18-D17
n^{os} impairs 10	
n^{os} pairs 19	
Villette, galerie de la 19	B20-C20
Villette, parc de la	B20
Villette, porte de la 19	A20
Villette, r. de la 19	F20-E20
Villey, r. Pierre 7	H9
Villiers, av. de 17	D10-D7
Villiers, porte de 17	D6
Villiers-de-l'Isle-Adam, r. .. 20	G21-G22
Villiot, r. 12	M18
Villon, r. François 15	M8
Vimoutiers, r. de 13	N18
Vinaigriers, r. des 10	F17-F16
Vincennes, cours de	K22-L23
n^{os} impairs 20	
n^{os} pairs 12	
Vincennes, porte de 12	L23-L24
Vincenot, pl. Adjudant 20	F23
Vincent,	
r. du Professeur-Hyacinthe .. 14	R12-S12
Vinci, r. Léonard de 16	F6-F7
Vineuse, r. 16	H6
Vingt-Cinq-Août-1944,	
pl. du 14	R12
Vingt-Deux-Novembre-1943,	
pl. du 17	D7
Vingt-Neuf-Juillet, r. du...... 1	G12
Vins-de-France, pl. des 12	N20
Vintimille, r. de........... 9	D12
Violet, pl. 15	L7
Violet, r. 15	K7-L7
Violet, sq. 15	L7
Violet, villa 15	L7
Viollet-le-Duc, r. 9	D14
Vion-Whitcomb, av. 16	J4
Virginie, villa 14	R12
Viroflay, r. de............. 15	L8
Visconti, r. 6	J13
Visitation, pass. de la........ 7	J11
Vistule, r. de la 13	R16
Vital, r. 16	H6-J5
Vitruve, r. 20	J22-H23

Nom, voie .....Arrondissement	Repère
Vitruve, sq. 20	H23
Vitry, porte de 13	R19
Vitu, r. Auguste 15	L5
Vivaldi, allée 12	M20-M21
Vivarais, sq. du 17	D7
Vivien, pl. Renée........... 3	H16
Vivienne, galerie 2	G13
Vivienne, r.	G13-F14
n° 1 1	
n^{os} pairs, n°s 3-fin....... 2	
Voisin, allée des Frères.... 15	P4-P5
Voisin, bd des Frères........ 15	P4-P5
Voisin, r. Félix 11	J20
Volga, r. du 20	K22-K23
Vollon, r. Antoine 12	K18
Volney, r. 2	G12
Volontaires, r. des 15	L9-M9
Volta, r. 3	G16
Voltaire, bd 11	G17-K21
Voltaire, cité 11	K20
Voltaire, imp. 16	L3
Voltaire, quai 7	J13-H12
Voltaire, r. 11	K20
Volubilis, r. des 13	R14
Vosges, pl. des	J17
n°s 1-19, 2-22 4	
n°s 21-fin, 24-fin....... 3	
Vouillé, r. de 15	N9
Voûte, pass. de la 12	L23
Voûte, r. de la 12	L22-L23
Vulpian, r. 13	N14

Nom, voie .....Arrondissement	Repère
W	
Wagner, r. du Pasteur 11	J17-J18
Wagram, av. de	F8-C9
n^{os} impairs, n°s 48-fin... 17	
n°s 2-46................ 8	
Wagram, pl. de........... 17	C9
Wagram-St-Honoré, villa 8	E8
Waldeck-Rousseau, r. 17	E6
Wallenberg, r. Raoul 19	E23
Wallons, r. des 13	M16
Washington, r. 8	F8-F9
Watt, r. 13	P19

Nom, voie .....Arrondissement	Repère
Watteau, r. 13	N16
Wattieaux, pass. 19	B18
Wattignies, imp. 12	N21
Wattignies, r. de.......... 12	M20-N22
Wauxhall, cité du......... 10	G17
Weber, r. 16	F6-E6
Weil, r. Simone 13	R17
Weill, av. David 14	R13
Weiss, r. Charles 15	N9
Weiss, r. Louise 13	N17-N18
Widal, r. Fernand-........ 13	S16
Widor, r. Charles-Marie 16	M3
Wilhem, r. 16	L4
Willemetz, r. Albert........ 20	L24-K24
Wilson, av. du Président	G8-H7
n^{os} impairs, n°s 8-fin 16	
n°s 2-6................ 8	
Wresinsky,	
esplanade Joseph.......... 16	H7
Wurtz, r. 13	P14-R14

Nom, voie .....Arrondissement	Repère
X	
Xaintrailles, r. 13	P18-P17

Nom, voie .....Arrondissement	Repère
Y	
Yersin, pl. du Dr........... 13	R18
Yonne, pass. de l' 12	N20
Yourcenar,	
allée Marguerite 15	K7-K8
Yser, bd de l'............. 17	D7-D6
Yvart, r. 15	M8-M9
Yvette, r. de l'........... 16	K4-J4
Yvon, r. Adolphe 16	H4-G4

Nom, voie .....Arrondissement	Repère
Z	
ZAC-Didot,	
jardin de la 14	N11
Zadkine, r. 13	N17
Zay, r. Jean 14	M11
Zédé, r. Gustave........... 16	J5
Zénith, allée du.......... 19	B20-C20
Ziem, r. Félix 18	C13
Zola, av. Émile 15	L5-L8
Zola, sq. Émile 15	L7

MARCHÉS

MARKETS / MÄRKTE / MERCATI / MERCADOS / MARKTEN

● *Marché alimentaire couvert*   **BIO** *Marché alimentaire spécialisé biologique*

1ᵉʳ

H 14 **Saint-Eustache-Les Halles**   Rue Montmartre Ⓜ **Châtelet Les Halles** ....*Jeu. 12h30-20h30, dim. 7h-15 h*
G 12 **Saint-Honoré**   Pl. du Marché St-Honoré Ⓜ **Pyramides** .... *Merc. 12h30-20h30, sam. 7h-15h*

2ᵉ

G 14 **Bourse**   Pl. de la Bourse Ⓜ **Bourse**... *Mar. et vend. 12h30-20h30*

3ᵉ

H 16 **Enfants Rouges** ● 39 rue de Bretagne
Ⓜ **Temple, Filles du Calvaire** ....*Mar-jeu. 8h30-13h et 16-19h30 (vend.20h), sam.16- 20h), dim. 8h30-14h*

4ᵉ

J 16 **Baudoyer**   Place Baudoyer Ⓜ **Hôtel de Ville** .... *Merc. 12h30-20h30, sam. 7h-15h*

5ᵉ

K 15 **Maubert**   Place Maubert Ⓜ **Maubert Mutualité** .... *Mar. et jeu. 7h-14h30, sam. 7h-15h*
Monge   Place Monge Ⓜ **Place Monge**..*Merc. et vend. 7h-14h30, dim. 7h-15h*
L 15 **Port-Royal**   Bd de Port-Royal, le long de l'hôpital du Val de Grâce Ⓜ **Port Royal** .. *Mar. et jeu. 7h-14h30, sam. 7h-15h*

6ᵉ

K 12 **Raspail BIO**   Boulevard Raspail entre les rues du Cherche-Midi et Rennes Ⓜ **Rennes** .... *Dim. 9h-15h*
K 12 **Raspail**   Boulevard Raspail entre les rues du Cherche-Midi et Rennes Ⓜ **Rennes** ....*Mar. et vend. 7h-14h30*
K 13 **Saint-Germain** ● 4/6 rue Lobineau
Ⓜ **Mabillon**...................... *Mar.-vend. 8h30-13h et 16h-20h, sam. 8h30-13h30 et 15h30-20h, dim. 8h-13h30*

7ᵉ

K 10 **Saxe-Breteuil**   Avenue de Saxe Ⓜ **Ségur** ....*Jeu., 7h-14h30 et sam., 7h-15h*

8ᵉ

F 11 **Aguesseau**   Place de la Madeleine, côté bd Malesherbes Ⓜ **Madeleine** ....*Mar. et vend. 7h-14h30*
D 11 **Batignolles BIO**   Bd des Batignolles Ⓜ **Rome, Place de Clichy** ....*Sam. 7h-15h*
E 10 **Treilhard** ● 1 rue Corvetto Ⓜ **Villiers** ....*Lun.-sam. 8h30-20h30*

9ᵉ

D 14 **Anvers**   Sq. d'Anvers , et av. Trudaine, nos 15 à 17 Ⓜ **Anvers** ....*Vend. 15h-20h30*

10ᵉ

F 17 **Alibert**   R. Alibert, le long de l'hôpital St-Louis Ⓜ **Goncourt** .... *Dim. 7h-15h*
F 16 **Saint-Martin** ● 31/33 rue du Château d'Eau
Ⓜ **Château d'Eau** ....*Mar.-vend. 9h30-13h, 16h-19h30, sam. 9h-19h30, dim. 9h-13h30*
E 16 **Saint-Quentin** ● 85 bis Bd Magenta
Ⓜ **Gare de l'Est** ....*Mar.-vend. 9h-13h, 16h-19h30, sam. 9h-13h, 15h30-19h30, dim. 8h30-13h30*

11ᵉ

J 18 **Bastille**   Bd Richard Lenoir entre les rues Amelot et St-Sabin
Ⓜ **Bastille**.. *Dim. 7h-15h*
F 19 **Belleville**   Bd de Belleville Ⓜ **Belleville** ....*Mar. et vend. 7h-14h30*
J 21 **Charonne**   Bd de Charonne, entre le n°129 et la rue Alexandre Dumas
Ⓜ **Alexandre Dumas** .... *Merc. 7h-14h30, sam. 7h-15h*

G 19 **Père-Lachaise**   Bd Ménilmontant, entre les rues Panoyaux et des Cendriers
Ⓜ Ménilmontant .... *Mar. et vend. 7h-14h30*
G 18 **Popincourt**   Bd Richard-Lenoir entre les rues Oberkampf et Jean-Pierre Timbaud
Ⓜ Oberkampf .... *Mar. et vend. 7h-14h30*

12ᵉ

K 19 **Aligre**   Rue d'Aligre Ⓜ Ledru-Rollin .... *Mar.-dim. 7h-14h (fin ventes-13h30)*
K 19 **Beauvau-St-Antoine** ●   Place d'Aligre
Ⓜ Ledru-Rollin .... *Mar. 9h-13h, 16h-19h30, Merc- sam. 9h-13h*
N 20 **Bercy**   Entre le n°14 place Lachambeaudie et le n°11 rue Baron-le-Roy
Ⓜ Cour St-Émilion .... *Merc. 15h-20h, dim. 7h-15h*
L 22 **Cours de Vincennes**   Cours de Vincennes, entre bd de Picpus et la rue Arnold Netter,
Ⓜ Nation, Porte de Vincennes .... *Merc., 7h-14h30, sam., 7h-15h*
M 20 **Daumesnil**   Bd de Reuilly, entre la rue de Charenton et la place Félix Éboué
Ⓜ Daumesnil, Dugommier .... *Mar. et vend. 7h-14h30*
L 18 **Ledru-Rollin**   Avenue Ledru-Rollin entre les rues de Lyon et de Bercy
Ⓜ Gare de Lyon, Quai de la Rapée .... *Jeu. 7h-14h30, sam. 7h-15h*
N 22 **Poniatowski**   Du 91 du bd Poniatowski à l'avenue Daumesnil
Ⓜ Porte Dorée .... *Jeu. 7h-14h30, dim. 7h-15h*
L 20 **Saint-Éloi**   36-38 rue Reuilly Ⓜ Reuilly-Diderot .... *Jeu. 7h-14h30, dim. 7h-15h*

13ᵉ

P 14 **Alésia**   Rue de la Glacière côté impair et rue de la Santé côté impair, du n°137 à la fin
Ⓜ Glacière .... *Merc. 7h-14h30, sam. 7h-15h*
P 15 **Auguste-Blanqui**   Bd Blanqui entre pl. d'Italie et rue Barrault
Ⓜ Corvisart, Place d'Italie .... *Mar. et vend. 7h-14h30, dim. 7h-15h*
R 15 **Bobillot**   Rue Bobillot, entre place de Rungis et rue de la Colonie Ⓜ Tolbiac .... *Mar. vend. 7h-14h30*
P 17 **Jeanne d'Arc**   Place Jeanne d'Arc Ⓜ Olympiades ou Nationale .... *Jeu. 7h-14h30, dim. 7h-15h*
Maison-Blanche   Av. d'Italie entre les n° 110 à 162 Ⓜ Maison Blanche .... *Jeu. 7h-14h30, dim. 7h-15h*
N 19 **Paris Rive Gauche**   Rue Jean Anouilh et rue Neuve Tolbiac en vis-à-vis n°18 et 20
Ⓜ Bibliothèque François Mitterrand .... *Vend. 12h-20h45*
M 17 **Salpêtrière**   Bd de l'Hôpital, le long du square Marie Curie Ⓜ Saint Marcel ....*Mar. et vend. 7h-14h30*
N 17 **Vincent-Auriol**   Bd Vincent Auriol entre n° 64 et rue Jeanne d'Arc Ⓜ Chevaleret ......*Merc. 7h-14h30, sam. 7h-15h*

14ᵉ

M 11 **Brancusi** *BIO*   Place Constantin Brancusi Ⓜ Gaîté .... *Sam. 9h-15h*
P 10 **Brune**   Bd Brune, entre le n°71 et l'impasse Vandal Ⓜ Porte de Vanves .... *Jeu. 7h-14h30, dim. 7h-15h*
M 11 **Edgar-Quinet**   Bd Edgar Quinet, entre le n°36 et la rue du Départ Ⓜ Edgar Quinet ....*Merc. 7h-14h30, sam. 7h-15h*
N 12 **Mouton-Duvernet**   Place Jacques Demy Ⓜ Mouton Duvernet .... *Mar. et vend. 7h-14h30*
N 10 **Villemain**   Avenue Villemain Ⓜ Plaisance .... *Merc. 7h-14h30, dim. 7h-15h*

15ᵉ

N 8 **Brassens**   Place J. Marette Ⓜ Convention .... *Vend. 12h-20h*
M 9 **Cervantès**   Entre rue Bargue et rue de la Procession, en face de la rue Gager Gabillot
Ⓜ Volontaires .... *Merc. 7h-14h30, sam. 7h-15h*
N 8 **Convention**   Rue de la Convention, entre les rues Alain Chartier et de l'Abbé Groult
Ⓜ Convention .... *Mar. et jeu. 7h-14h30, dim. 7h-15h*
K 8 **Grenelle**   Bd de Grenelle, entre les rues de Lourmel et du Commerce
Ⓜ La Motte Picquet Grenelle .... *Merc. 7h-14h30, sam. 7h-15h*
M 6 **Lecourbe**   Rue Lecourbe, entre les rues Vasco de Gama et Leblanc
Ⓜ Balard, Lourmel .... *Merc. 7h-14h30, sam. 7h-15h*
P 7 **Lefebvre**   Bd Lefebvre, entre les rues Olivier de Serres et de Dantzig
Ⓜ Porte de Versailles .... *Merc. 7h-14h30, sam. 7h-15h*
L 6 **Saint-Charles**   Rue St-Charles, entre la rue de Javel et le rond-point St-Charles
Ⓜ Javel André Citroën .... *Mar. et vend. 7h-14h30*

16ᵉ

F 6 **Amiral Bruix**   Bd Bruix, entre les rues Weber et Marbeau Ⓜ Porte Maillot .... *Merc. 7h-14h30, sam. 7h-15h*
K 4 **Auteuil**   Place Jean Lorrain Ⓜ Michel Ange Auteuil .... *Merc. 7h-14h30, dim. 7h-15h*

K 5 **Gros-La-Fontaine** Rue Gros, rue La Fontaine Ⓜ **Ranelagh**...............................*Mar. et vend. 7h-14h30*
J 5 **Passy** ● Place de Passy
  Ⓜ **La Muette**.............................*Mar. au vend., 8h-13h, 16h-19h, sam. 8h30-13h, 15h30-19h, dim. 8h-13h*
M 3 **Point du Jour** Av. de Versailles entre la rue Le Marois et la rue Gudin
  Ⓜ **Porte de St-Cloud**..................................... *Mar. et jeu. 7h-14h30, dim. 7h-15h*
L 2 **Porte Molitor** Place de la Porte Molitor (centre sportif)
  Ⓜ **Michel Ange Molitor**..*Mar. et vend. 7h-14h30*
G 8 **Président Wilson** Av. du Pdt Wilson, entre la rue Debrousse et la place d'Iéna
  Ⓜ **Alma Marceau, Iéna**..*Merc. 7h-14h30, sam. 7h-15h*
G 6 **Saint-Didier** ● Rues Mesnil et St Didier
  Ⓜ **Victor Hugo**..................*à l'extérieur : lun.-vend. 8h-19h30, sam. 8h-13h30, à l'intérieur : mar-sam. 8h-13h30*

17ᵉ

C 11 **Batignolles** ● 96 bis rue Lemercier
  Ⓜ **Brochant**.............................*Mar-vend. 8h30-13h, 15h30-20h, sam. 8h30-20h, dim. 8h30-14h*
C 8 **Berthier** Bd de Reims, le long du sq. André Ulmann Ⓜ **Porte de Champerret**.........*Merc. 7h-14h30, dim. 7h-15h*
B 11 **Navier** Entre les rues Navier, Lantiez, et des Épinettes Ⓜ **Guy Môquet**........................*Mar. et vend. 7h-14h30*
D 7 **Ternes** ● 8 bis rue Lebon Ⓜ **Ternes** ....*Mar.-sam. 8h-13h, 16h-19h30, dim. 8h-13h*

18ᵉ

D 15 **Barbès** Bd de la Chapelle, face à l'hôpital Lariboisière Ⓜ **Barbès Rochechouart**......... *Merc. 8h-13h, sam. 7h-15h*
C 16 **La Chapelle** ● 10 rue l'Olive
  Ⓜ **Marx Dormoy**..........................*Mar.-vend. 9h-13h, 16h-19h30, sam. 9h-13h, 15h30-19h30, dim. 8h30-13h*
A 13 **Ney** Bd Ney, entre les rues Jean Varenne et Camille Flammarion
  Ⓜ **Porte de St-Ouen, Porte de Clignancourt** ....*Jeu. et sam. 8h-13h*
B 13 **Ordener** Rue Ordener, entre les rues Montcalm et Championnet Ⓜ **Guy Môquet** ....*Merc. 8h-13h*
B 14 **Ornano** Bd Ornano entre les rues du Mont-Cenis et Ordener Ⓜ **Simplon**..................*Mar, vend et dim. 8h-13h*

19ᵉ

B 18 **Crimée-Curial** Rue de Crimée, entre les n° 236 et 246 Ⓜ **Crimée** ....*Mar. et vend. 7h-14h30*
C 20 **Jean-Jaurès** Av. Jean-Jaurès, entre n° 195 et rue Adolphe Mille
  Ⓜ **Ourcq, Porte de Pantin**.................................... *Mar. et jeu. 7h-14h30, dim. 7h-15h*
C 19 **Joinville** Place de Joinville Ⓜ **Crimée**..*Jeu. 7h-14h30, dim. 7h-15h*
E 21 **Place des Fêtes** Place des Fêtes Ⓜ **Place des Fêtes**.........................*Mar. et vend. 7h-14h30, dim. 7h-15h*
D 21 **Porte Brunet** Av. de la Pte Brunet Ⓜ **Pré Saint-Gervais** ....*Merc. 7h-14h30, dim. 7h-15h*
A 18 **Porte d'Aubervilliers** Av. de la Pte d'Aubervilliers
  Ⓜ **Porte de la Chapelle**..*Merc. 7h-14h30, dim. 7h-15h*
C 18 **Riquet** ● 42 rue Riquet Ⓜ **Riquet**.......................................*Mar.-sam. 8h30-19h30, dim. 8h30-13h00*
D 18 **Secrétan** ● 33 av. Secrétan Ⓜ **Bolivar**...........*Mar.- jeu. 8h30-19h30, vend. et sam. 8h3-20h00, dim. 8h-14h00*
F 18 **Villette** Bd de la Villette, entre les n° 27 et 41 Ⓜ **Belleville** ....*Merc. 7h-14h30, sam. 7h-15h*

20ᵉ

G 22 **Belgrand** Rues Belgrand, de la Chine et pl. Édith Piaf Ⓜ **Gambetta**..................*Merc. 7h-14h30, sam. 7h-15h*
J 23 **Davout** Bd Davout, entre av. la Pte Montreuil et rue Mendelssohn
  Ⓜ **Porte de Montreuil**..*Mar. et vend. 7h-14h30*
G 23 **Mortier** Bd Mortier, entre le n° 90 et la rue Maurice Berteaux
  Ⓜ **St-Fargeau, Pelleport** ....*Jeu. 7h-14h30, dim. 7h-15h*
F 21 **Pyrénées** Rue des Pyrénées, entre les rues l' Ermitage et de Ménilmontant
  Ⓜ **Pyrénées**..*Jeu. 7h-14h30, dim. 7h-15h*
J 22 **Réunion** Place de la Réunion Ⓜ **Alexandre Dumas** ....*Jeu. 7h-14h30, dim. 7h-15h*
F 21 **Télégraphe** Rue du Télégraphe, entre la rue de Belleville et les n°40 et 43
  Ⓜ **Télégraphe** ....*Merc. 7h-14h30, sam. 7h-15h*

Marchés spécialisés

3ᵉ

G 17 **Carreau du Temple** 2 rue Perrée
🇲 Temple, Arts et Métiers . . . . . . *Boutiques : mar.-sam. 9h-19h, dim. 9h-12h. Stands : du mar.-vend. 9h-12h, week-end 9h-12h30*

4ᵉ

J 15 **Marché aux fleurs** Place Louis Lépine et quais alentours 🇲 Cité . . . . *Lun.-sam. 8h-19h30*
J 15 **Marché aux oiseaux et autres petits animaux d'agrément** Place Louis Lépine et quais alentour
🇲 Cité . . . . *Dim. 8h-19h*

8ᵉ

F 11 **Marché aux fleurs de la Madeleine** Place de la Madeleine 🇲 Madeleine . . . . *Lun.-sam. 8h-19h30*
G 10 **Marché aux timbres des Champs-Elysées** Angle des avenues de Marigny et Gabriel
🇲 Champs Élysées Clemenceau . . . . *Jeu., sam. et dim. 9h-19h*

11ᵉ

J 18 **Marché de la création Bastille** Bd Richard Lenoir 🇲 Bastille, Bréguet Sabin . . . . *Sam. 9h-19h30*

12ᵉ

K 19 **Marché aux vieux habits, fruits, légumes, brocante**
Place et rue d'Aligre, entre les rues de Charenton et Crozatier 🇲 Ledru-Rollin . . . . *Tlj sf lun. 7h30-13h30*

14ᵉ

R 10 **Marché aux puces de Vanves** Av. Georges Lafenestre 🇲 Porte de Vanves . . . . *Sam. et dim. 7h-17h*
P 9 **Marché aux puces de Vanves** Av. Marc Sangnier 🇲 Porte de Vanves . . . . *Sam. et dim. 7h-13h*
M 12 **Marché de la création Edgar Quinet** Terre-plein du boulevard
🇲 Edgar Quinet . . . . *Dim. 9h-19h30*

15ᵉ

P 8 **Marché aux livres ancien et d'occasion Georges Brassens** 104, rue de Brancion
🇲 Porte de Vanves, Convention . . . . *Sam. et dim. 9h-18h*

17ᵉ

E 8 **Marché aux fleurs des Ternes** Place des Ternes 🇲 Ternes . . . . *Mar-dim. 8h-19h30*

18ᵉ

A 14 **Marché aux puces de Clignancourt** Terre plein situé à l'angle du stade Bertrand Dauvin,
entre la rue Binet et le boulevard périphérique 🇲 Porte de Clignancourt . . . . *Lun, sam et dim. 7h-19h30*
A 14 **Marché aux puces de la rue Jean Henri Fabre** Rue Jean-Henri Fabre
🇲 Porte de Clignancourt . . . . *Lun, sam et dim. 7h-19h*

20ᵉ

J 23 **Marché aux puces de Montreuil** Avenue du Professeur André Lemierre
🇲 Porte de Montreuil . . . . *Lun, sam et dim. 7h-19h30*

Bouquinistes Sur la rive droite, du pont Marie au quai du Louvre et sur la rive gauche, du quai de la Tournelle au quai Voltaire

TÉLÉPHONES UTILES

USEFUL TELEPHONE NUMBERS - NÜTZLICHE TELEFONNUMMERN - NUMERI DI TELEFONO UTILI -
TELÉFONOS ÚTILES - NUTTIGE TELEFOONNUMMERS

Urgences

Emergency – Notdienste – Emergenze – Úrgencia - Alarmnummers

Numéro d'urgence (téléphones mobiles et langues étrangères) 112
Police Secours (Paris et banlieue) 17
Pompiers : Incendies, asphyxies (y compris en banlieue)................................ 18
SAMU (Paris)... 15
SOS Médecin (Paris Île de France)...3624 (0.12€/mn)
Urgences médicales de Paris 24h/24...01 53 94 94 94

Pharmacies ouvertes la nuit

84 av. des Champs-Élysées
            (Galerie des Champs), 8e ....24h/24 - 7j/7 ....01 45 62 02 41
6 place Clichy, 9e ....24h/24 - 7j/7 ....01 48 74 65 18
17bis bd de Rochechouart, 9e .... 9h-minuit - 7j/7...............01 48 78 03 01
13, place de la Nation, 11e .... 8h-minuit - 7j/7...............01 43 73 24 03
6 place Félix-Éboué, 12e ....24h/24 - 7j/7 ....01 43 43 19 03
86 bd Soult, 12e..................................24h/24 - 7j/7...............01 43 43 13 68
61 av. d'Italie, 13e .... 8h-2h - 7j/7...............01 44 24 19 72
106 bd de Montparnasse, 14e.... 9h-minuit, sauf dim. et j. fériés...............01 43 35 44 88
52 rue du Commerce, 15e........................ 8h-minuit - 7j/7...............01 45 79 75 01
64 bd Barbès, 18e .... 8h-2h - 7j/7...............01 46 06 02 61

Cartes bancaires perdues ou volées

American Express ....24h/24 - 7j/7 ....01 47 77 72 00
Carte Bleue/Visa ....24h/24 - 7j/7.... 0 892 705 705 (0,34 €/mn)
Diners Club.....................................24h/24 - 7j/7....0 820 820 536 (0,12€/mn)
Eurocard/Mastercard............................24h/24 - 7j/7.... 0 892 705 705 (0,34 €/mn)

Objets perdus et trouvés

Voie publique rue des Morillons, 15e...............................0 821 00 25 25 (0,12 €/mn)
Objets perdus dans les égouts - intervention urgente 24h/24 - 7j/7 ....01 44 75 22 75
RATP .... 3246 (0,34 €/mn)
SNCF Serveur vocal (24h/24) et objets trouvés ....3658 (0,225 €/mn)
Fourrière, enlèvement/déplacement de véhicules................ 0 891 012 222 (0,225 €/mn)

Personnes à mobilité réduite

SNCF Accessibilité Service (www.accessibilité.sncf.com) .... 0 890 640 650 (0,11 €/mn)
RATP : Infomobi (www.infomobi.com).....................................0 810 64 64 64
            (prix d'un appel local depuis un poste fixe)
PAM 75 (Paris accompagnement mobilité)
            48 rue Gabriel Lamé 12e (www.pam.paris.fr) 0 810 810 075
            (Prix d'un appel local) .... ou 01 53 44 12 59
Pour connaître les établissements et équipements adaptés :
Groupement pour l'Insertion des Personnes Handicapées Physiques (GIHP)
            32, rue de Paradis 12e...01 45 23 83 50

TAXIS
TAXEN - TAXI - TAXI'S

Compagnies de Taxis-radio
Radio-taxi companies, Funktaxi-Gesellschaften, Compagnie di radiotaxi,
Compañias de radio-taxi, Taxibedrijven met radio-oproepsysteem

Alpha-Taxis (www.alphataxis.fr)...01 45 85 85 85
Taxis G7 (www.taxisg7.fr)...01 47 39 47 39
Taxis G7 MaxiCab (www.taxisg7.fr) précisez MaxiCab.........................01 47 39 01 39
Taxis bleus (www.taxi-bleus.com)...01 49 36 29 34

Stations de taxis avec borne téléphonique
Taxi ranks with phone numbers, Taxistationen mit Telefon, Stazioni di taxi con colonnina telefonica,
Paradas de taxis con teléfono, Taxistandplaatsen met telefoon :

Numéro de téléphone unique pour toutes les stations : 01 45 30 30 30
(prix d'un appel local)

1er
H 13 **Palais Royal** Place André-Malraux
J 15 **Châtelet** Place du Châtelet
G 11 **Concorde-Rivoli** 252, rue de Rivoli
G 12 **Place Vendôme** 25, place Vendôme

2e
F 13 **Opéra** 2, place de l'Opéra
G 15 **Strasbourg-Saint-Denis** 19, bd Saint-Denis
G 14 **Place des Victoires** 4bis, place des Victoires

3e
H 15 **Beaubourg** 24, r. Beaubourg

4e
J 16 **Saint-Paul** Face au 10, r. de Rivoli

5e
L 14 **Panthéon** 26, r. Soufflot
M 15 **Gobelins** 92, bd St-Marcel - Place des Gobelins
K 15 **Maubert-Mutualité** 62, bd St-Germain - Place Maubert
L 15 **Place Monge** 75bis, rue Monge
J 14 **Place Saint-Michel** 31, quai St-Michel
K 16 **Tournelle** Quai de la Tournelle

6e
K 12 **Sèvres-Babylone** Place Alphonse-Deville
K 13 **Mabillon** 2, r. du Four
M 13 **Port-Royal-Observatoire** 18, av. de l'Observatoire
J 13 **Saint-Germain des Prés** 149, bd St-Germain
L 11 **Rennes-Montparnasse** Place du 18-juin-1940

7e
J 9 **École Militaire** 28, av. de Tourville
J 12 **Bac-Saint-Germain** 54, r. du Bac
H 8 **Alma-Branly** 2, av. Bosquet

J 7 **Tour Eiffel** Quai Branly
J 10 **La Tour-Maubourg-Invalides** Place Santiago-du-Chili
H 10 **Gare des Invalides** Rue Robert-Esnault-Pelterie
J 10 **Place Vauban** 2, av. de Tourville

8e
G 9 **Place de l'Alma** 1, av. George-V
G 10 **Rond-Point des Champs-Élysées** Rond-Point des Champs-Élysées
F 11 **Madeleine** 4, bd Malesherbes
E 10 **Place de Rio de Janeiro** 34, av. de Messine
F 11 **Saint-Augustin** 44, bd Malesherbes
E 8 **Place des Ternes** 272, r. du Faubourg-St-Honoré
E 12 **Gare Saint-Lazare**

9e
E 12 **Trinité-d'Estienne d'Orves** Place d'Estienne-d'Orves
E 13 **Notre-Dame-de-Lorette** 1, r. Fléchier

10e
F 17 **Hôpital Saint-Louis** 1, av. Claude-Vellefaux
E 15 **Place Franz-Liszt** 5-7 place Franz Liszt
E 16 **Gare du Nord**
E 16 **Gare de l'Est**

11e
K 19 **Hôpital Saint-Antoine** 2 rue Faidherbe
J 19 **Mairie du 11e - Léon Blum** Place Léon-Blum
K 21 **Nation** 3, av. du Trône
G 17 **République** 10, place de la République
H 18 **Saint-Ambroise** 55, bd Voltaire
J 20 **Philippe-Auguste** 97, av. Philippe Auguste

12e
M 21 **Daumesnil Félix Éboué** 3-5, place Félix-Éboué

Informations pratiques

N 23	**Porte Dorée** 1, place Edouard-Renard
N 20	**Cour Saint-Émilion**
	8, r. des Pirogues de Bercy
M 20	**Mairie du 12e** 130, av. Daumesnil
M 19	**Bercy-Palais Omnisports** Bd /rue de Bercy
K 17	**Bastille** 8, place de la Bastille
L 18	**Gare de Lyon**

13e

N 14	**Glacière** 125, bd Auguste-Blanqui
S 16	**Porte d'Italie** 166, bd Masséna
P 18	**Patay-Tolbiac** 117, rue de Patay
S 17	**Porte de Choisy** 34, av. de la Porte de Choisy
P 16	**Place d'Italie** Face au 213, bd Vincent-Auriol
R 15	**Abbé Georges-Hénocque**
	8, pl. de l'Abbé-Georges-Hénocque
P 18	**Tolbiac-Bibliothèque Nationale**
	38-40, r. Neuve-Tolbiac
L 17	**Gare d'Austerlitz**

14e

N 12	**Denfert-Rochereau** Face au 297, bd Raspail
N 10	**Plaisance**
	Face au 135, r. Raymond-Losserand
R 12	**Porte d'Orléans** 1-5, place-du-25-Aout-1944
P 14	**Place Coluche - Amiral Mouchez**
	Place Coluche Amiral Mouchez
P 9	**Porte de Vanves**
	216, rue Raymond-Losserand
M 11	**Gare Montparnasse**

15e

M 5	**Place Balard** 3-4, place Balard
L 6	**Place Charles-Michels** 48, rue Linois
M 8	**Convention-Vaugirard**
	304, rue de Vaugirard
M 7	**Félix Faure Boucicaut**
	40-44, av. Félix Faure
L 10	**Sèvres-Lecourbe** 1, bd Pasteur
K 8	**La Motte-Picquet-Grenelle**
	66, av. de la Motte-Picquet
M 8	**Mairie du 15e** 252, r. de Vaugirard
N 7	**Porte de Versailles**
	Place de la Porte de Versailles
M 5	**Hôpital Georges-Pompidou** 32, rue Leblanc

16e

L 5	**Place de Barcelone** 3, rue Mirabeau
K 5	**Maison de la Radio** Place Clément-Ader
G 5	**Henri-Martin** 78bis, av. Henri-Martin
K 4	**Mozart-Jasmin** 80, av. Mozart
J 5	**La Muette** 9-11, chaussée de la Muette
J 6	**Passy-Costa-Rica** 10, bd Delessert
K 3	**Porte d'Auteuil** 144, bd Exelmans
M 3	**Porte de Saint-Cloud**
	5, place de la Porte de St Cloud
H 6	**Trocadéro** 1, av. d'Eylau
G 6	**Place Victor-Hugo**
	12, place Victor-Hugo

17e

C 9	**Porte d'Asnières** Bd Berthier
F 8	**Etoile-Wagram** 1-5, av. de Wagram
B 10	**Porte de Clichy** Av. de la Porte de Clichy
D 8	**Maréchal-Juin** 3, place Maréchal-Juin
D 7	**Porte de Champerret**
	1, bd Gouvion-Saint-Cyr
D 10	**Courcelles-Chazelles** 94, bd de Courcelles
B 12	**Porte de Saint-Ouen**
	Av. de la Porte de St-Ouen
D 10	**Villiers-Courcelles** 3-15, av. de Villiers
E 6	**Porte Maillot** 78, av. de la Grande-Armée
C 10	**Pont Cardinet** Face au 167, rue de Rome

18e

A 18	**Porte d'Aubervilliers**
	3, av. de la Porte d'Aubervilliers
C 15	**Château Rouge** 1, r. Custine
C 16	**Marx-Dormoy-Ordener** 76, r. Marx-Dormoy
B 12	**Guy-Môquet** 86, av. de St-Ouen
C 14	**Mairie du 18e** 30, r. Hermel
A 16	**Porte de la Chapelle** 188, r de la Chapelle
A 14	**Porte de Clignancourt**
	1, av. de la Porte de Clignancourt
D 14	**Place du Tertre** Place du Tertre
D 12	**Place de Clichy** Face au 140, bd de Clichy

19e

E 20	**Buttes Chaumont-Botzaris**
	1, r. du Gal Brunet
E 18	**Place du Colonel-Fabien**
	116, bd de la Villette
C 18	**Flandre-Riquet** 67, av. de Flandre
D 19	**Mairie du 19e** 1, av. de Laumière
E 22	**Porte des Lilas** av. de la Porte des Lilas
C 21	**Porte de Pantin** 211, av. Jean Jaurès
D 17	**Flandre-Stalingrad** 13, av. de Flandre
A 20	**Porte de la Villette**
	1, av. de la Porte de la Villette
B 19	**Flandre-Argonne**
	Face au 152, av. de Flandre

20e

G 21	**Mairie du 20e-Gambetta**
	16, av. du Père Lachaise
F 21	**Ménilmontant-Belleville**
	Face au 148, bd de Ménilmontant
G 22	**Pelleport-Gambetta** Place Paul-Signac
H 23	**Porte de Bagnolet**
	Pl. de la Porte de Bagnolet
J 23	**Porte de Montreuil**
	1-3, av. de la Porte de Montreuil
F 20	**Belleville-Pyrénées** 360, r. des Pyrénées
L 23	**Porte de Vincennes** 99, cours de Vincennes
K 22	**Pyrénées-Avron** 69, r. des Pyrénées
H 20	**Père-Lachaise-Ménilmontant**
	30, bd de Ménilmontant

TRANSPORTS

TRANSPORTATION - VERKEHRSMITTEL -TRASPORTI - COMUNICACIONES - VERVOER

RATP (Bus - Métro) (Régie Autonome des Transports Parisiens)

Centre de Renseignements, 54 quai de la Rapée, 12ᵉ,......................32 46 (0,34 €/mn)
Calculer un itinéraire précis d'adresse à adresse sur le site de la RATP .... www.ratp.fr

SNCF

SNCF ....36 35 (0,34 €/mn)
.... www.sncf.fr
Service Informations Ile-de-France 0 805 700 805
Serveur vocal (24h/24) et objets trouvés...................................3658 (0,225 €/mn)
Chercher un itinéraire, état du trafic en temps réel .... www.transilien.com
Info-Trafic en cas de perturbations importantes.......................www.abcdtrain.com
Renseignements et réservations...36 35 (0,34 €/mn)
.... www.voyages-sncf.com
Voyageurs à mobilité réduite : SNCF Accessibilité Service........... 0 890 640 650 (0,11 €/mn)
EUROSTAR (www.eurostar.com) ....0 892 35 35 39 (0,34 €/mn)
EUROTUNNEL (www.eurotunnel.com) ....0 810 63 03 04 (0,34 €/mn)
THALYS (www.thalys.com)......................................0 825 84 25 97 (0,34 €/mn)

Adresses des gares

Gare d'Austerlitz, 85, quai d'Austerlitz, 13ᵉ... **M 17**
Gare de Bercy, 48 bis, bd de Bercy, 12ᵉ .... **M 19**
Gare de l'Est, place du 11-Novembre-1918, 10ᵉ... **E 16**
Gare de Lyon, place Louis-Armand, 12ᵉ .... **L 18**
Gare Montparnasse 1 (Porte Océane), 16-24, Place Raoul-Dautry, 15ᵉ .... **M 11**
Gare Montparnasse 2 (Pasteur), place des 5 Martyrs du Lycée Buffon, 15ᵉ .... **M 11**
Gare Montparnasse 3 (Vaugirard), rue du Cotentin, 15ᵉ .... **M 10**
Gare du Nord, 18, rue de Dunkerque, 10ᵉ... **E 16**
Gare Saint-Lazare, rue St-Lazare, 8ᵉ .... **E 12**

LOCATION DE VOITURES

Car rental companies, Autovermietung, Noleggio di automobili, Coches de alquiler, Autoverhuur

Ada (www.ada.fr) .... 0 825 169 169 (0,15 €/mn)
Avis (www.avis.fr) .... 0 821 230 760 (0,12 €/mn)
Budget France (www.budget.fr) .... 0 825 003 564 (0,15 €/mn)
Europcar-Inter-Rent (www.europcar) .... 0 825 358 358 (0,15 €/mn)
Hertz-France (www.hertz.fr) ....0 825 861 861 (0,15€/mn)
National-Citer (www.nationalciter.fr)........................ 0 825 161 212 (0,15 €/mn)
Sixt-Eurorent (www.sixt.fr) .... 0 820 007 498 (0,12 €/mn)

AÉROPORTS

Airports - Flughäfen - Aeroporti - Aeropuertos - Luchthavens

Aéroports de Paris (ADP) -
     Horaires des vols du jour actualisés . . (24h/24)............. 3950 (0,34 €/mn)
     .... www.adp.fr
Aéroport Roissy-Charles-de-Gaulle (CDG) Roissy-en-France (95) .... 3950 (0,34 €/mn)
Aéroport d'Orly (ORY) Orly – Aérogare (94) .... 3950 (0,34 €/mn)
Aéroport de Paris-Beauvais (BVA) Tillé (60) ....0 892 68 20 66 (0,37 €/mn)

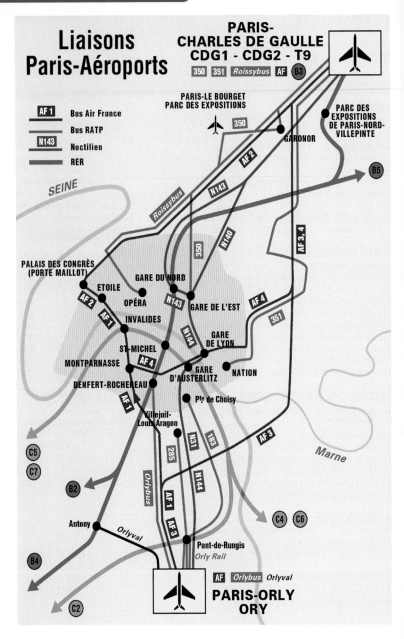

Liaisons
Paris-Aéroports

PARIS-
CHARLES DE GAULLE
CDG1 - CDG2 - T9
350 351 Roissybus AF B3

AF 1 Bus Air France
Bus RATP
N143 Noctilien
RER

SEINE

PARIS-LE BOURGET
PARC DES EXPOSITIONS

350

GARONOR

PARC DES
EXPOSITIONS
DE PARIS-NORD-
VILLEPINTE

B5

Roissybus
N143
N140
350
AF 2
AF 3, 4

PALAIS DES CONGRÈS
(PORTE MAILLOT)

ETOILE
AF 2
AF 1
OPÉRA
INVALIDES

GARE DU NORD
N143
GARE DE L'EST
AF 4
AF 4

351

ST-MICHEL
AF 4
MONTPARNASSE
DENFERT-ROCHEREAU
AF 1

N144
GARE
DE LYON

GARE
D'AUSTERLITZ
Pte de Choisy

NATION

Villejuif-
Louis Aragon

Orlybus
285
N37
183
N144
AF 1
AF 3

AF 3

Marne

C5
C7

B2

C4 C6

Antony
Orlyval
Pont-de-Rungis
Orly Rail

B4

C2

AF Orlybus Orlyval
PARIS-ORLY
ORY

Comment recharger son véhicule?

Sur les bornes sur voirie : se munir d'une carte magnétique et suivre les indications sur l'écran.
Pour tout dysfonctionnement : Tél 01 69 12 70 07 - Fax 01 69 12 70 08 ou sim@semeru.fayat.com
Dans les parcs de stationnement : des prises sont disponibles, pour leur fonctionnement, adressez-vous au bureau d'accueil du parking.
Achat des cartes magnétiques : Espace Mobilités Électriques - 16 rue de la Tour des Dames - 75009 Paris - Tél 01 53 20 09 69/89 - www.espacemobelec.fr
Remarque : le stationnement des véhicules électriques est gratuit sur toutes les places de stationnement payant de la voirie à Paris. Pour profiter de cette gratuité, la carte de stationnement est nécessaire.
Délivrance des cartes de stationnement : Mairie de Paris - Direction de la voirie et des déplacements - Section du stationnement sur la voie publique - 15, boulevard Carnot - 75012 Paris

100 Borne sur voirie - **100** Borne dans les parcs souterrains - **100** Borne dans les parcs de surfaces - **100** Recharge rapide dans les stations services

1er

1	Rue de l'Amiral de Coligny	H 14
2	VENDOME Place Vendôme	G 12
3	MARCHÉ ST-HONORÉ	
	39, place du Marché St-Honoré	G 12
4	ST-GERMAIN L'AUXERROIS	
	Place du Louvre	H 14
5	SÉBASTOPOL 37, bd de Sébastopol	H 15
6	ST-EUSTACHE Rue Coquillière	H 14

2e

14	6, rue d'Aboukir	G 14
15	BOURSE Place de la Bourse	G 14

3e

18	Rue Perrée - Mairie	H 16

4e

20	Place Saint-Gervais	J 15
21	LOBAU-RIVOLI Rue de Lobau	J 15
22	NOTRE DAME Rue de la Cité	J 15
23	HOTEL DE VILLE Quai de Gesvres	J 15
24	ST MARTIN RIVOLI Angle rue St-Bon	J 15

5e

29	Place du Panthéon	L 14
31	SOUFFLOT 18, rue Soufflot	L 14
32	MAUBERT-SAINT-GERMAIN	
	39, bd Saint-Germain	K 15

6e

30	SAINT-MICHEL Rue Francisque Gay	K 14
36	76, rue de Rennes	K 12
37	ÉCOLE DE MÉDECINE	
	21, rue de l'Ecole de Médecine	K 14

7e

41	20, av de Ségur	K 9
42	9, av de Villars	K 10
43	152, rue de Grenelle	J 10
44	QUAI BRANLY Quai branly	H 8
45	LA TOUR MAUBOURG	
	2, bd de la Tour-Maubourg	H 9
46	BOUCICAUT Rue Velpeau,	
	magasin Bon Marché	K 12
47	ORSAY 2 51-71, quai d'Orsay	H 9
48	SAXE 53-59, av de Saxe	L 10

8e

53	Rue Louis Murat	E 9
54	GEORGE V Face au 103 des Champs Élysées,	
	et au 35 av George V	F 9
55	PIERRE CHARRON Rue Pierre Charron	G 9
56	MARCEAU 75 bis, av Marceau	F 8
57	CONCORDE Angle av Gabriel	
	et place de la Concorde	G 10
58	FRANCOIS 1er 24, rue François 1er	G 9

9e

65	31, bd de Clichy	D 13
66	33, bd de Rochechouart	D 14
67	SAINT-LAZARE 29, rue de Londres	E 12
68	MONTHOLON Square Montholon	E 14
69	TRINITÉ D'ESTIENNE D'ORVES	
	10-12, rue Jean-Baptiste Pigalle	E 13

10e

75	129, rue du Fbg Saint-Martin	F 16
76	42, bd Magenta	F 16
77	85 bis, bd Magenta	E 16
78	SAINT-LOUIS 1 av Claude Vellefaux	F 17
79	GARE DE L'EST	
	Cour du 11 novembre 1918	E 16

11e

85	94, rue Saint-Maur	G 19

12e

90	Rue des Pirogues de Bercy	N 20
91	130, av Daumesnil	M 20
92	MÉDITERRANÉE 26 et 44, rue de Chalon	L 18
93	CHALON SUD Rue de Chalon	L 18
94	PICPUS NATION 65, bd de Picpus	L 21
95	GARE DE BERCY 48 bis, bd de Bercy	M 19

13e

101	133, rue du Chevaleret	N 18
102	3, place d'Italie	N 16
103	PORTE DE CHOISY 109, bd Masséna	R 17
104	Bd Vincent Auriol	N 17
105	VINCENT AURIOL (Jean Vilar)	
	21, rue Abel Gance	N 18
106	TOLBIAC BIBLIOTHEQUE	
	19, rue Emile Durkheim	N 18
107	ITALIE 2 30, av d'Italie	P 16
108	GARE D'AUSTERLITZ	
	85, quai d'Austerlitz	L 17
109	AUGUSTE BLANQUI	
	122-134, bd Auguste Blanqui	N 14
110	Station Total Porte d'Italie	S 16

14e

117	Rue Durouchoux Mairie	N 12
118	CITÉ UNIVERSITAIRE 24, bd Jourdan	R 14
119	PORTE D'ORLÉANS	
	Rue de la Légion Étrangère	
	et av de la Porte d'Orléans	R 12
120	GARE MONTPARNASSE OCÉANE	
	30, av du Maine	M 11
121	MONTPARNASSE-GAÎTÉ	
	15, rue du Commandant Mouchotte	M 11
122	ALÉSIA Face au 205 av du Maine	P 12
123	CATALOGNE	
	36, rue du Commandant Mouchotte	M 11

15e

124	SAINT-JACQUES 50, bd St Jacques	N 13
131	3, av de la Porte Brancion	P 8
132	Rue Armand Moisant	M 11
133	PLACE DE LA PORTE DE VERSAILLES	
	63, bd Victor	N 7
134	MONOPRIX BEAUGRENELLE	
	19, rue Linois	K 6
135	LECOURBE MAIRIE DU XVe	
	Face au 143 rue Lecourbe	M 8
136	GARE MONTPARNASSE PASTEUR	
	Place des 5 Martyrs du Lycée Buffon	M 11
137	GRENELLE 31-39, bd de Grenelle	K 7
138	LECOURBE 33-55, bd Garibaldi	L 9
139	PASTEUR 61-69, bd Pasteur	M 10
140	Station BP 1, bd Victor	N 5

16e

150	24, 30 av Paul Doumer	H 6
151	69, av de la Grande Armée	E 6
152	Porte de Saint Cloud	M 2
153	VERSAILLES REYNAUD	
	188, av de Versailles	M 3
154	PASSY 78-80, rue de Passy	J 5
155	HENRI MARTIN	
	101-115, av Henri Martin	H 4
156	MANDEL 36-56, av Georges Mandel	H 6
157	WILSON 38-50, av du Président Wilson	H 7

17e

164	Rue Mariotte - Mairie	D 11
165	Place du Maréchal Juin	D 8
166	MAIRIE DU XVIIe	
	16-20, rue des Batignolles	D 12
167	TERNES 38, av des Ternes	E 7
168	MAC MAHON 17, av Mac Mahon	E 7
169	CARNOT 14 bis, av Carnot	E 7
170	MAILLOT PEREIRE 220-236, bd Pereire	E 6
171	Station Shell Av de la Porte d'Asnières	C 9

18e

180	Angle rue Poulet - Barbès	C 15
181	2, square de Clignancourt - Mairie	B 14

19e

190	Place Armand Carrel - Mairie -	
	Square de Montholon Parc souterrain	D 19
191	171, av Jean Jaurès	C 20
192	215, av Jean Jaurès	C 21
193	VILLETTE-MUSIQUE 211, av Jean Jaurès	C 21
194	GÉODE-ZÉNITH 30, av Corentin Cariou	
	(accès boulevard Sérurier)	B 20

20e

200	13, av du Père Lachaise	H 21

Lignes urbaines de bus

List of city buses - Stadtische Autobuslinien - Linee urbane d'autobus Líneas urbanas - Lijndiensten stadsautobussen

Service général de 7h à 20h30 - Normal service from 7am to 8.30pm -
Normaler Busverkehr von 7 bis 20.30 Uhr - Linee diurne in servizio dalle 7 alle 20.30 -
Circulación general de 7h a 20h30 - Normale dienst van 7 u. tot 20.30 u.

♿ Ligne accessible pour personnes à mobilité réduite - Access for disabled people -
Linie mit barrierefreien Zugang - Linea accessibile alle persone con mobilità ridotta -
Línea accesible a minusválidos - Toegankelijk voor gehandicapten.

🕑 Service assuré jusqu'à 0h30 - Buses running to 0.30am - Busverkehr bis 0.30 Uhr -
Servizio fino alle 24.30 - Servicio hasta las 0h30 - Rijdt tot 0.30 u.

● Service assuré les dimanches et fêtes - Buses running on Sundays and holidays -
Busverkehr auch an Sonn- and Feiertagen - In servizio domenica e festivi -
Servicio los domingos y festivos - Rijdt op zon- en feestdagen.

20 ♿ ● **Gare St-Lazare** - Opéra - Richelieu Drouot - Strasbourg Saint-Denis - République - Filles du Calvaire - Bastille - **Gare de Lyon**

21 ♿ 🕑 ● **Gare St-Lazare** Opéra - Palais Royal - Châtelet - Cluny - Luxembourg - Glacière Tolbiac - **Stade Charléty**

22 ♿ **Porte de Saint-Cloud** - Église d'Auteuil - La Muette Boulainvilliers - Trocadéro - Boissière - Ch. de Gaulle Étoile - Friedland Haussmann - Saint-Augustin - Gare St-Lazare - **Opéra**

24 ♿ **Gare St-Lazare** - Madeleine - Concorde - Musée d'Orsay - Pont Neuf - St-Michel - Maubert Mutualité - Gare d'Austerlitz - Gare de Lyon - Bercy - Porte de Bercy - **École Vétérinaire de Maisons-Alfort**
(🕑 Gare d'Austerlitz - Maisons-Alfort)-(● : Maubert Mutualité - Maisons-Alfort)

26 ♿ 🕑 ● **Gare St-Lazare** - Trinité - Carrefour de Châteaudun - Gare du Nord - Pyrénées - Gambetta - Maraîchers - Cours de Vincennes - **Nation-Place des Antilles**

27 ♿ 🕑 ● **Gare St-Lazare** - Opéra - Palais Royal - Pont Neuf - St-Michel - Cluny - Luxembourg - Les Gobelins - Place d'Italie - Patay-Tolbiac - **Porte de Vitry Claude Regaud**

28 ♿ ● **Gare St-Lazare** - Saint-Augustin - Rond-Point des Champs-Élysées - École Militaire - Duroc - Gare Montparnasse - Alésia - **Porte d'Orléans**

29 ♿ **Gare St-Lazare** - Opéra - Louvre Étienne Marcel - Rambuteau C. G. Pompidou - Bastille - Gare de Lyon - Daumesnil - **Porte de Montempoivre**
(● : Rambuteau C. G. Pompidou - Porte de Montempoivre)

30 ♿ **Trocadéro** - Ch. de Gaulle Étoile - Ternes - Place de Clichy - Pigalle - Barbès Rochechouart - **Gare de l'Est**

31 ♿ 🕑 ● **Ch. de Gaulle Étoile** - Ternes - Pont Cardinet - Brochant - Guy Môquet - Mairie du 18e Jules Joffrin - Barbès Rochechouart - **Gare de l'Est**

32 ♿ **Porte d'Auteuil** - Porte de Passy - La Muette Boulainvilliers - Trocadéro - Saint-Augustin - Gare St-Lazare - Trinité - Carrefour de Châteaudun - **Gare de l'Est**

38 ♿ 🕑 ● **Porte d'Orléans** - Alésia - Denfert-Rochereau - Port-Royal - Luxembourg - Cluny - St-Michel - Châtelet - Châtelet Les Halles - Rambuteau C. G. Pompidou - Strasbourg Saint-Denis - Gare de l'Est - **Gare du Nord**

39 ♿ **Issy Frères Voisin** - Balard - Convention Vaugirard - Mairie du 15e Vaugirard - Duroc - Sèvres Babylone - St-Germain-des-Prés - Palais Royal - Richelieu Drouot - Strasbourg Saint-Denis - Gare de l'Est - **Gare du Nord**

42   ♿ 🕐 **Hôpital Européen Georges Pompidou** - Balard - Charles Michels - Champ de Mars - Alma Marceau - Rond-Point des Champs-Élysées - Concorde - Madeleine - Opéra - Carrefour de Châteaudun - **Gare du Nord**

43   ● **Neuilly-Bagatelle** - Pont de Neuilly - Ternes - Friedland Haussmann - Saint-Augustin - Gare St-Lazare - Trinité - Carrefour de Châteaudun - **Gare du Nord** (● : Gare St-Lazare - Neuilly Bagatelle).

46   ● **Gare du Nord** - Gare de l'Est - Colonel Fabien - Parmentier - Voltaire - Faidherbe Chaligny - Daumesnil - Porte Dorée - **Saint-Mandé Demi-Lune** - (Desserte périodique jusqu'au Château de Vincennes)

47   ♿ 🕐 ● **Gare de l'Est** - Strasbourg Saint-Denis - Rambuteau C. G. Pompidou - Châtelet Les Halles - Hôtel de Ville - Maubert Mutualité - Cardinal Lemoine - Les Gobelins - Place d'Italie - Tolbiac - Porte d'Italie - **Fort du Kremlin-Bicêtre** (● Châtelet jusqu'à Fort du Kremlin-Bicêtre)

48   **Palais Royal** - Richelieu Drouot - Gare du Nord - Mairie du 19e - Place des Fêtes - Pré-Saint-Gervais - **Porte des Lilas**

52   ● **Parc de Saint-Cloud** - Boulogne Pont de St-Cloud - Porte d'Auteuil - Église d'Auteuil - Radio France - La Muette Boulainvilliers - Victor Hugo - Ch. de Gaulle Étoile - Friedland Haussmann - Madeleine - **Opéra** - (🕐 : Ch. de Gaulle Étoile - Porte d'Auteuil)

53   ♿ **Pont de Levallois** - Porte d'Asnières - Pont Cardinet - Gare St-Lazare - **Opéra**

54   ♿ ● **Asnières-Gennevilliers - Gabriel Péri** - Porte de Clichy - Brochant - Place de Clichy - Pigalle - Barbès Rochechouart - Gare du Nord - Crimée - **Porte d'Aubervilliers**

56   ♿ **Porte de Clignancourt** - Barbès Rochechouart - Gare du Nord - Gare de l'Est - République - Oberkampf - Voltaire - Charonne - Nation - **Château de Vincennes**

57   ♿ 🕐 ● **Arcueil-Laplace** - Place d'Italie - Gare d'Austerlitz - Gare de Lyon - Nation - Maraîchers - Porte de Montreuil - **Porte de Bagnolet Louis Ganne**

58   ● **Vanves Lycée Michelet** - Porte de Vanves - Gare Montparnasse - Odéon - Pont Neuf - **Châtelet**

60   ♿ ● **Porte de Montmartre** - Mairie du 18e Jules Joffrin - Marx Dormoy - Crimée - Laumière - Mairie du 19e - Place des fêtes - **Gambetta**

61   🕐 ● **Gare d'Austerlitz** - Gare de Lyon - Voltaire - Père Lachaise - Gambetta - Porte des Lilas - Jean Jaurès - **Église de Pantin**

62   ♿ 🕐 ● **Porte de Saint-Cloud** Église d'Auteuil - Javel - Convention Vaugirard - Alésia - Glacière Tolbiac - Tolbiac - Patay-Tolbiac - **Bibliothèque François Mitterrand**

63   ♿ 🕐 ● **Porte de la Muette** - Trocadéro - Alma Marceau - Invalides - Bac Saint-Germain - St-Germain-des-Prés - Odéon –Cluny - Maubert Mutualité - Gare d'Austerlitz - **Gare de Lyon**

64   ♿ 🕐 ● **Gambetta** - Maraîchers - Cours de Vincennes - Daumesnil - Bibliothèque François Mitterrand - Patay-Tolbiac - **Place d'Italie**

65   ♿ 🕐 ● **Gare de Lyon** - Bastille - Filles du Calvaire - République - Gare de l'Est - Gare du Nord - Marx Dormoy - Porte de la Chapelle - Porte d'Aubervilliers - **Mairie d'Aubervilliers** (●: Gare de l'Est - Mairie d'Aubervilliers)

66   ♿ 🕐 ● **Clichy Victor Hugo** - Brochant - Gare St-Lazare - **Opéra**

67   ♿ **Pigalle** - Carrefour de Châteaudun - Louvre Étienne Marcel - Châtelet - Hôtel de Ville - Place d'Italie - **Stade Charléty** (🕐 ● : Châtelet-Hôtel de Ville).

68   ♿ ● **Place de Clichy** - Trinité - Opéra - Bac Saint-Germain - Sèvres Babylone - Denfert-Rochereau - Alésia - Porte d'Orléans - Mairie de Montrouge - **Châtillon Montrouge** (● Porte d'Orléans - Châtillon Montrouge)

69   **Champ de Mars** - Bac Saint-Germain - Palais Royal - Châtelet - Hôtel de Ville - Saint-Paul - Bastille - Voltaire - Père Lachaise - **Gambetta**

Lignes urbaines de bus

70 **Radio-France** - Charles Michels - Mairie du 15ᵉ Vaugirard - Duroc -
Sèvres Babylone - St-Germain-des-Prés - Odéon - Pont Neuf - Châtelet - **Hôtel de Ville**

72 🕒 ● **Parc de Saint-Cloud** - Boulogne Pont de St-Cloud - Porte de Saint-Cloud -
Radio France - Alma Marceau - Concorde - Palais Royal - Châtelet - **Hôtel de Ville**

73 **La Garenne Colombes Place de Belgique** -
La Défense - Pont de Neuilly - Porte Maillot - Ch. de Gaulle Étoile -
Rond-Point des Champs-Élysées - Concorde - **Musée d'Orsay**

74 **Clichy Berges de Seine** - Porte de Clichy - Brochant - Place de Clichy -
Carrefour de Châteaudun - Louvre Étienne Marcel - Châtelet -
Hôtel de Ville (🕒 ● : Porte de Clichy - Berges de Seine)

75 ● **Pont Neuf** - Châtelet - Hôtel de Ville - République - Colonel Fabien - Mairie du 19ᵉ -
Danube - Porte de Pantin - **Porte de la Villette**

76 🕒 ● **Louvre-Rivoli** - Châtelet - Hôtel de Ville - Saint-Paul - Bastille - Charonne -
Porte de Bagnolet Louis Ganne - **Louise Michel**

80 ♿ 🕒 ● **Porte de Versailles** - Convention Vaugirard - Mairie du 15ᵉ Vaugirard -
Cambronne - La Motte Picquet Grenelle - École Militaire - Alma Marceau -
Rond-Point des Champs-Élysées - Saint-Augustin - Gare St-Lazare - Place de Clichy -
Mairie du 18ᵉ Jules Joffrin

81 ♿ **Porte de Saint-Ouen** - Guy Môquet - Place de Clichy - Trinité - Opéra - Palais Royal -
Châtelet

82 ♿ ● **Neuilly Hôpital Américain** - Porte Maillot - Victor Hugo - Boissière -
Champ de Mars - École Militaire - Duroc - **Luxembourg**

83 ♿ **Friedland Haussmann** - Rond-Point des Champs-Élysées - Invalides -
Bac Saint-Germain - Sèvres Babylone - Port-Royal - Les Gobelins - Place d'Italie -
Porte d'Ivry Claude Regaud

84 **Porte de Champerret** - Saint-Augustin - Madeleine - Concorde -
Bac Saint-Germain - Sèvres Babylone - Luxembourg - **Panthéon**

85 **Mairie de Saint-Ouen** - Porte de Clignancourt - Mairie du 18ᵉ Jules Joffrin -
Carrefour de Châteaudun - Louvre Étienne Marcel - Châtelet - St-Michel - Cluny -
Luxembourg (🕒 ● : Mairie du 18ᵉ Jules Joffrin - Mairie de Saint-Ouen)

86 ● **Saint-Germain-des-Prés** –Odéon - Cluny - Maubert Mutualité - Sully Morland -
Bastille - Faidherbe Chaligny - Nation - Cours de Vincennes - Porte de Vincennes -
Saint-Mandé Demi Lune

87 ♿ **Champ de Mars** - École Militaire - Sèvres Babylone - Saint-Germain-des-Prés -
Odéon - Cluny - Maubert Mutualité - Sully Morland - Bastille - Gare de Lyon - Bercy -
Porte de Reuilly (🕒 ● de Bastille à Porte de Reuilly)

88 ♿ **Hôpital Européen Georges Pompidou** - Javel - Charles Michels -
Mairie du15ᵉ Vaugirard - Montparnasse 2 Gare TGV - Denfert-Rochereau -
Montsouris Tombe-Issoire

89 ♿ **Gare de Vanves-Malakoff** - Mairie du15ᵉ Vaugirard - Duroc - Gare Montparnasse -
Luxembourg - Panthéon - Cardinal Lemoine - Gare d'Austerlitz -
Bibliothèque François Mitterrand

91 ♿ 🕒 ● **Montparnasse 2 Gare TGV** - Gare Montparnasse - Port-Royal - Les Gobelins -
Gare d'Austerlitz - Gare de Lyon - **Bastille**

92 ♿ 🕒 ● **Porte de Champerret** - Ch. de Gaulle Étoile - Alma Marceau -
École Militaire - Duroc - **Gare Montparnasse**

93 **Suresnes De Gaulle** - Pont de Neuilly - Porte de Champerret - Ternes -
Friedland Haussmann - Rond-Point des Champs-Élysées - **Invalides**

94 ♿ **Levallois Louison Bobet** - Porte d'Asnières - Saint-Augustin - Gare St-Lazare - Madeleine - Concorde - Bac Saint-Germain - Sèvres Babylone - **Gare Montparnasse** (● : Levallois Louison Bobet - Gare St-Lazare)

95 ♿ ◐ ● **Porte de Vanves** - Gare Montparnasse - St-Germain-des-Près - Palais Royal - Opéra - Gare St-Lazare - Place de Clichy - **Porte de Montmartre**

96 ♿ **Gare Montparnasse** - St-Germain-des-Près - Odéon - Cluny - St-Michel - Châtelet - Hôtel de Ville - Saint-Paul - Filles du Calvaire - Oberkampf - Parmentier - **Porte des Lilas** (◐: Châtelet - Porte des Lilas).
(● : Gare Montparnasse - Porte des Lilas - Pré-St-Gervais)

PC1 ♿ ◐ ● **Porte de Champerret-Berthier** - Porte Maillot - Porte de la Muette - Porte de Passy - Porte d'Auteuil - Porte de Saint-Cloud - **Pont du Garigliano**

PC2 ♿ ◐ ● **Porte d'Ivry** - Porte d'Ivry Claude Regaud - Porte de Bercy - Porte de Reuilly - Porte Dorée - Porte de Montempoivre - Porte de Vincennes - Porte de Montreuil - Porte de Bagnolet Louis Ganne - Porte des Lilas - Pré-Saint-Gervais - Porte de Pantin - **Porte de la Villette**

PC3 ♿ ◐ ● **Porte Maillot** - Porte de Champerret - Porte d'Asnières - Porte de Clichy - Porte de Saint-Ouen - Porte de Montmartre - Porte de Clignancourt - Porte de la Chapelle - Porte d'Aubervilliers - Porte de la Villette - Porte de Pantin - Pré-Saint-Gervais - **Porte des Lilas**

Lignes de métro et de tramway : voir plan du métro.

Montmartrobus ● Pigalle - Mairie du 18e Jules Joffrin

Bb (Balabus) ● Les dimanches et jours fériés de 12h30 à 20h00 d'avril à fin septembre.
La Défense - Porte Maillot - Ch. de Gaulle Étoile - Rond-Point des Champs-Élysées - Concorde - Palais Royal - Châtelet –Saint-Paul - Bastille - **Gare de Lyon**
Gare de Lyon - Bastille - Saint-Paul - Saint-Michel - Musée d'Orsay - Invalides - Alma Marceau - Rond-Point des Champs-Élysées - Ch. de Gaulle Étoile - Porte Maillot - **La Défense**

501 ♿ **La Traverse de Charonne** (boucle)
● De 7h30 à 20h30 du lundi au samedi et de 8h à 20h30 les dimanches et jours fériés.
Gambetta - Pelleport-Bagnolet - Albert Marquet - Hôpital de la Croix St-Simon - Porte de Montreuil - Lagny - Buzenval - Place de la Réunion - Place des Grès - Pelleport-Bagnolet - Pelleport - **Gambetta**

513 ♿ **La Traverse Bièvre Montsouris** (boucle) ● De 7h30 à 20h30 toutes les 15 minutes, tous les jours.
Place de l'Abbé Georges Hénocque - Rungis - Vergnault-Tolbiac - Glacière-Tolbiac - Place Jules Hénaffe - Prisse d'Avesne - Alésia-Général Leclerc - La Tombe Issoire - Paul Fort - Place Jules Hénaffe - La Sibelle - Glacière-Tolbiac - Place de Rungis - Moulin de la Pointe - **Place de l'Abbé Georges Hénocque**

519 ♿ **La Traverse Ney Flandre** (boucle) ● De 7h30 à 20h30 tous les jours.
Porte d'Aubervilliers - Oberlé - Porte d'Aubervilliers - Riquet - Maroc - Place de la Chapelle - Pajol-Riquet –Curial-Crimée - Porte d'Aubervilliers - Porte de la Chapelle - Abeille - Porte de la Chapelle - **Porte d'Aubervilliers** - Oberlé

Voguéo (boucle Fluviale)
● De 7h à 21h la semaine et de 10h à 20h30 les week-ends et jours fériés.
Gare d'Austerlitz - Bibliothèque François Mitterrand - Ivry Pont Mandela - **École Vétérinaire de Maisons-Alfort** - Ivry Pont Mandela - Parc de Bercy - **Gare d'Austerlitz**

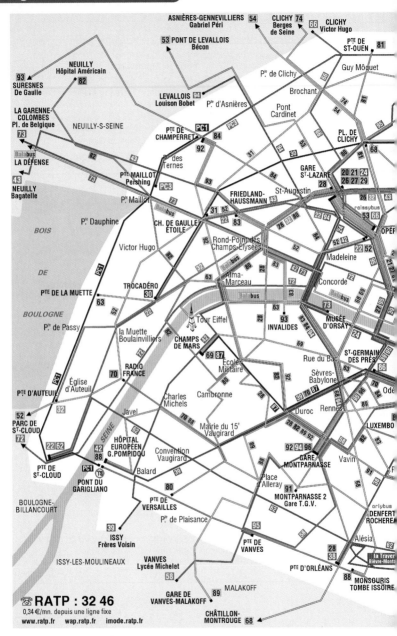

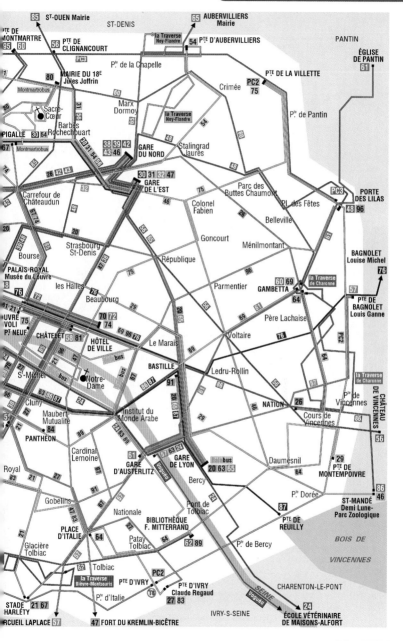

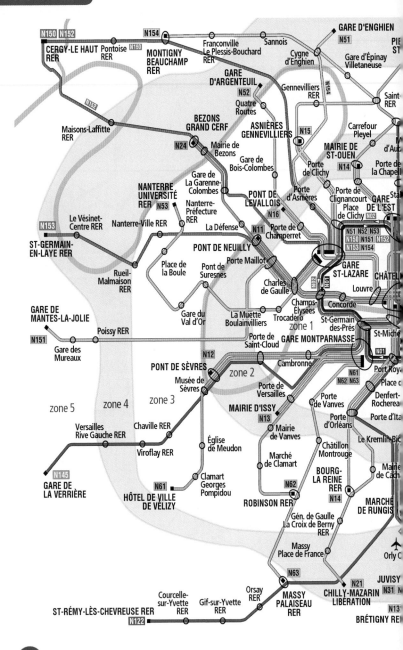

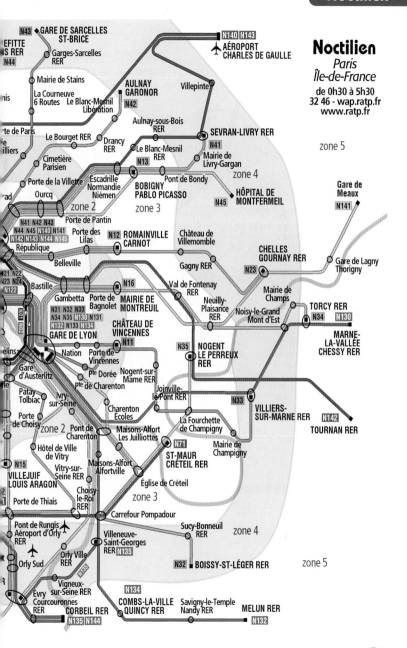

Noctilien
Paris
Île-de-France
de 0h30 à 5h30
32 46 - wap.ratp.fr
www.ratp.fr

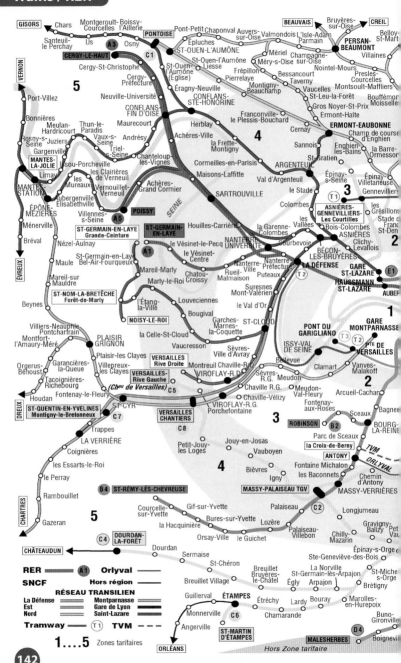

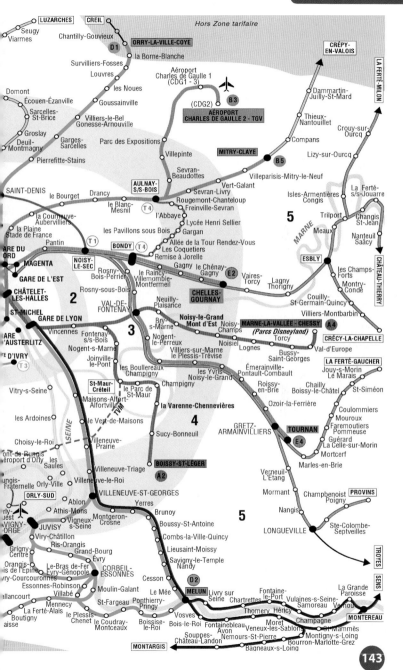

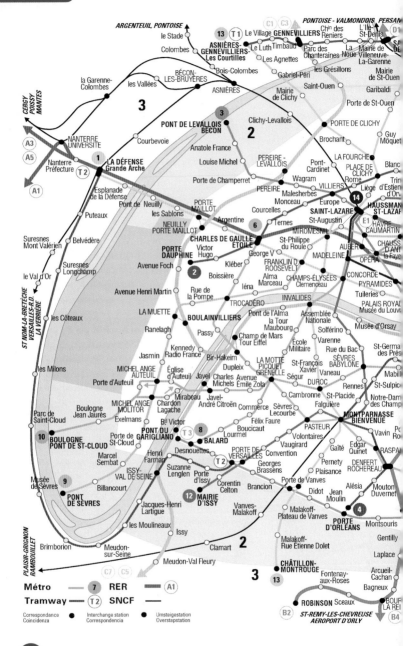

Métro ——— **7** **RER** ▬▬▬ **(A1)**

Tramway ▬▬▬ **(T2)** **SNCF** ———

● Correspondance
  Coincidenza

● Interchange station
  Correspondencia

◉ Umsteigestation
  Overstapstation